NORBERT PAUTNER

Ich kann 500 Tiere zeichnen

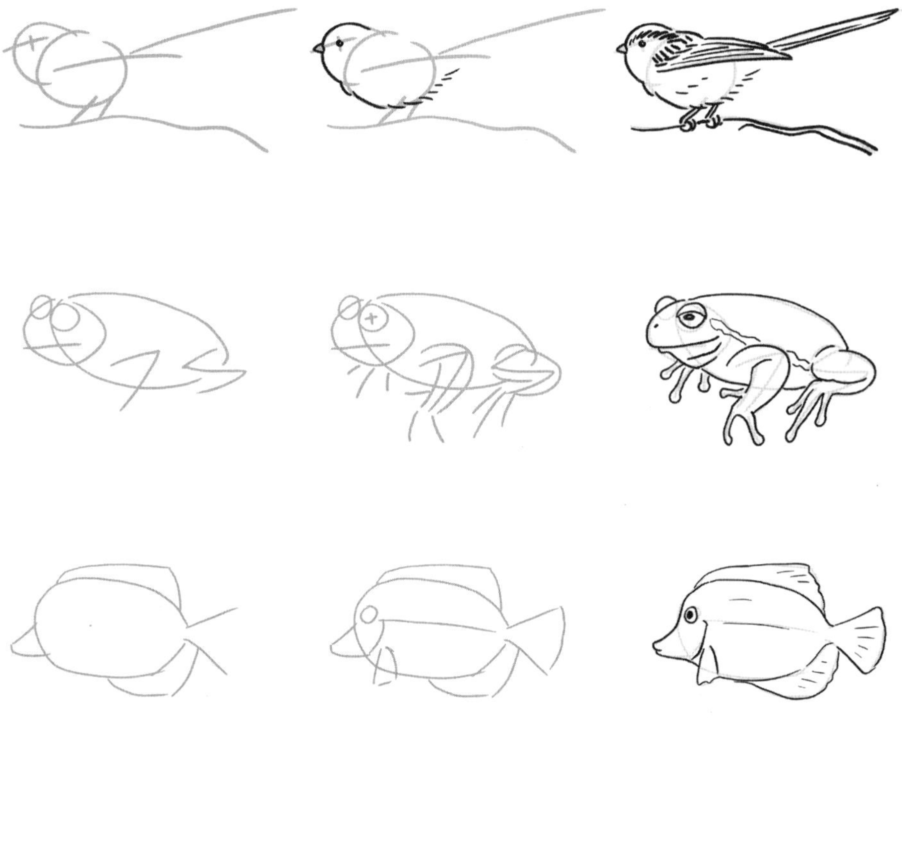

Bassermann

Dieses Buch gehört:

. . . .

ISBN: 978-3-8094-4794-8

1. Auflage

Idee und Gesamtgestaltung: Norbert Pautner, Berlin
Projektleitung: Birte Dittmann
Herstellung: Astrid Wedemeyer
Druck und Bindung: TBB, a.s., Banská Bystrica
Printed in Slovakia

FSC MIX Papier | Fördert gute Waldnutzung FSC® C022120

Penguin Random House Verlagsgruppe FSC® N001967

Inhaltsverzeichnis

Die Tiere in diesem Buch sind nicht unbedingt nach ihrer biologischen Systematik angeordnet, sondern so, dass sie sich möglich leicht auffinden lassen. Dafür gibt es am Ende des Buches auch ein Register.

Tiere zeichnen: So geht's

Proportionen skizzieren, Formen zeichnen

Dieses Buch ist natürlich erst einmal für alle, die gerne zeichnen. Es ist auch für alle, die Tiere gernhaben und sich näher mit ihnen beschäftigen wollen. Denn vor dem Zeichnen kommt das Hinschauen und Beobachten. Und das Beobachtete später aufs Papier zu bringen, ist gar nicht so schwer, wie es auf den ersten Blick erscheint.
Das Geheimnis heißt: Üben. Und das tust du immer dann, wenn du beispielsweise einen Greifstachler oder einen Fetzenfisch zeichnest. Dabei lernst du beiläufig so einiges über Körperbau und Gestalt der Tiere. Und irgendwann kannst du selbst ganz leicht ein Bild von deinem Lieblingshaustier oder deinen Begegnungen im Zoo machen.

Dieses Buch hilft dir auch, wenn du Tiere in der Natur skizzieren möchtest. Selbst wenn diese dann ganz andere Posen einnehmen, hast du ihren Körperbau durch Nachzeichnen schon gut verstanden. Darum werden die Tiere im Buch meist so abgebildet, dass du möglichst viele Einzelheiten erkennen kannst.

Dein Material

Du brauchst nur Papier, Beistift, Radiergummi und einen schwarzen Stift. Das kann ein Fineliner oder ein anderer Filzstift sein. Wichtig ist, dass er nicht verwischt, wenn du die Vorzeichnung ausradieren möchtest.

Wie gelangst du von einem einfachen, nachgezeichneten Tier (linker Waschbär) zu einem eher „echt" aussehenden Bild (rechts)?

Der Weg dahin führt über eine Vorzeichnung der Grundformen, die du dann nachzeichnen und ausschmücken kannst.

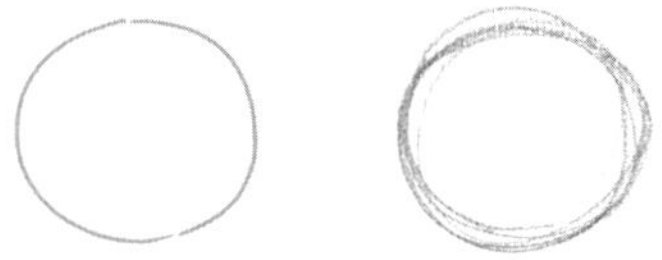

Die Vorzeichnungen im Buch (linker Kreis) sind betont deutlich, auch wenn sie in Wirklichkeit eher so aussehen wie der rechte Kreis.

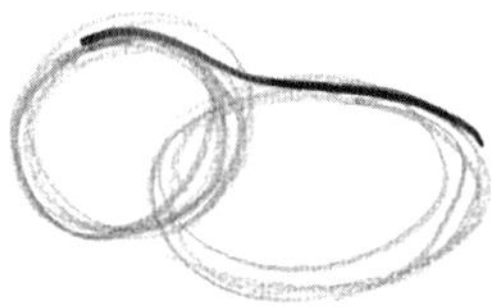

Wenn du mit deiner Vorzeichnung einigermaßen zufrieden bist, „findest" du die richtige Form mit einem schwarzen Stift.

Die relativ kleinen Abbildungen im Buch können nicht alle Einzelheiten eines Tiers zeigen. Darum werden Details wie die Augen auch nur ganz einfach gezeichnet.

So funktioniert dieses Buch:

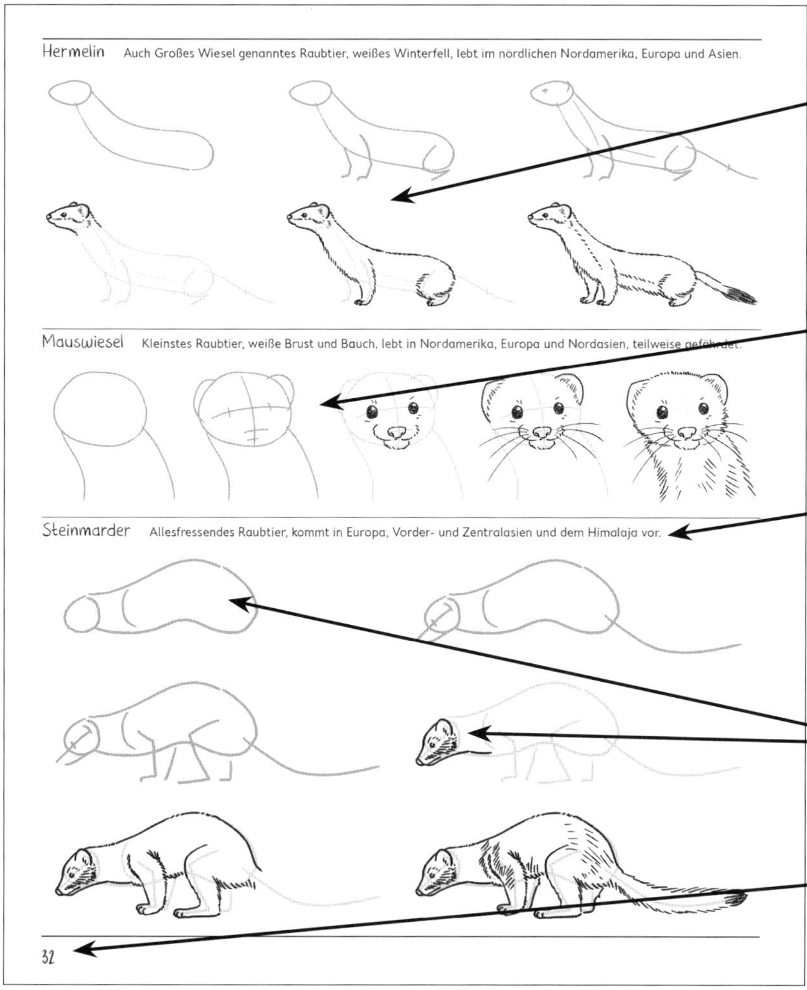

In vier bis acht Schritten (von links nach rechts, von oben nach unten) kannst du verfolgen, wie eine Zeichnung entsteht. **Tipps zum Zeichnen der Tiere findest du übrigens auf den nächsten zwei Seiten.**

Manchmal findest du nur den Kopf eines Tieres in der Anleitung. Dann ist der Körperbau des betreffenden Tieres meist sehr ähnlich zu vergleichbaren Arten auf der Seite.

Neben dem Namen des Tiers stehen weitere Informationen, beispielsweise zur Ernährung und zum Lebensraum. Damit du weißt, wo dieser ungefähr liegt, hilft dir die **Weltkarte** unten auf dieser Seite.

Bei der Skizze beginnst du meist mit den groben Formen, beim Nachzeichnen fängst du mit den Details (meist mit dem Kopf) an.

Die Seitenzahl ist wichtig zum Auffinden eines bestimmten Tiers über das Register am Ende des Buchs (ab Seite 174).

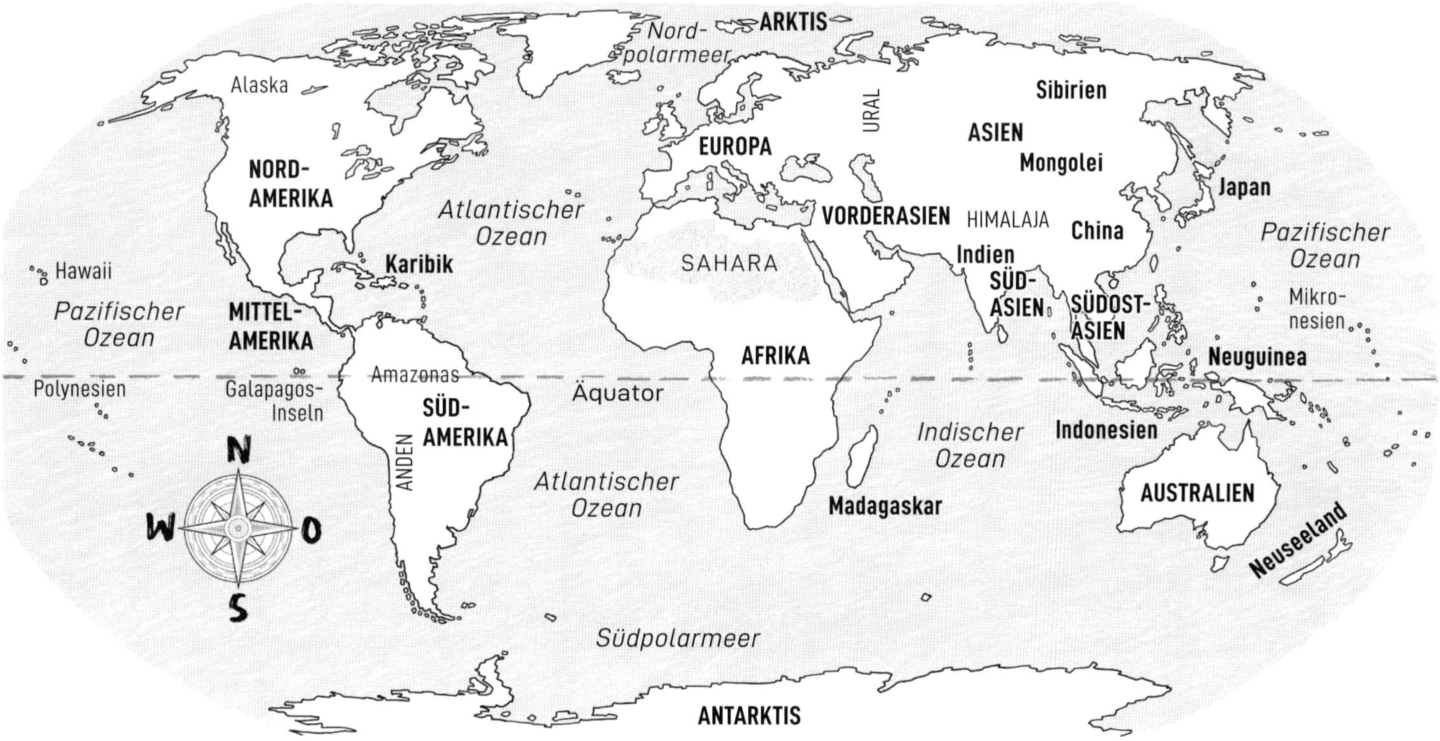

Zeichnen: Vorlagen und Umsetzung

Die Vorzeichnung der Grundformen (Streifenskunk → Seite 36) überträgst du in eine tastende Bleistiftzeichnung. Darüber setzt du dann mit dem schwarzen Stift die endgültige Zeichnung. Die dunklen Flächen (passend zur Vorlage im Buch) kannst du nach dem Radieren schraffieren oder mit dem Bleistift ausmalen.

Schraffieren

Das im Streifenskunk-Beispiel genannte Schraffieren ist eine wichtige Zeichentechnik. Bei diesem Bild eines Großen Ameisenbären (→ Seite 13) dienen Schraffuren dazu, das Fell an Bauch, Rücken und Beinen sowie den haarigen Schwanz darzustellen. Auch die dunklen Streifen im Fell werden so angedeutet.

Wenn du schraffierst, dann mach es nicht zu hastig. Sonst werden die einzelnen Linien zu ungenau, purzeln durcheinander und haben kleine Haken an den Enden (links). Übe erst einmal, ganz langsam und präzise zu schraffieren (Mitte). Dann geht es dir auch irgendwann ganz locker von der Hand (rechts).

Schraffierte Umrisslinien zeigen, wie struppig oder flauschig ein Fell ist. Muster und Struktur eines Fells lassen sich mit kleinteiligen Schraffuren darstellen.

Übungen

Wann immer du etwas Zeit übrig hast, solltest du Schraffuren, Kreise und gerade Linien üben. So gelingen dir bald spielend alle Grundformen. Übe auch, Größenverhältnisse und Proportionen richtig einzuschätzen.

Anatomie: Mehr als Haut und Knochen

Man sieht nur, was man weiß. Darum hilft es natürlich sehr, wenn du den Körperbau eines Tieres wenigstens im Prinzip verstehst. Der Fachbegriff für „Körperbau“ heißt übrigens „Anatomie“. Doch du musst jetzt nicht alle Knochen oder Muskeln der Tiere auswendig lernen. Denn wir erhalten beim Beobachten eher eine Art Gesamteindruck von den Tieren, dazu gehören vor allem auch Bewegung und Haltung. Da ist es beispielsweise einfacher, die Knie der Hinterbeine als Bogen und nicht als einzelne Knochen vorzuzeichnen. So entstehen aus der Anatomie die Grundformen, mit denen du Tiere skizzieren kannst.

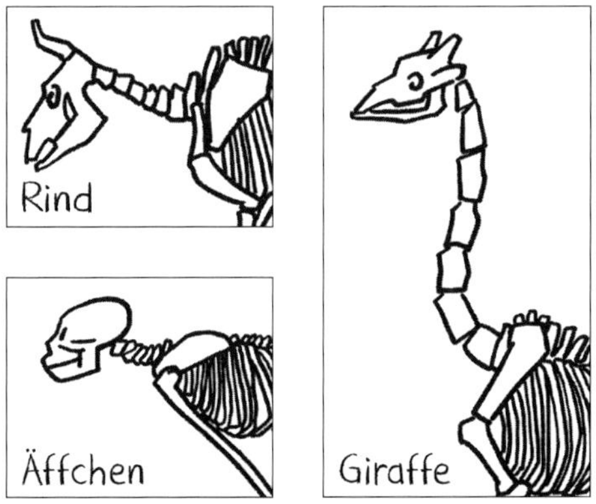

Die meisten Wirbeltiere haben einen ähnlichen „Bauplan“. So besteht beispielsweise die Halswirbelsäule bei fast allen Säugetieren, von der Maus bis zur Giraffe, aus sieben Wirbeln.

Perspektive und Räumlichkeit

Die Vorlagen in diesem Buch sollen dir möglichst viele Einzelheiten eines Tieres zeigen. Sie kommen darum weitgehend ohne perspektivische, räumliche Darstellung aus. Doch in der Natur zeigen sich dir die Tiere nur ganz selten in dieser klaren, deutlichen Form. Häufig siehst du sie nur schräg von vorn (oder hinten), dabei verdecken die vorderen Körperteile die hinteren Partien. Wie bei dem Dalmatiner rechts (→ Seite 56) verändern und überlagern sich die Grundformen in dieser sogenannten räumlichen Darstellung.
Je mehr man ein Tier von vorne sieht, umso kürzer wird der Körper. Auch wirkt der Körper nach hinten hin kleiner. Das nennt man perspektivische Verkürzung.

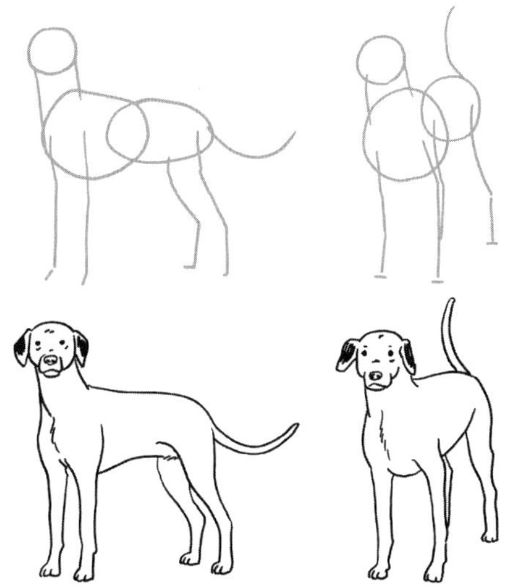

Vielleicht möchtest du irgendwann deine Lieblingstiere „nach der Natur“ zeichnen. Und da nicht jeder einen Zoo vor der Haustür hat oder im Dschungel wohnt, kannst du dir dafür ganz einfach Fotos aus dem Internet oder aus Büchern als Vorlagen suchen. Das hat auch den Vorteil, dass du bestimmte Details, die dich interessieren, besser studieren kannst.

Und jetzt viel Spaß beim Zeichnen!

Kurzschnabeligel

Eier legendes Säugetier mit gelblichen Stacheln, lebt in Australien, frisst Ameisen und Termiten.

Langschnabeligel

Eier legendes Säugetier mit kurzen Stacheln, lebt in Neuguinea, frisst vorwiegend Würmer.

Nordopossum

Beutelratte, lebt in Nordamerika, ist etwa so groß wie eine Katze, schläft bis zu18 Stunden am Tag.

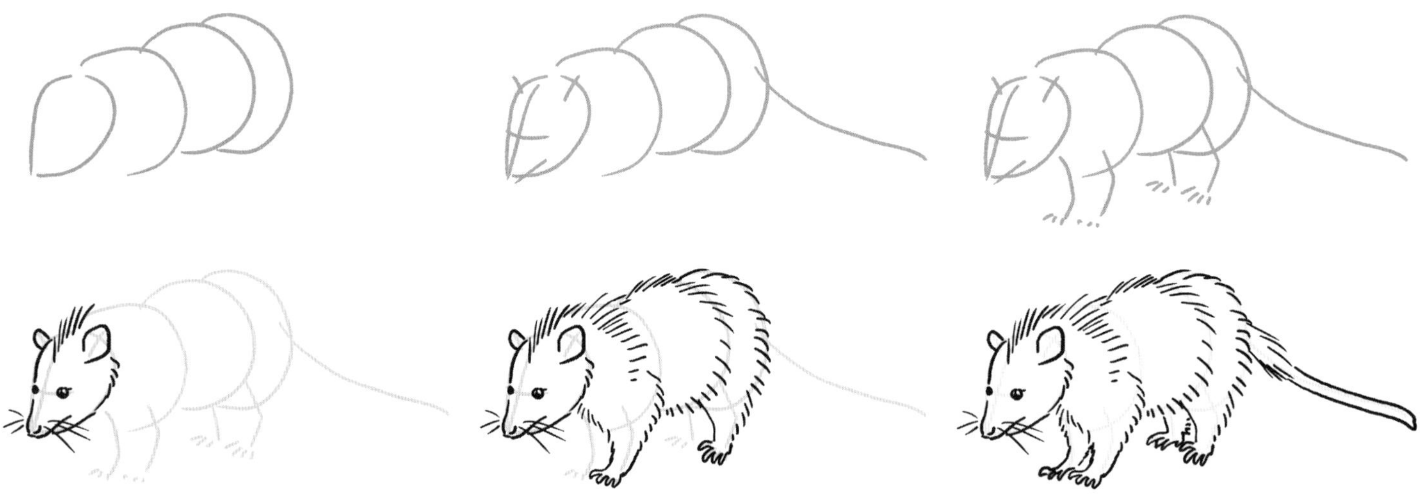

Schnabeltier Eier legendes Säugetier, lebt in Australien, jagt nachts, hält sich größtenteils im Wasser auf.

Numbat Auch Ameisenbeutler genannt, mit weißen Querstreifen, lebt in Australien, frisst Termiten, bedrohte Art.

Quoll Auch Beutelmarder genannt, etwa 30 cm groß mit weißen Tupfen im Fell, lebt in Australien und Neuguinea.

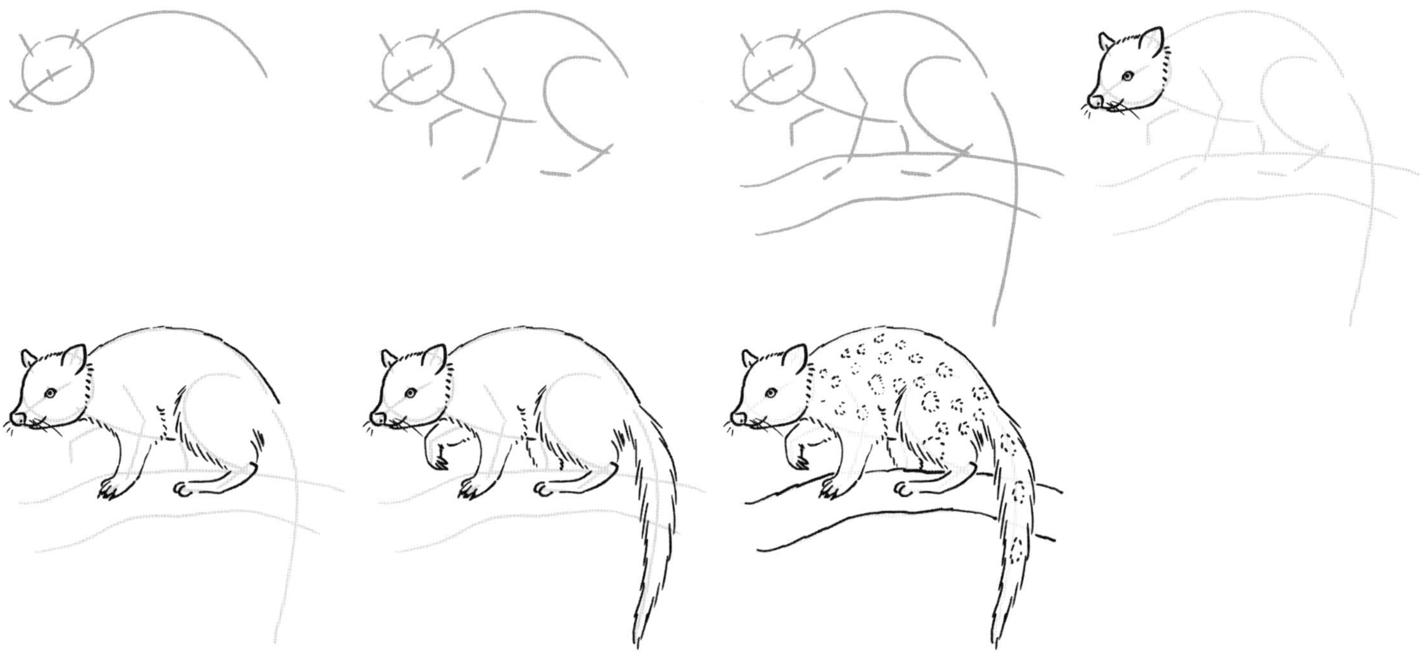

Beutelteufel Beuteltier mit schwarzem Fell und weißem Kragen, Jäger und Aasfresser, lebt in Tasmanien, bedrohte Art.

Wombat Höhlen grabendes Beuteltier, frisst vor allem Gras, sein Kot ist würfelförmig, lebt in Australien.

Koala Auch Beutelbär genannt, lebt auf Bäumen in Australien, frisst fast ausschließlich Blätter von Eukalyptusbäumen.

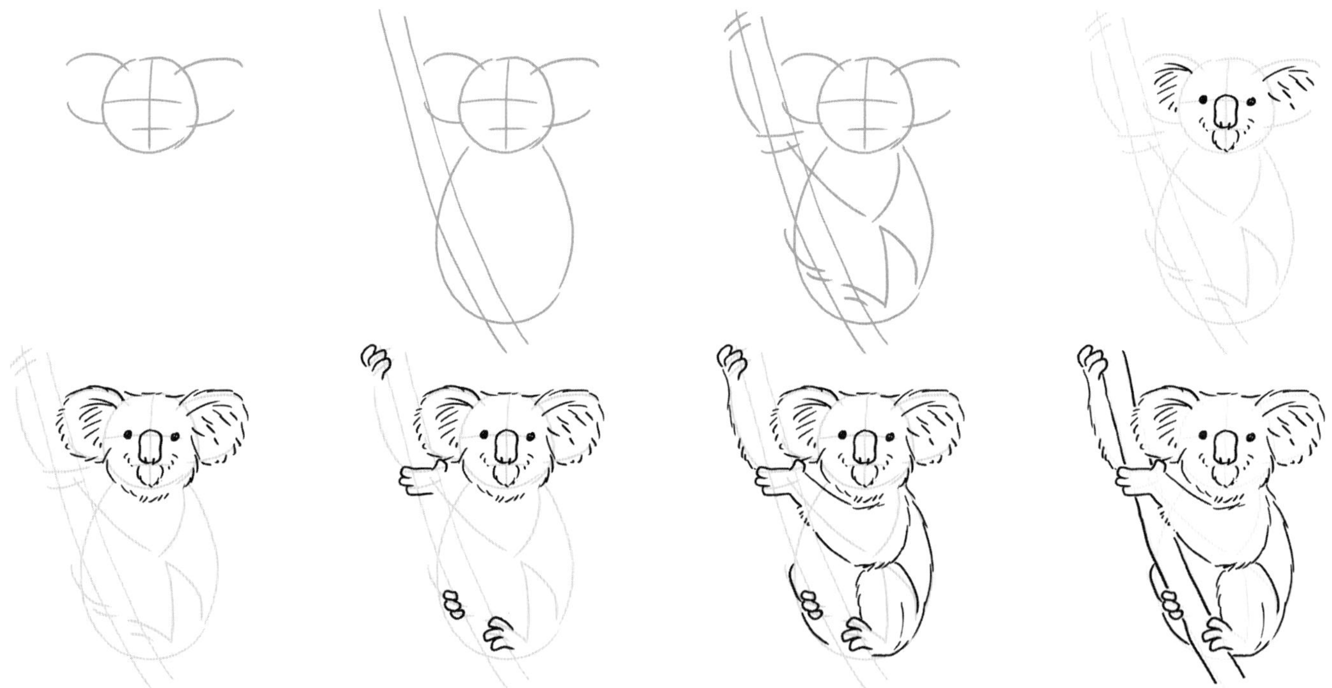

Kaninchennasenbeutler

Auch Bilby genannt, ist ungefähr so groß wie ein Unterarm, lebt in Australien, berohte Art.

Kurzkopfgleitbeutler

Baumbewohner in Australien, der bis zu 50 Meter weit gleiten kann, ernährt sich von Baumsäften.

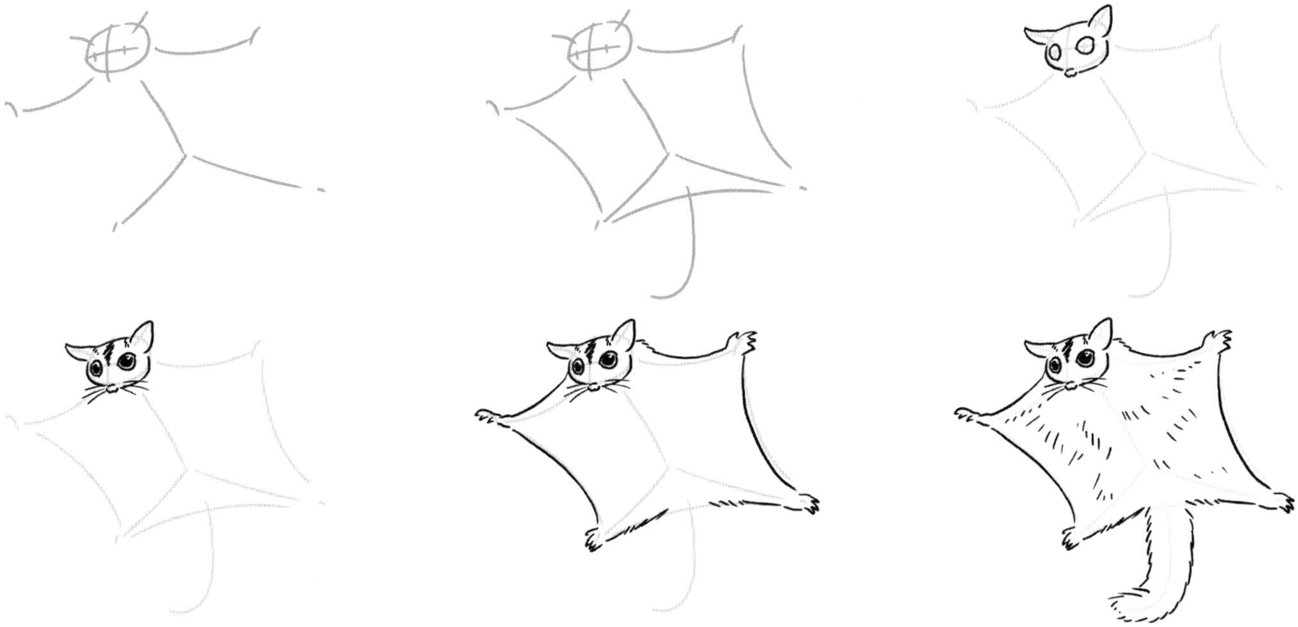

Tüpfelkuskus

Kletterbeutler, lebt im Regenwald Neuguineas, sein dichtes Fell hat oft rötliche bis braungraue Flecken.

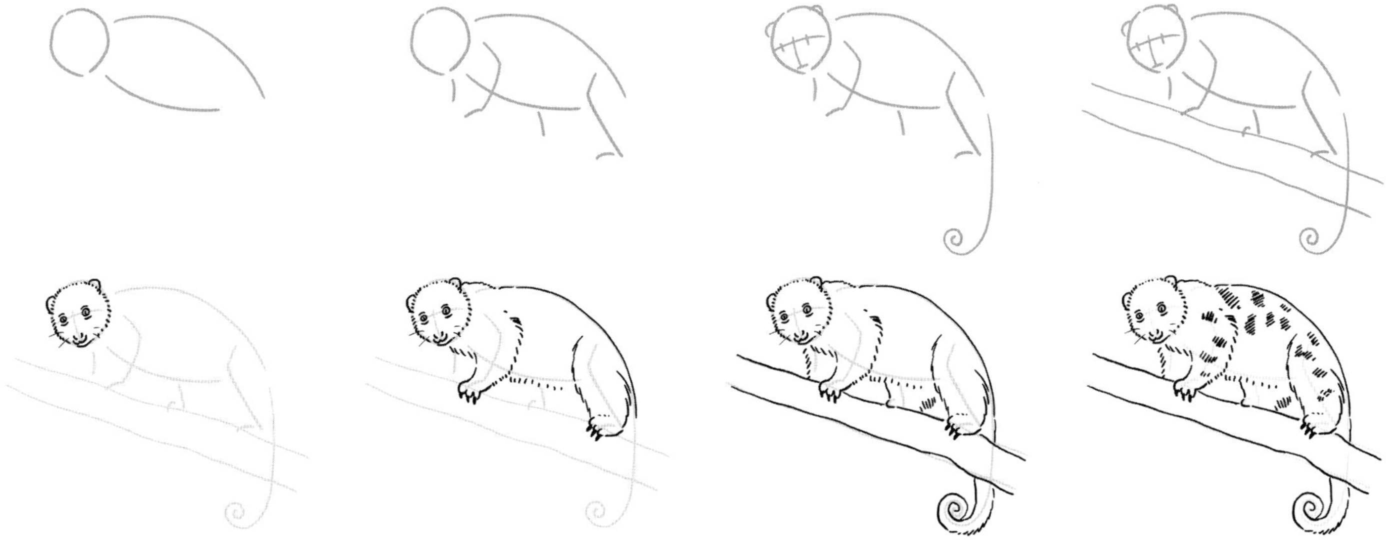

Baumkänguru Lebt als einziges Känguru auf Bäumen, ist in den Regenwäldern Australiens und Neuguineas heimisch.

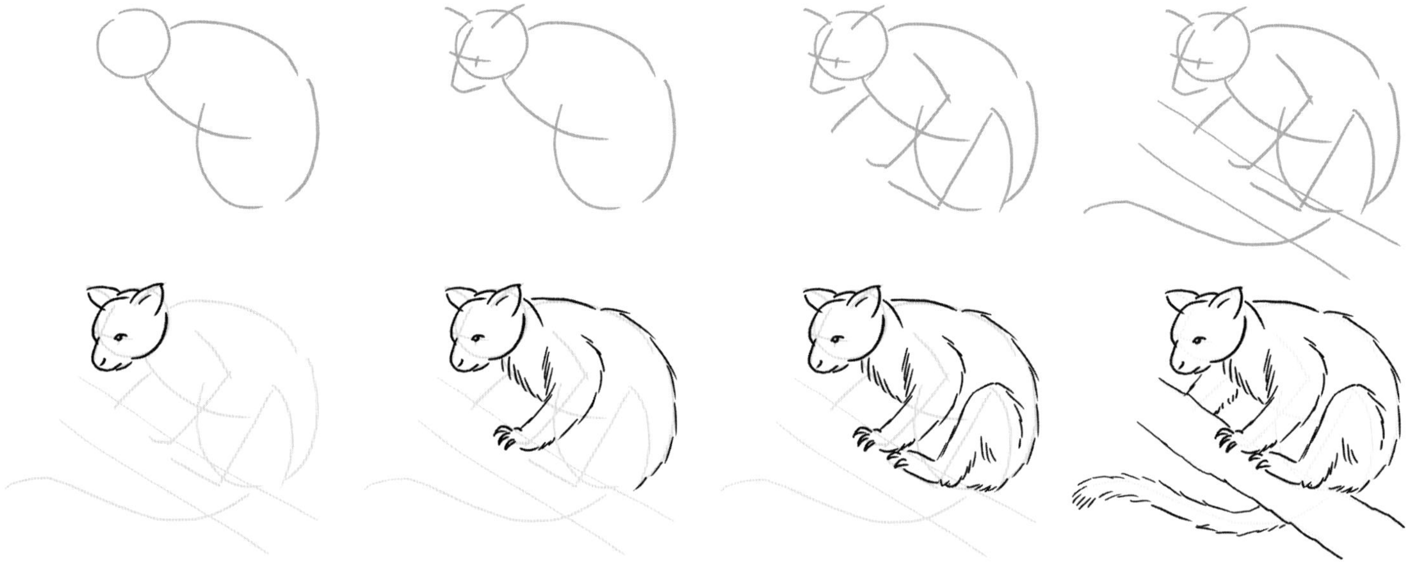

Wallaby Kleines Känguru, frisst Pflanzen, lebt in busch- und baumbestandenen Gegenden Australiens.

Rotes Riesenkänguru Größtes lebende Beuteltier, kann auf seinem kräftigen Schwanz „stehen“, in Australien heimisch.

Neunbinden-Gürteltier Gürteltier mit Rückenpanzer aus Bändern von Knochenplättchen, lebt vorwiegend in Südamerika.

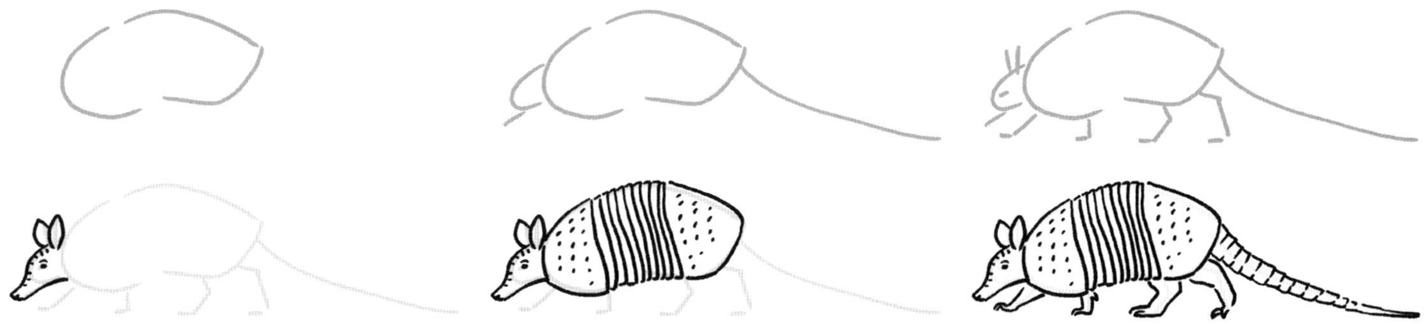

Schuppentier Auch Pangolin genannt, mit Hornschuppen, lebt in Südafrika und in Südostasien, frisst Insekten, bedrohte Art.

Großer Ameisenbär Leckt mit seiner 40 cm langen Zunge Insekten auf, lebt in Mittel- und Südamerika, gefährdete Art.

Tamandua Insekten fressender, kleinerer Ameisenbär, lebt auch auf Bäumen, in Mittel- und Südamerika heimisch.

Erdferkel

Etwa 1 Meter großes Säugetier (kein Schwein), frisst Ameisen und Termiten, lebt südlich der Sahara in Afrika.

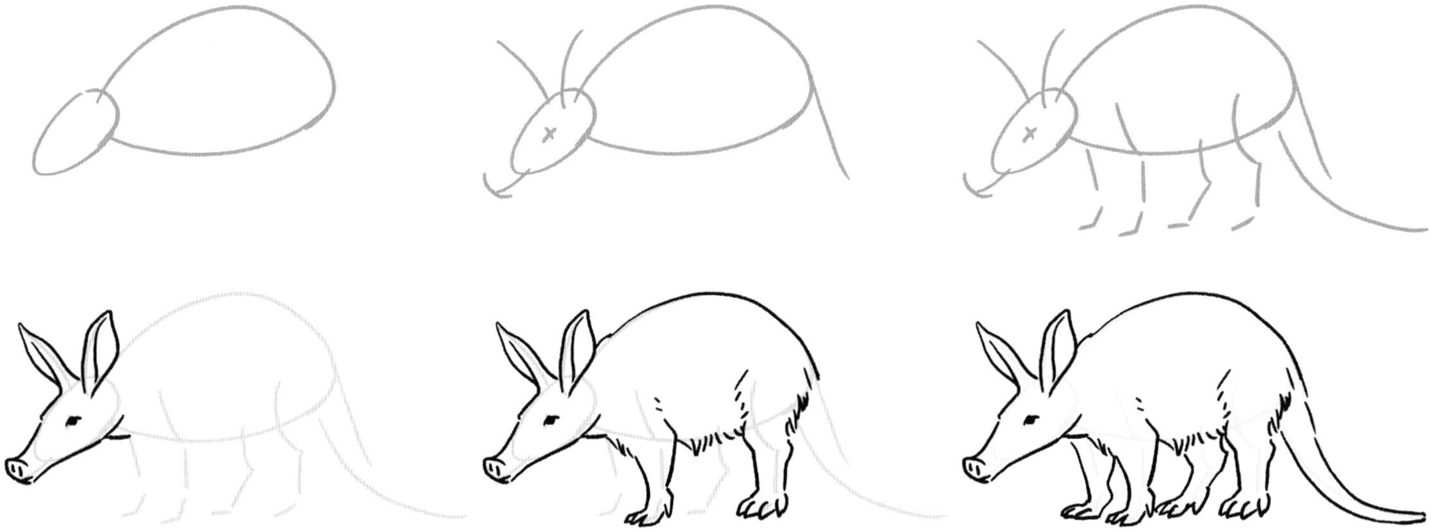

Dreifinger-Faultier

Frisst Blätter, bewegt sich sehr energiesparend fort, lebt in Regenwäldern Mittel- und Südamerikas.

Kleine Hufeisennase

Fledermaus mit etwa 25 cm Flügelspannweite, jagt nachts Insekten, lebt in Süd- und Mitteleuropa.

Grabflatterer

Auch Grabfledermaus genannt, lebt in Afrika, Arabien, Indien, Südostasien und sogar in Australien.

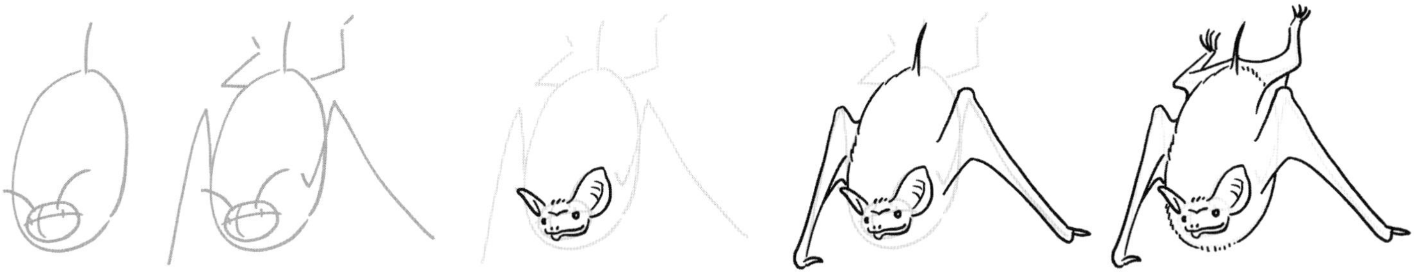

Gelbflügelfledermaus

Flügel, Nase und Ohren sind gelblich bis orange gefärbt, sie lebt im mittleren Afrika.

Vampirfledermaus

Nur nachts aktiv, ernährt sich vom Blut anderer Tiere, lebt in Mittel- und Südamerika.

Nilflughund

Früchte fressendes Fledertier, Flügelspannweite etwa 60 cm, lebt in Nordafrika, Arabien, Indien.

Indischer Riesenflughund

Frisst nur bestimmte Früchte, Flügelspannweite etwa 110 cm, lebt in Südasien.

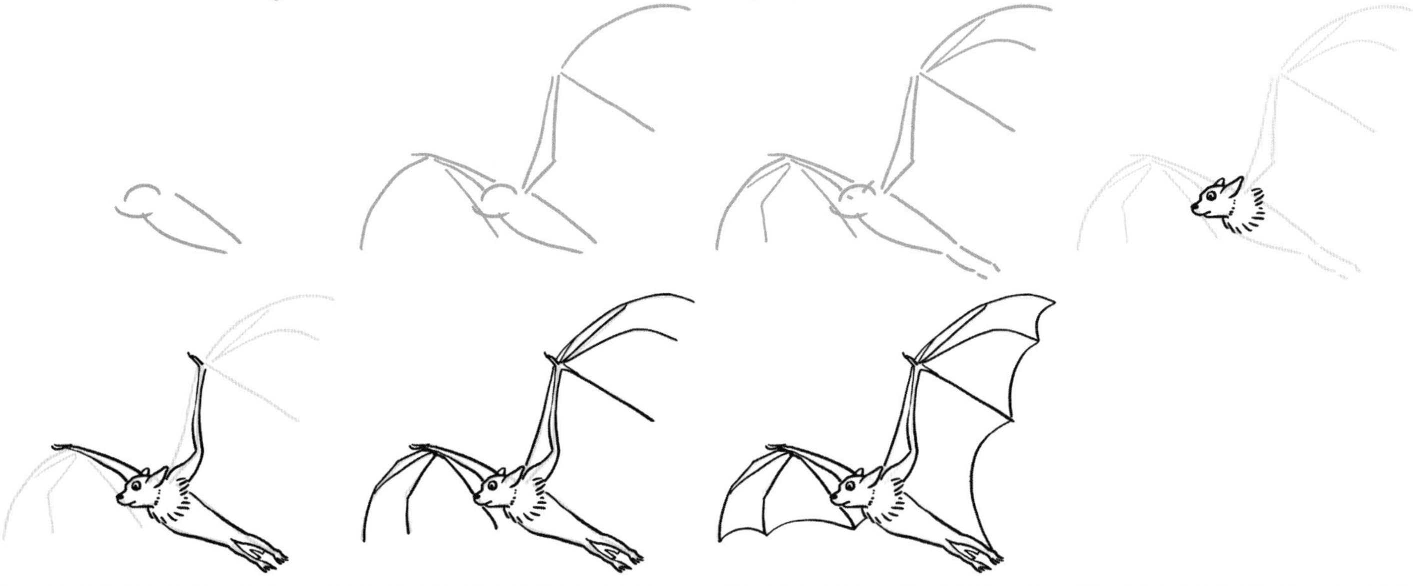

Europäischer Igel
Frisst Insekten und Würmer; in Europa leben zwei Arten, der Braunbrust- und der Weißbrustigel.

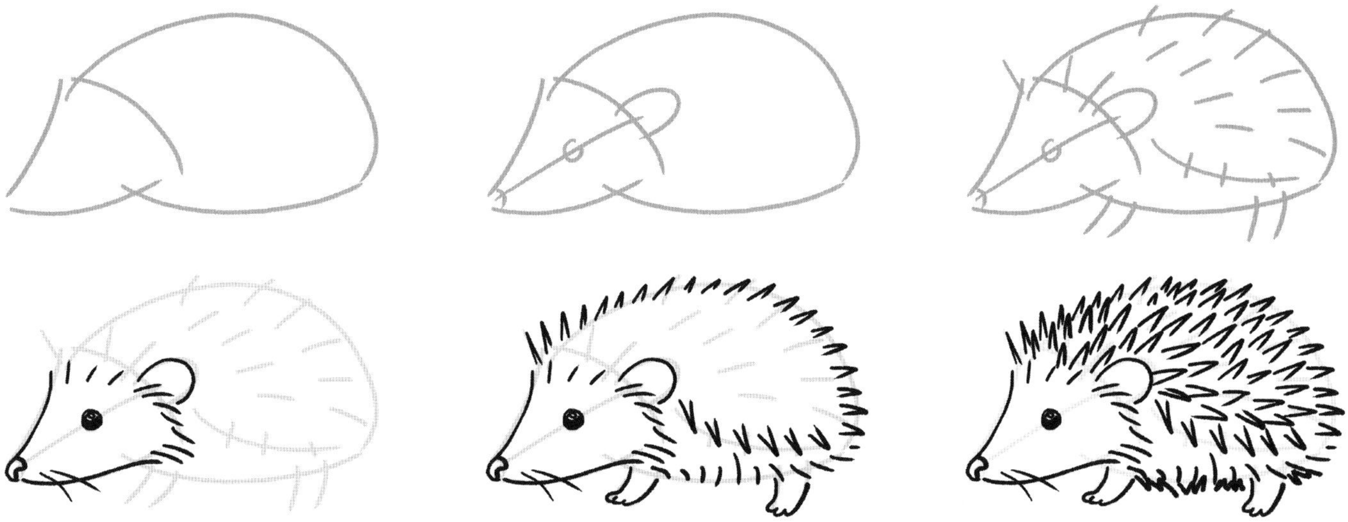

Großer Rattenigel
Kaninchengroßer Igel ohne Stacheln, frisst vor allem Insekten und Würmer, lebt in Südostasien.

Streifentenrek
Kleines Säugetier, gräbt Baue, ist 10 bis 20 cm groß, lebt in Regenwäldern auf Madagaskar.

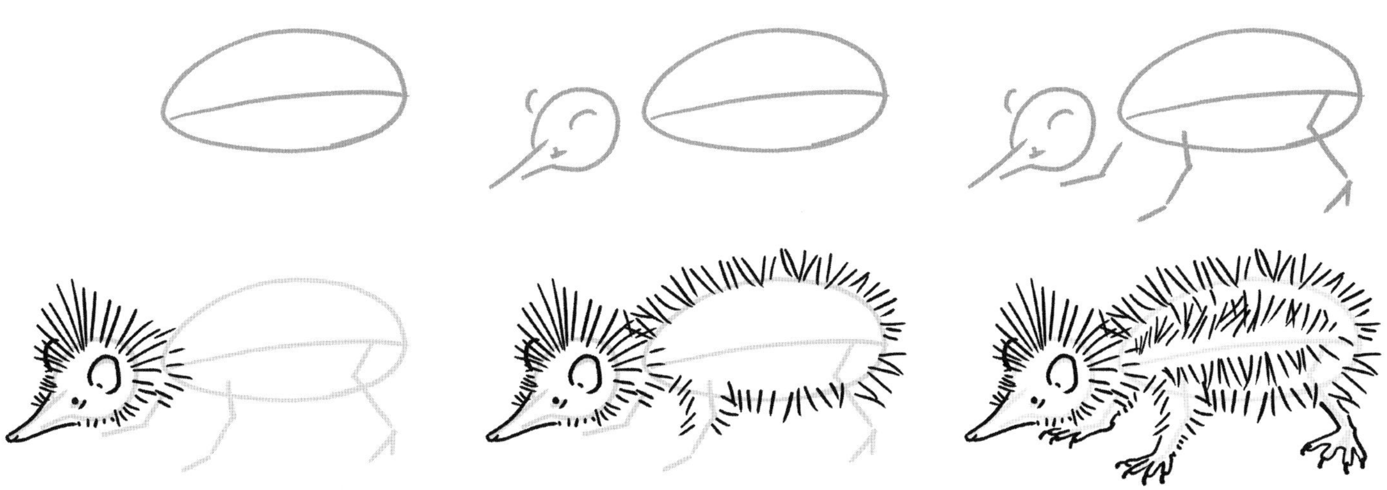

Europäischer Maulwurf

Gräbt Tunnelsysteme, lebt in West-, Mittel- und Osteuropa, frisst vor allem Regenwürmer.

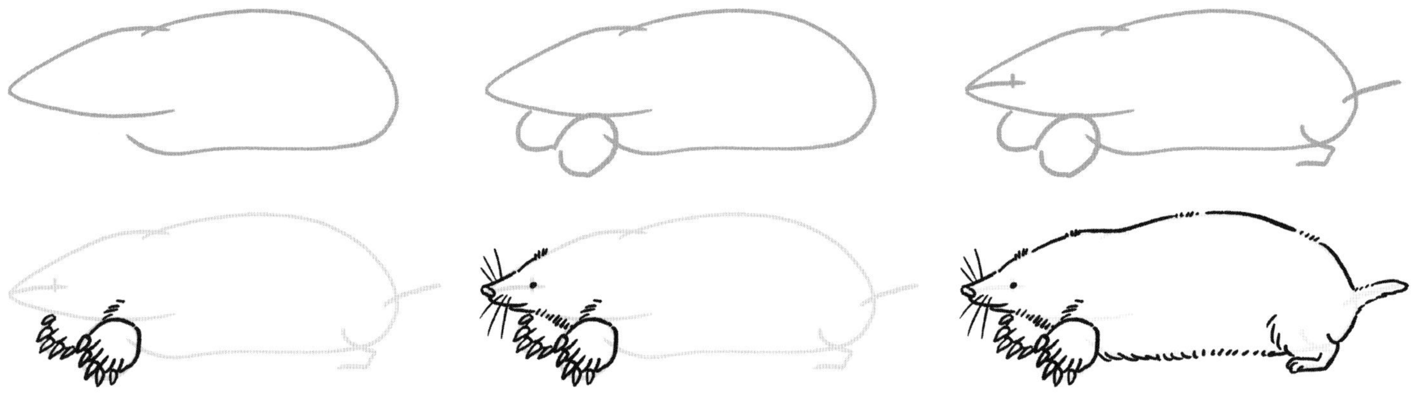

Sternmull

Auch Sternnasenmaulwurf genannt, hat an der Nase Tentakel zum Tasten, lebt im östlichen Nordamerika.

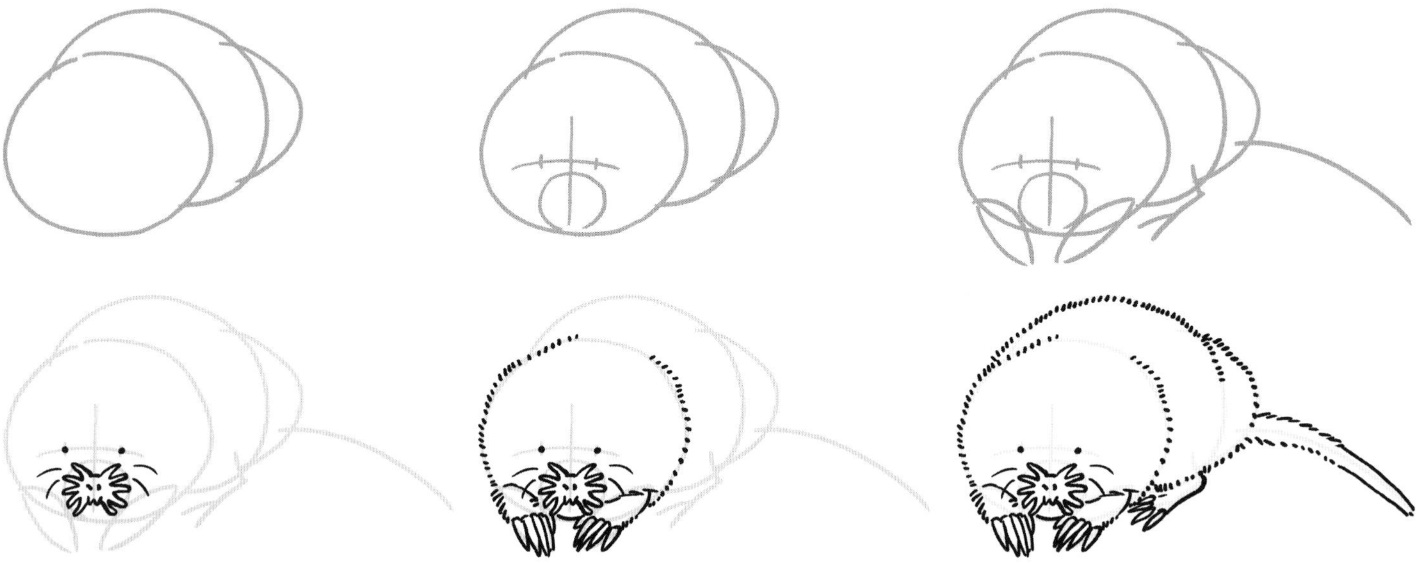

Goldmull

Kein Maulwurf, dichtes Fell, frisst Würmer und Insekten, lebt unterirdisch im mittleren und südlichen Afrika.

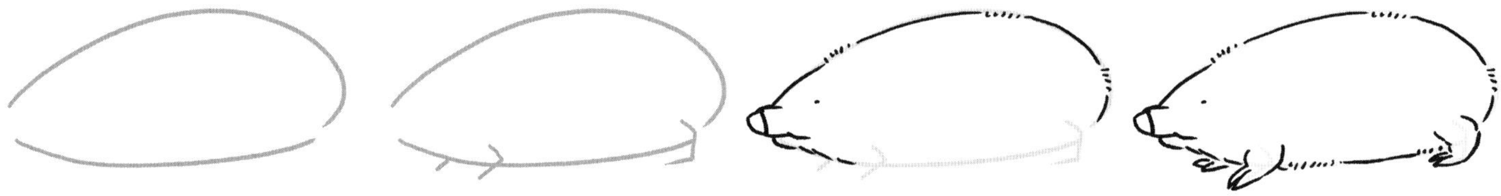

Gartenspitzmaus

Kleiner Insektenfresser (kein Nagetier), wird weniger als 8 cm groß, kommt in Europa und Sibirien vor.

Rüsselhündchen

Etwa 50 cm großer Rüsselspringer, frisst Würmer und Insekten, lebt in Zentral- und Ostafrika.

Kurzohrrüsselspringer

Kleiner, runder Allesfresser, etwa 10 cm groß, lebt im Südwesten Afrikas.

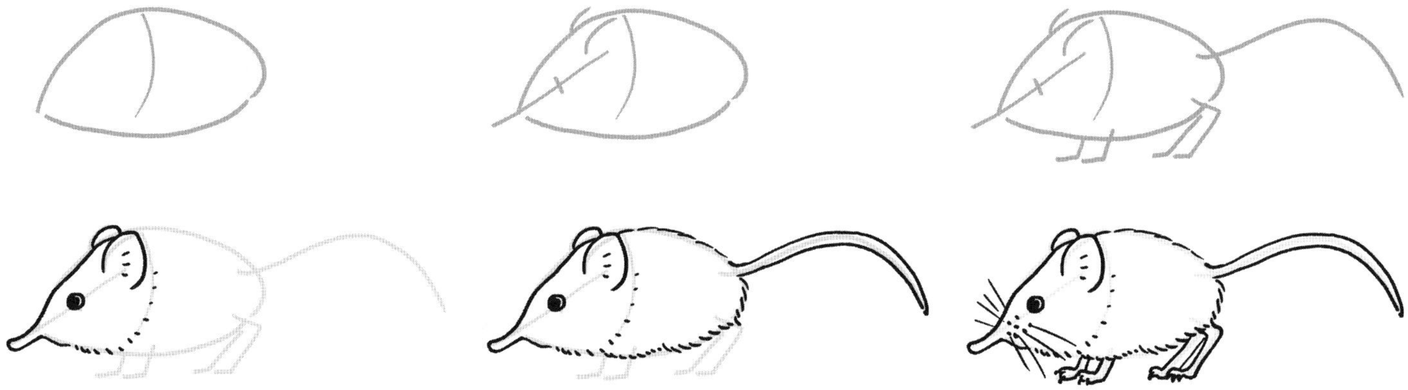

Klippschliefer

Pflanzenfresser, lebt in Afrika, kein Nagetier; seine nächsten Verwandten sind Elefanten und Seekühe.

Europäisches Eichhörnchen

Lebt in Wäldern, frisst Nüsse und Früchte, rotbraunes Fell, in Mitteleuropa heimisch.

Grauhörnchen

Ursprünglich nur in Nordamerika heimisches Eichhörnchen, graues Fell, teilweise nach Europa eingeführt.

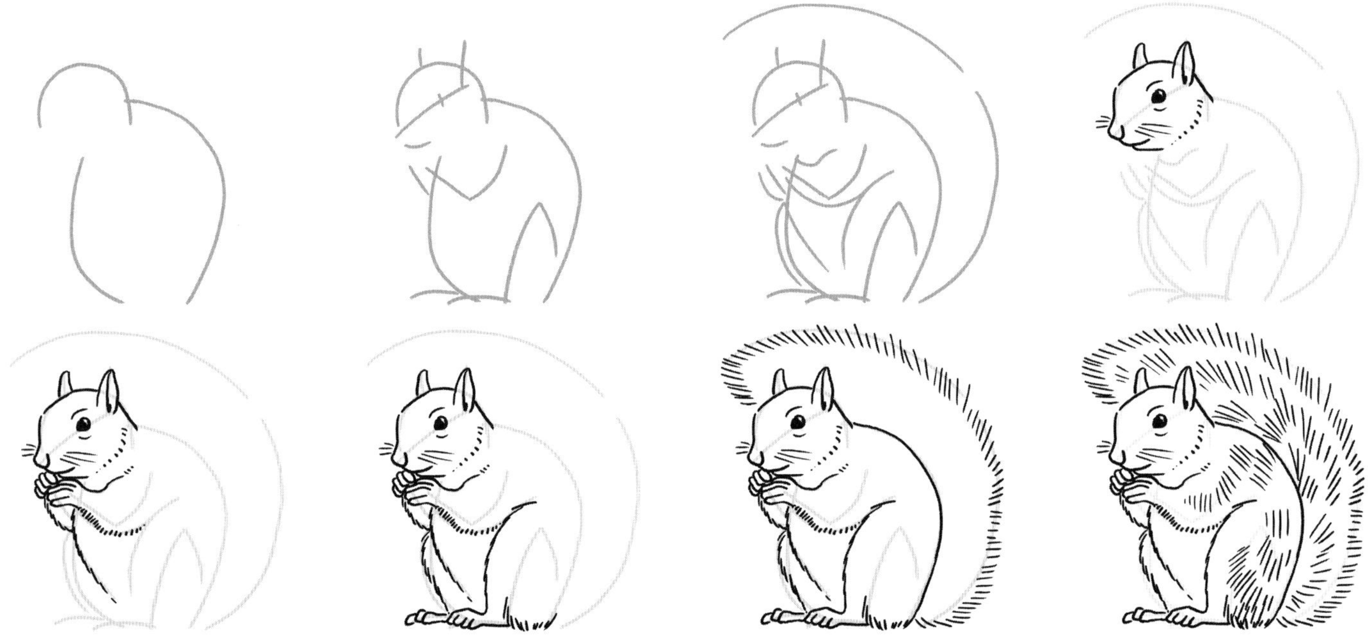

Ziesel

Allesfressendes Erdhörnchen, gräbt Erdbaue, lebt in Europa und Nordasien (Mongolei und Sibirien), teilweise gefährdet.

Präriehund Höhlen grabendes Erdhörnchen, lebt in Kolonien in den Graslandschaften Nordamerikas.

Alpenmurmeltier Weit verzweigte Baue grabendes Erdhörnchen, lebt in den (Hoch-) Gebirgen Europas.

Gleithörnchen Nachtaktive Waldbewohner, gleiten von Baum zu Baum, kommen in Nordamerika, Europa, Asien vor.

Riesenhörnchen

Lebt in den Wipfeln des Regenwalds, heller Bauch, kommt in Südasien und Indonesien vor.

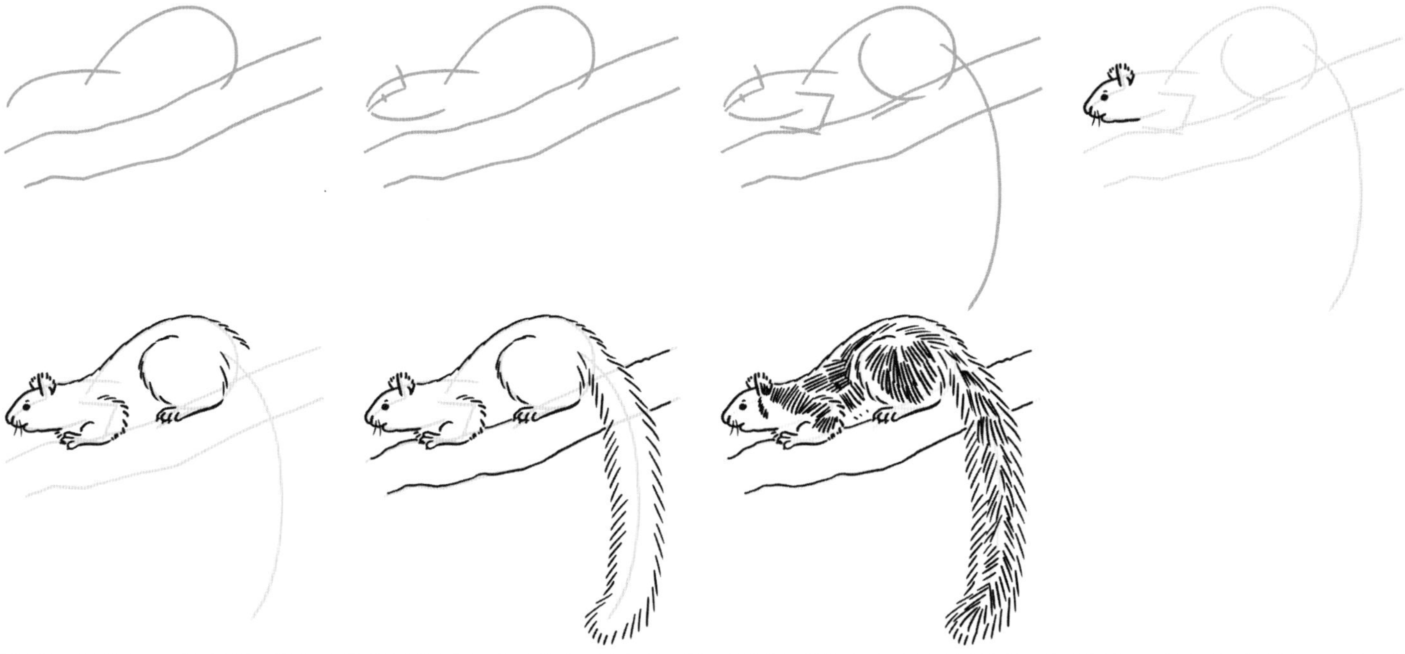

Streifenhörnchen

Auch Backenhörnchen oder Chipmunk genannt, baut Tunnel, lebt in Nordamerika.

Nördliches Spitzhörnchen

Frisst Insekten, kleine Tiere und Samen, lebt vor allem auf Bäumen in Südostasien.

Waldmaus Lebt zwischen Hecken, in Parks, auf Feldern und anderen offenen Flächen in Europa, Russland, Nordafrika.

Wanderratte Weltweit verbreiteter Allesfresser, lebt vorwiegend in der Nähe menschlicher Siedlungen.

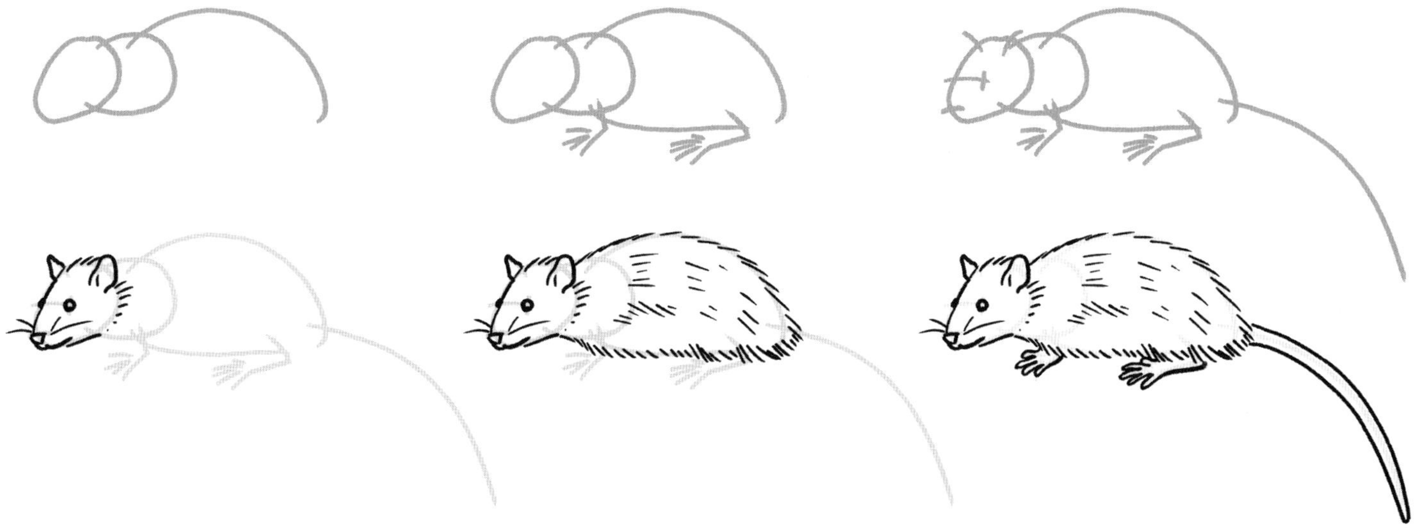

Haselmaus Kleiner Bilch (keine Maus), weniger als 10 cm groß, Schwanz fast ebenso lang, lebt in Europa.

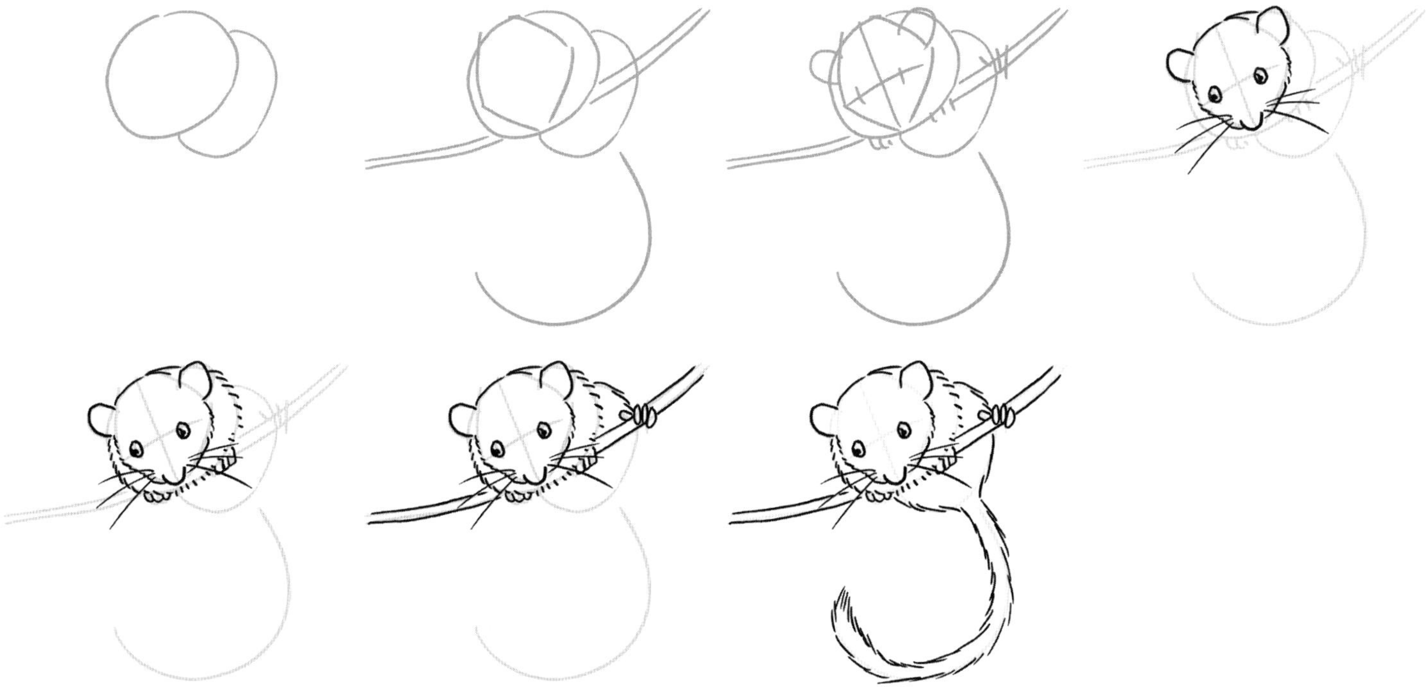

Siebenschläfer

Bilch, lebt in Wäldern, hält mehr als acht Monate Winterschlaf, in Mitteleuropa bis Vorderasien heimisch.

Wiesenwühlmaus

Etwa 10 cm groß, wohnt in Höhlengängen, frisst Gräser, Samen, Wurzeln, lebt in Nordamerika.

Australische Hüpfmaus

Etwa so groß wie eine Hand, ist nachtaktiv, lebt in trockenen Gegenden Australiens.

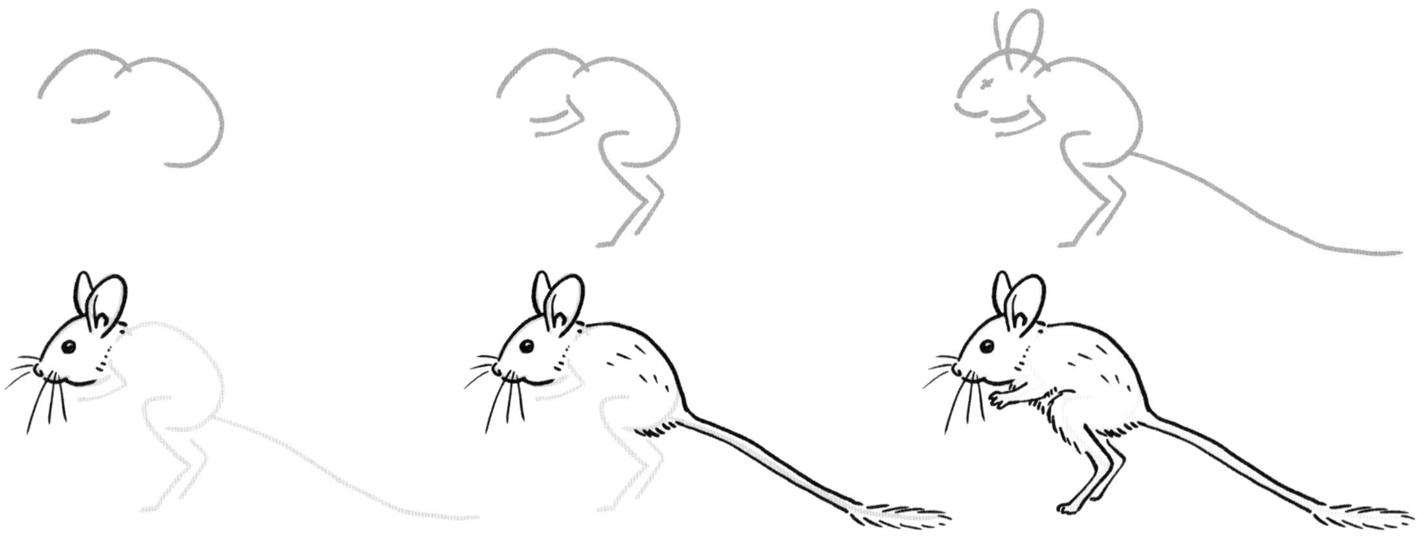

Pferdespringer

Größte Springmaus mit weißer Brust und Bauch, in Zentral- und Nordostasien bis Sibirien heimisch.

Springhase

Nachtaktives Nagetier (kein Hase), frisst Gräser und Grassamen, lebt in Ost- und Südafrika.

Mähnenratte

Auf Bäumen lebendes Nagetier, etwas so lang wie ein DIN-A4-Blatt, lebt in Nordostafrika.

Feldhamster

Frisst Pflanzen, Würmer, Insekten, lagert Wintervorräte ein, von Mitteleuropa bis Nordchina heimisch.

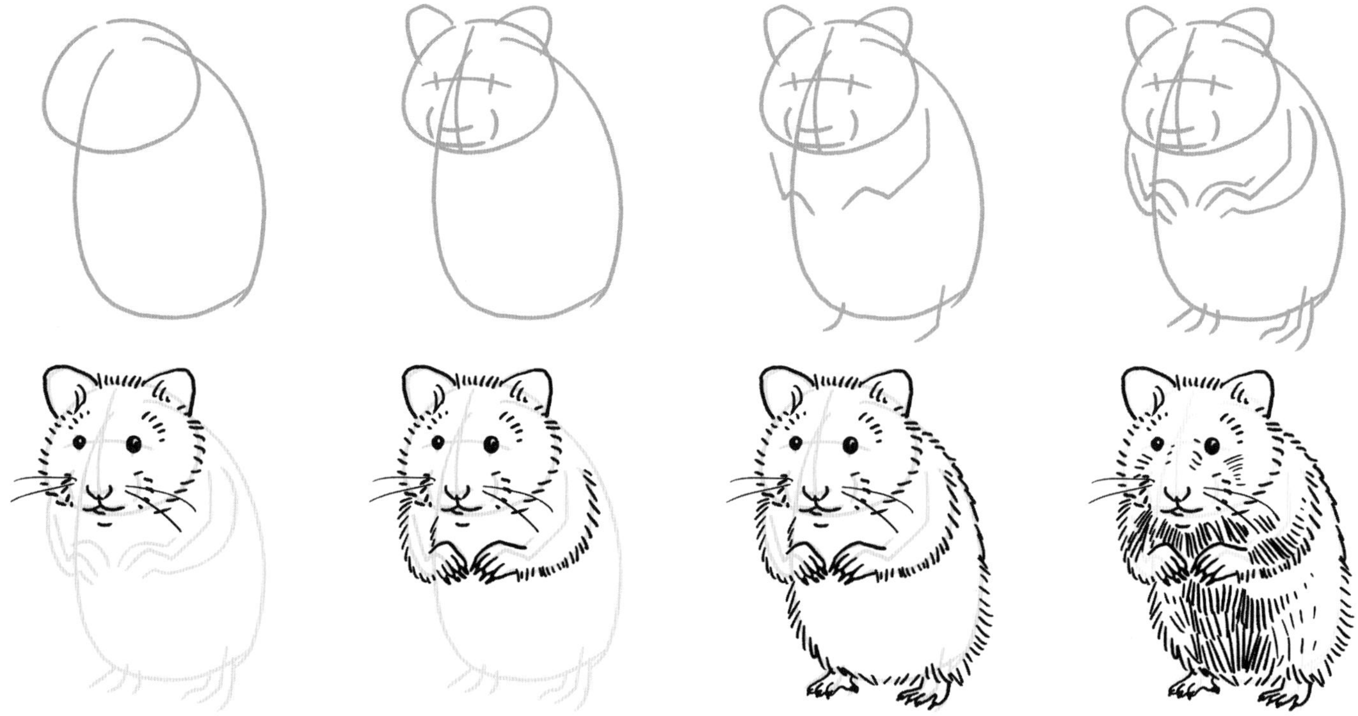

Berglemming

Wühlmaus mit ausgeprägtem Wandertrieb, lebt in Nordeuropa in der Nähe der Arktis.

Nacktmull

Nahezu blindes Nagetier, lebt mit anderen Artgenossen in großen unterirdischen „Staaten“ in Ostafrika.

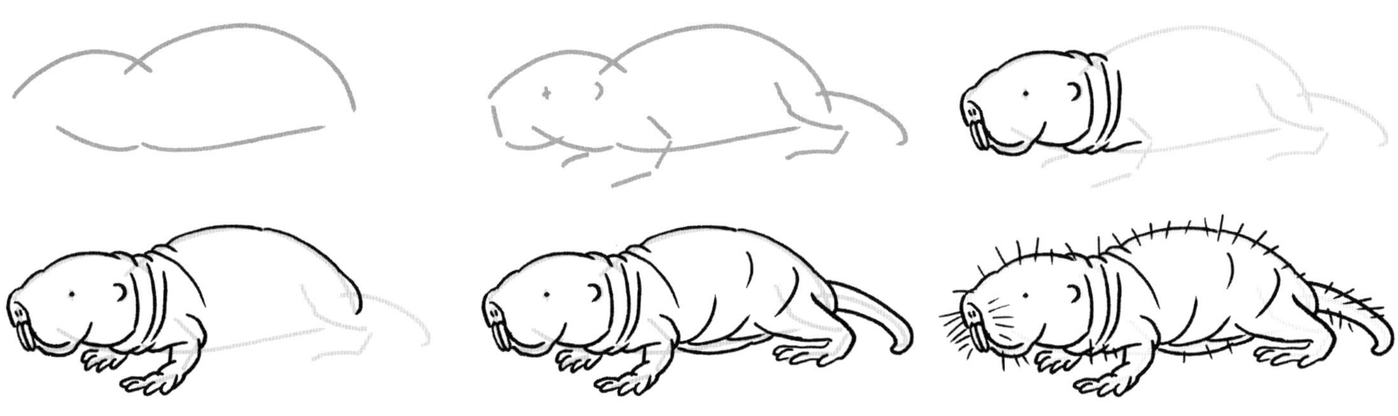

Europäischer Biber

Pflanzenfresser, baut Dämme und staut Gewässer, lebt in Osteuropa bis Nordasien, geschützte Art.

Nutria

Auch Biberratte genannt, ursprünglich in Südamerika heimisch, nach Europa eingeschleppt, wo er als Schädling gilt.

Hausmeerschweinchen

In Europa und USA gehaltenes Haustier, ursprünglich in Südamerika als Fleischlieferant gezüchtet.

Gewöhnliches Stachelschwein

Nachtaktives, pflanzenfressendes Nagetier, lebt im nördlichen und westlichen Afrika.

Greifstachler

Nachtaktiver Pflanzenfresser, Greifschwanz dient zum Klettern, lebt in Mittel- und Südamerika.

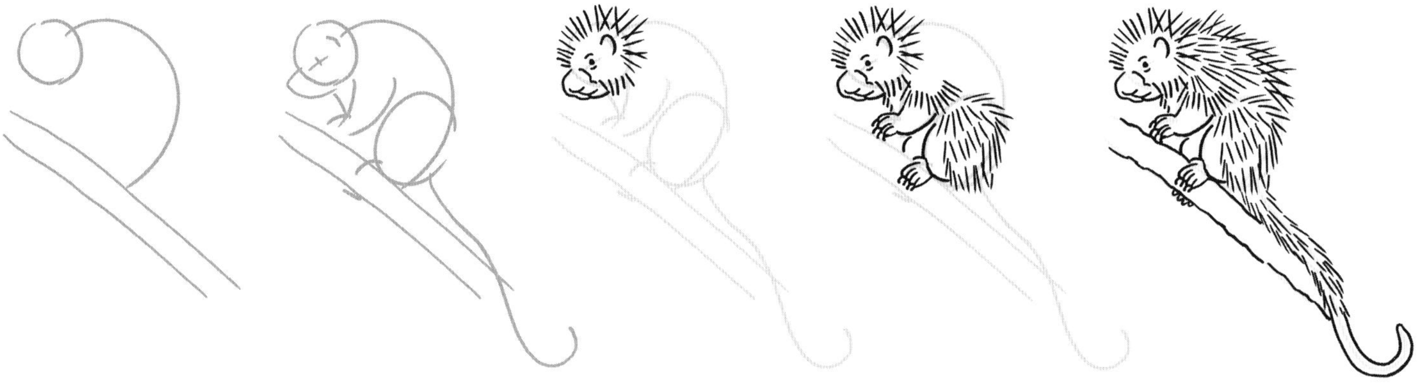

Aguti

Etwa 50 cm großer Pflanzenfresser, kann schnell laufen, lebt in Mittel- und Südamerika, teilweise gefährdet.

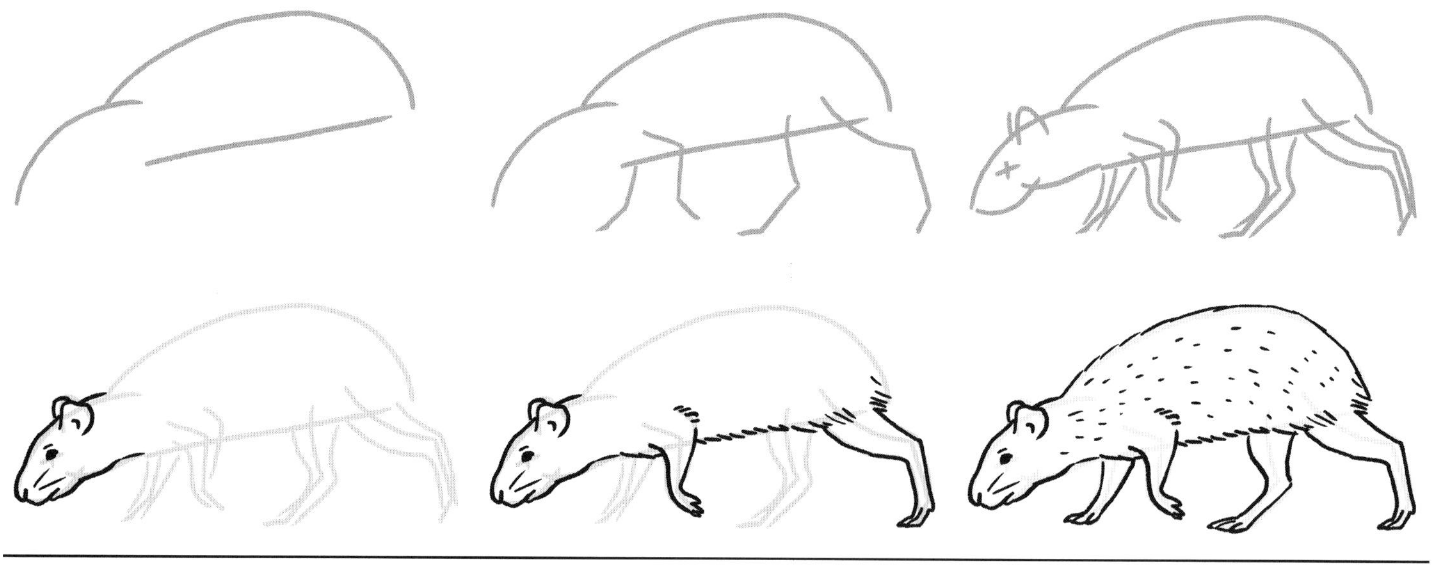

Capybara Auch Wasserschwein genannt, guter Schwimmer, größtes Nagetier der Welt, frisst Pflanzen, lebt in Südamerika.

Großer Pampashase Auch Große Mara genannt, schwarzer Streifen über den Oberschenkeln, lebt im Süden Südamerikas.

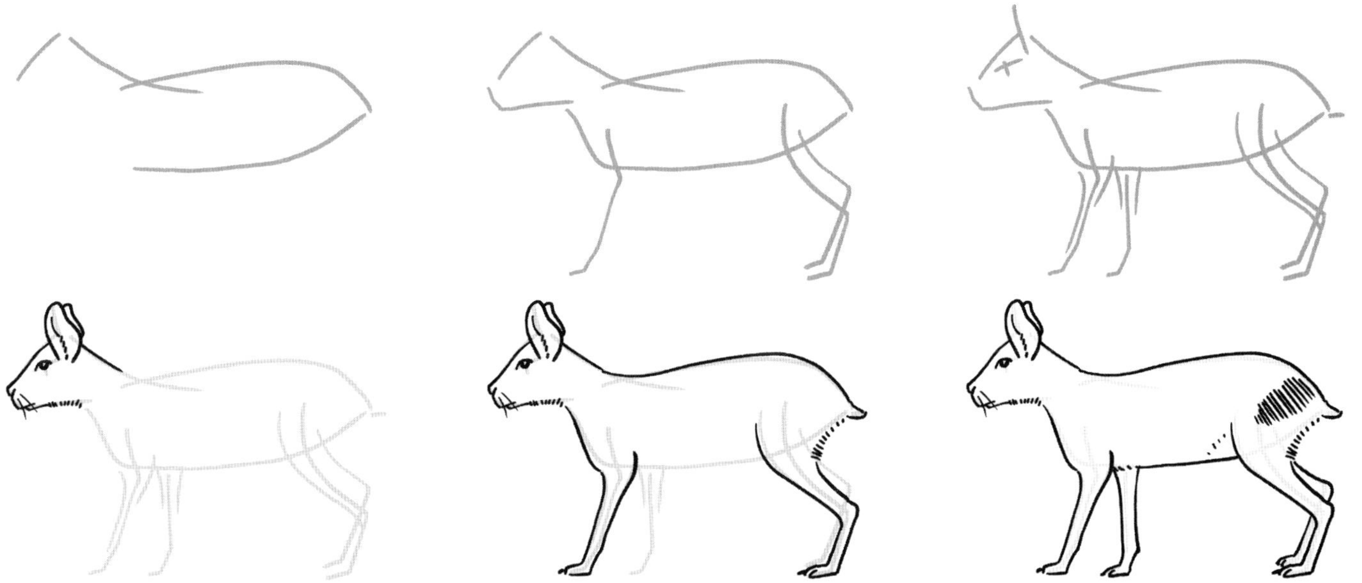

Langschwanz-Chinchilla Nachtaktiver Pflanzenfresser, lebt in den südlichen Anden (Südamerika), stark gefährdete Art.

Viscacha

Bis zu 60 cm große Chinchilla-Art, zwei schwarze Querstreifen im Gesicht, lebt in Bauen im südlichen Südamerika.

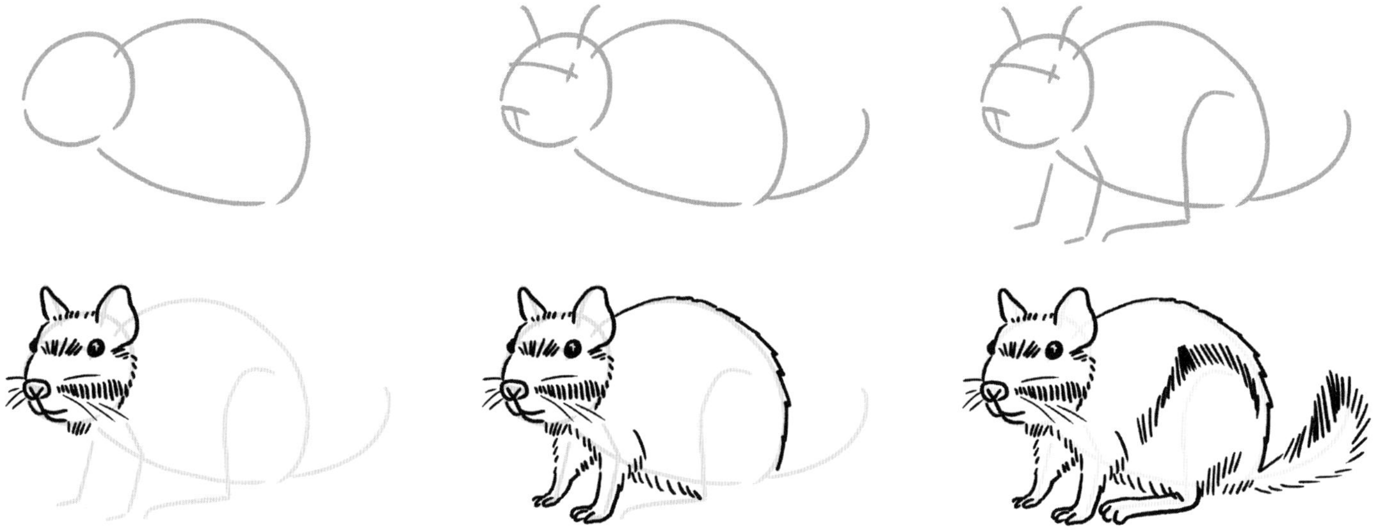

Amerikanischer Pfeifhase

Auch Pika genannt, lebt in Spalten von Geröll und Felsen im westlichen Nordamerika.

Wildkaninchen

Frisst Gräser und Blätter, ursprünglich in Europa heimisch, nach Australien eingeschleppt.

Schneehase

Trägt im Sommer graubraunes, im Winter weißes Fell, lebt in Nordeuropa und Nordasien.

Feldhase

Oft nur Hase genannt, ursprünglich in Europa und Russland heimisch, in Südamerika und Australien eingeschleppt.

Eselhase

Echter Hase mit eselartigen langen Ohren, lebt in Halbwüsten und Graslandschaften im Westen Nordamerikas.

Hermelin

Auch Großes Wiesel genanntes Raubtier, weißes Winterfell, lebt im nördlichen Nordamerika, Europa und Asien.

Mauswiesel

Kleinstes Raubtier, weiße Brust und Bauch, lebt in Nordamerika, Europa und Nordasien, teilweise gefährdet.

Steinmarder

Allesfressendes Raubtier, kommt in Europa, Vorder- und Zentralasien und dem Himalaja vor.

Europäischer Iltis Auch wildes Frettchen genannt, mit schwarzer Maske auf weißem Gesicht, lebt in Europa bis zum Ural.

Tigeriltis Nachtaktiver Jäger, braun-beige geflecktes Fell, schwarz-weißes Gesicht, lebt in Osteuropa und Asien.

Europäischer Nerz Nachtaktives Raubtier, lebt an Gewässern in Europa und Nordasien (Sibirien), bedrohte Art.

Buntmarder

Allesfressendes Raubtier, helles Fell, Kopf, Beine, Schwanz sind schwarz, in Nordost- bis Südostasien heimisch.

Tayra

Tagaktives Raubtier, über 50 cm lang, guter Kletterer, dunkelbraunes Fell, lebt in in Mittel- und Südamerika.

Europäischer Dachs

Erdmarder, graues Fell, weißes Gesicht mit schwarzen Streifen, lebt in Europa und Vorderasien.

Honigdachs

Allesfressendes Raubtier mit schwarzem Fell und weißem Rücken, lebt in Afrika, Zentral- und Südasien.

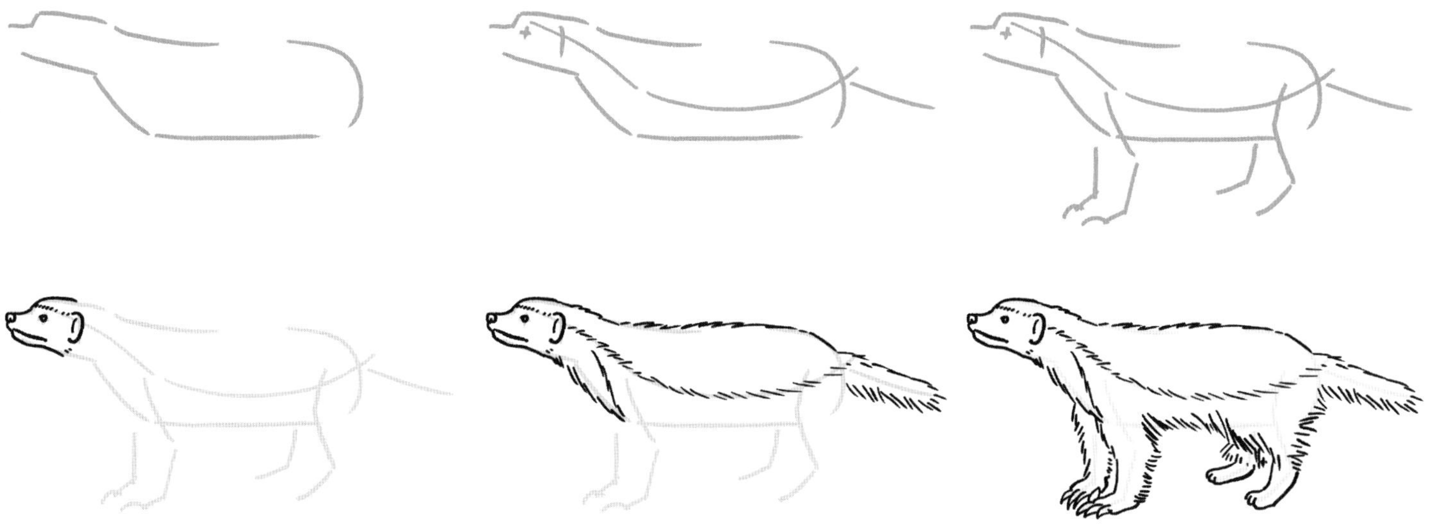

Vielfraß

Raubtier, dunkelbraunes Fell mit hellem Band an den Seiten, lebt im nördlichen Nordamerika, Europa und Asien.

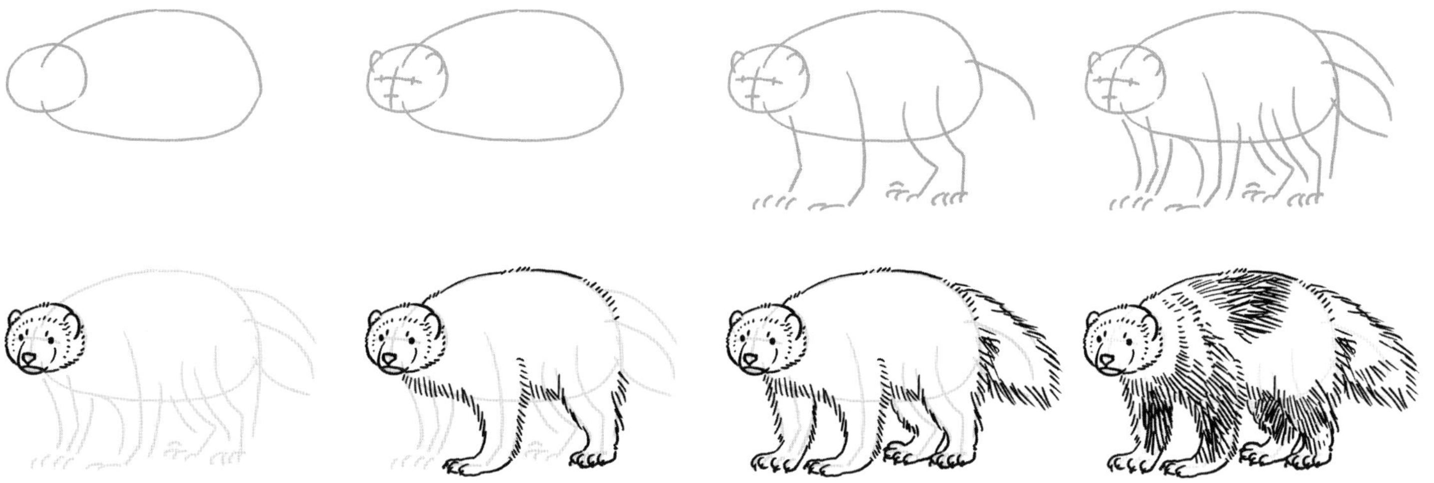

Stinkdachs

Raubtier mit Stinkdrüsen, schwarzes Fell, weißer Stirnfleck oder Rückenstreifen, lebt in Südostasien/Indonesien.

Streifenskunk

Auch Stinktier genannt, schwarzes Fell, zwei weiße Rückenstreifen, lebt in Nordamerika.

Fischotter

Frisst Vögel, Säugetiere, Fische, Muscheln, lebt in Gewässern in Europa und Asien, gefährdete und geschützte Art.

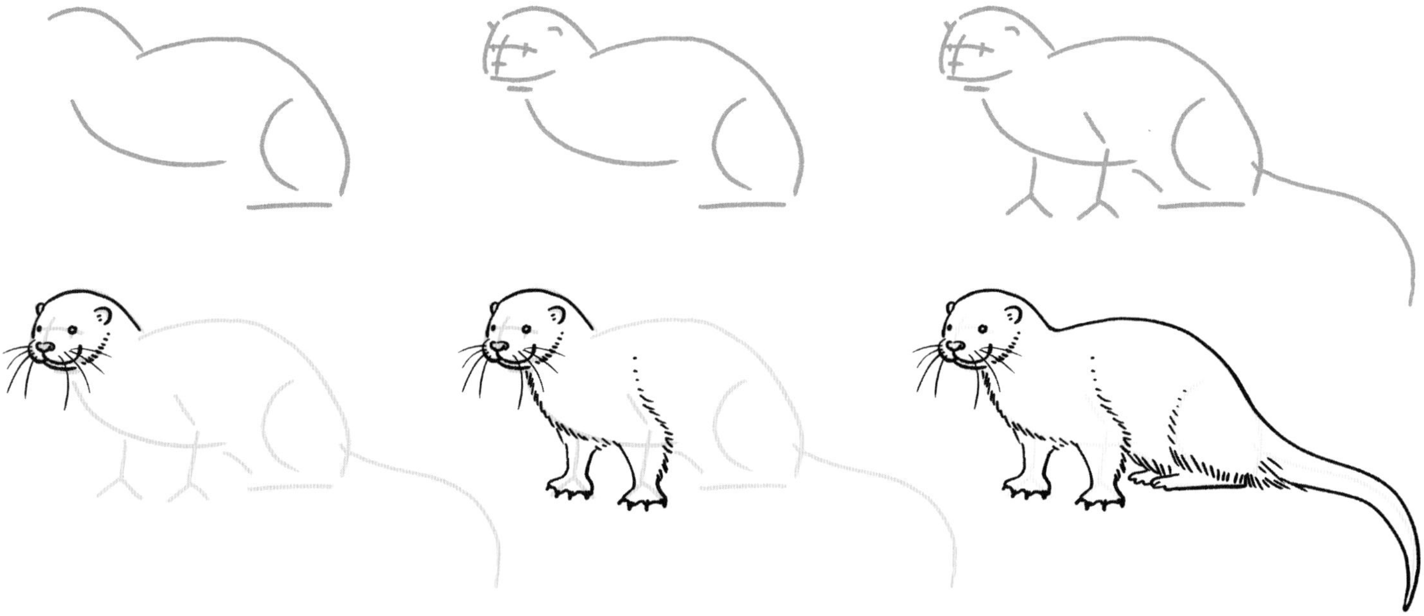

Riesenotter

In Gruppen jagendes Raubtier, mit zwei Meter langem Schwanz, lebt an den Regenwaldflüssen Südamerikas.

Seeotter

Frisst hauptsächlich Seeigel, lebt ausschließlich im Wasser an den Pazifikküsten Nordasiens und Nordamerikas.

Ginsterkatze

Nachtaktive, allesfressende Schleichkatze, kann gut klettern, lebt in Afrika.

Binturong

Auch Marderbär genannte Schleichkatze, frisst vor allem Früchte, lebt in den Wäldern Südostasiens/Indonesiens.

Indischer Mungo

Etwa 40 cm lange Manguste, frisst Vögel, Kleinsäuger, Echsen, Schlangen, Skorpione, lebt in Südasien.

Zebramanguste

Graubraunes Fell mit Querstreifen, frisst Insekten und kleine Tiere, lebt in Afrika südlich der Sahara.

Erdmännchen

In Kolonien lebende, kleine Manguste, gräbt und bewohnt Erdbaue, lebt in Südafrika.

Fossa

Katzenähnliches (aber nicht verwandtes) Raubtier, jagt Säugetiere und Halbaffen, lebt nur auf Madagaskar.

Karakal

Luchsähnliche (aber nicht verwandte) Katze, lebt in den trockenen Regionen Afrikas und Vorderasiens.

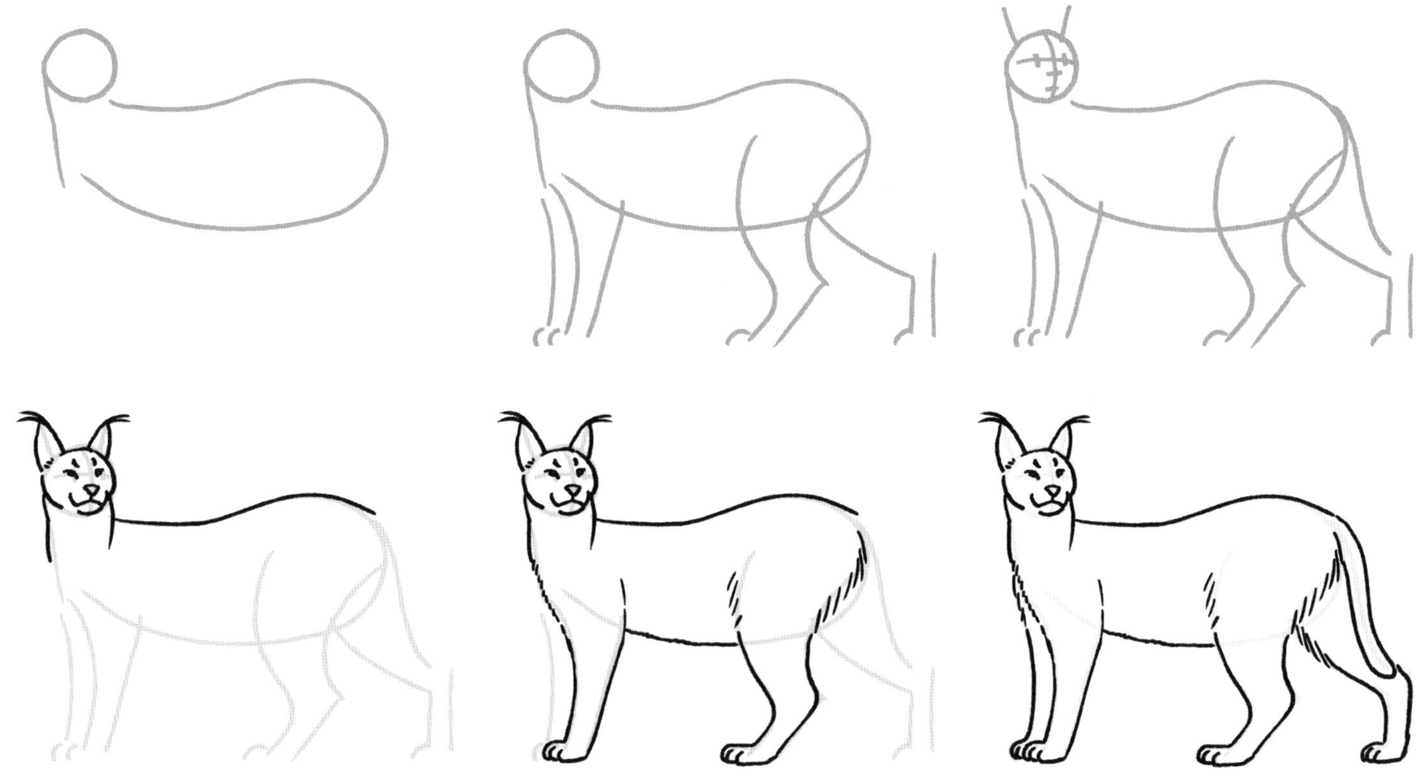

Eurasischer Luchs

Kleine Raubkatze, lebt in Europa und Nordasien (Sibirien, China), in Europa gefährdete Art.

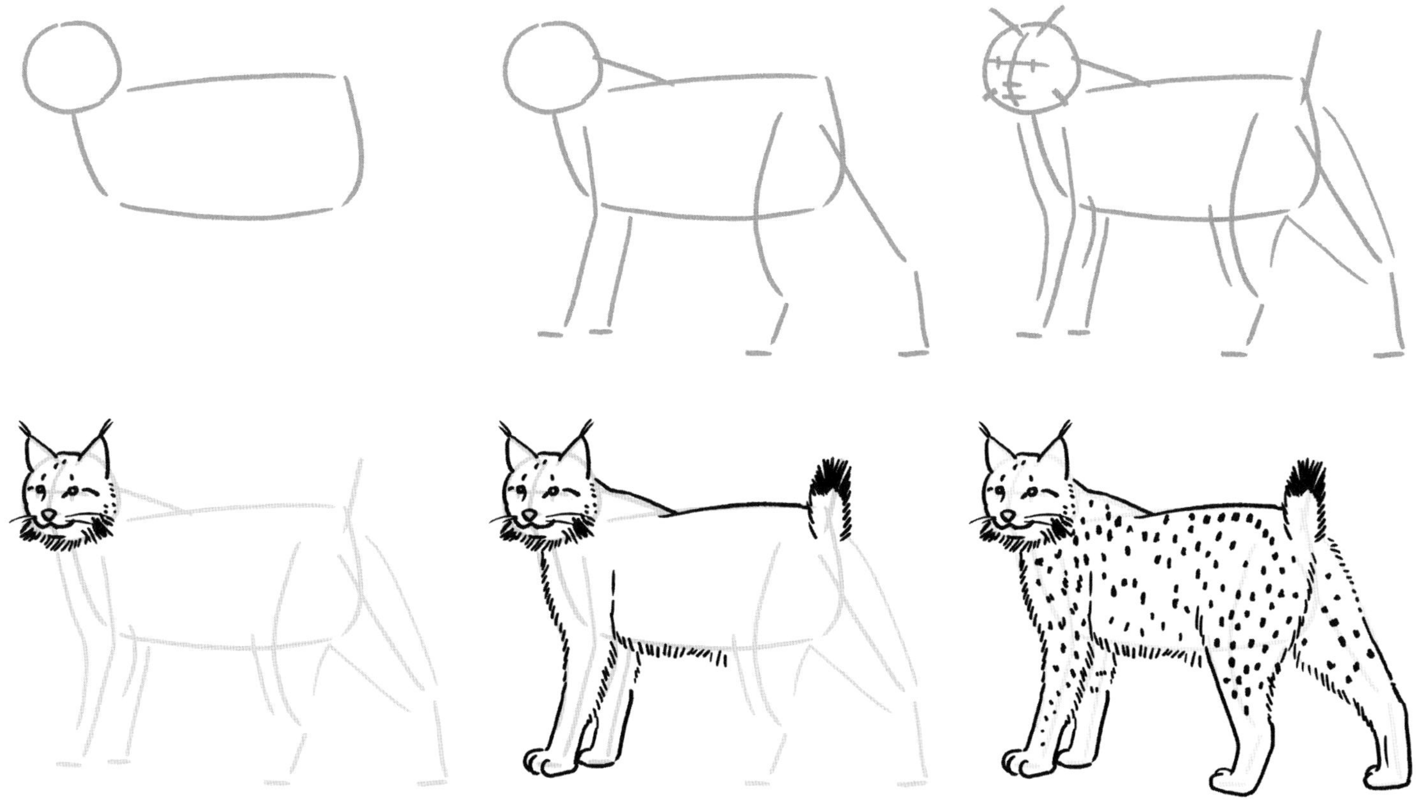

Puma

Auch Berglöwe genannt, geht als Einzelgänger anderen Pumas aus dem Weg, lebt in Nord-, Mittel- und Südamerika.

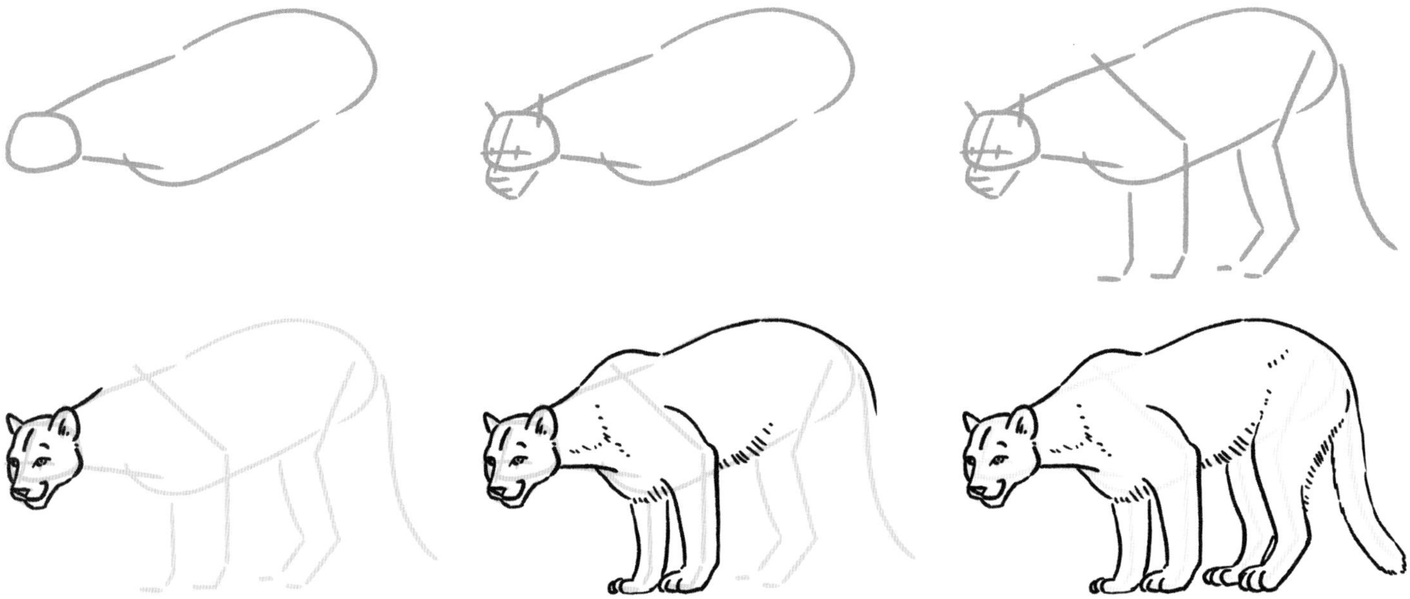

Manul

Jagt nachts kleine Säugetiere und Vögel, gelb-gräuliches Fell mit dunklen Querstreifen, lebt in Zentral- bis Nordostasien.

Ozelot

Bis zu einem Meter lange gefleckte Katze, nachtaktiver Einzelgänger, lebt in Wäldern Mittel- und Südamerikas.

Serval

Jagt vor allem kleine Nagetiere, schlank, mit langen Beinen und großen Ohren, lebt in Afrika südlich der Sahara.

Nebelparder

Raubkatze mit beige-grauem Fell und großen „umrandeten“ Flecken, lebt in Südostasien, gefährdete Art.

Gepard

Schnellstes Landraubtier, gepunktetes Fell mit senkrechten Streifen unter den Augen, lebt in Afrika.

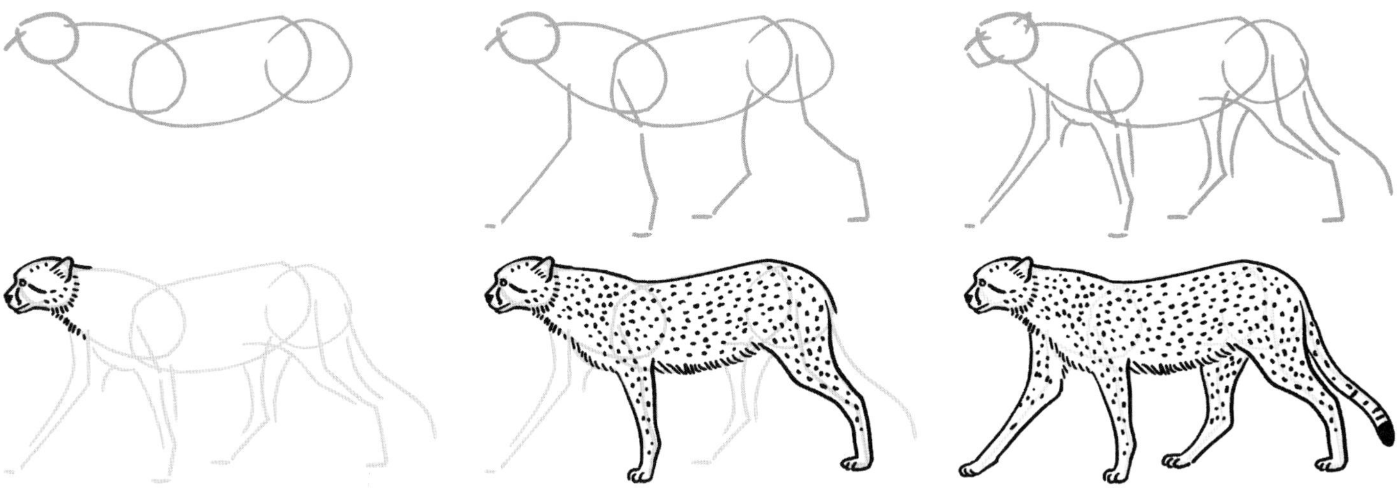

Löwe (weiblich)

Zusammen mit dem Tiger größte Raubkatze, lebt in Rudeln, vor allem in Afrika, gefährdete Art.

Löwe (männlich)

Erwachsene männliche Löwen besitzen eine dunkle, meist braune Mähne.

Leopard

Auch Panther genannt, in der Regel geflecktes, selten auch vollständig schwarzes Fell, lebt in Afrika und Asien.

Jaguar

Sein geflecktes Fell ähnelt dem des Leoparden, lebt im Regenwald Mittel- und Südamerikas, bedrohte Art.

Schneeleopard

Hellgraues Fell mit schwarzen Flecken, lebt im Himalaja und anderen Hochgebirgen Asiens, gefährdete Art.

Königstiger

Auch Indischer Tiger genannt, häufigste Art des Tigers, lebt auf dem Südindischen Festland, gefährdete Art.

Sibirischer Tiger

Auch Amurtiger genannte Unterart des Tigers, größte Katzenart, lebt im kalten Norden Ostasiens.

Europäische Wildkatze

Körperbau ist kräftiger als bei Hauskatzen, lebt in Wäldern von West- bis Osteuropa.

Siamkatze Gezüchtete Hauskatzenart, helle Kurzhaarkatze mit dunklem Gesicht, Ohren, Pfoten und Schwanz.

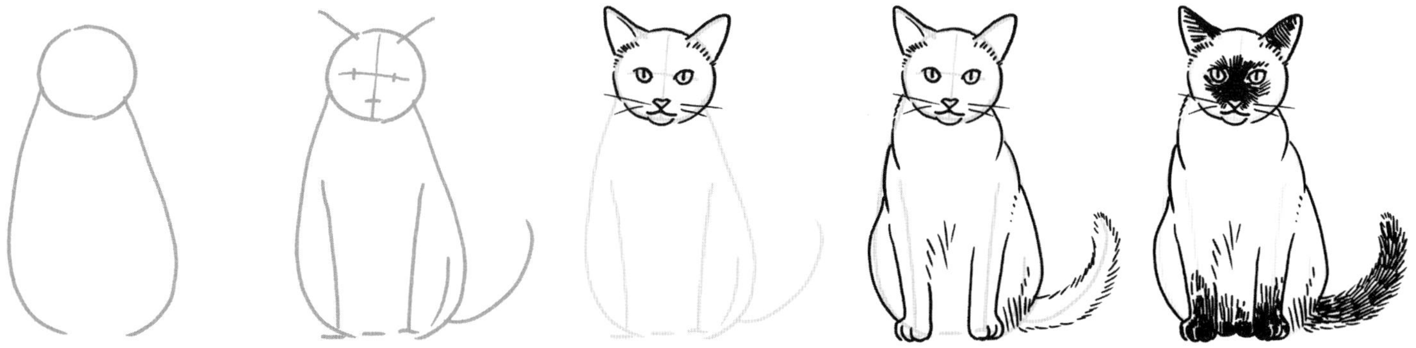

Perserkatze Gezüchtete Hauskatzenart mit kräftigem Körperbau und langhaarigem Fell.

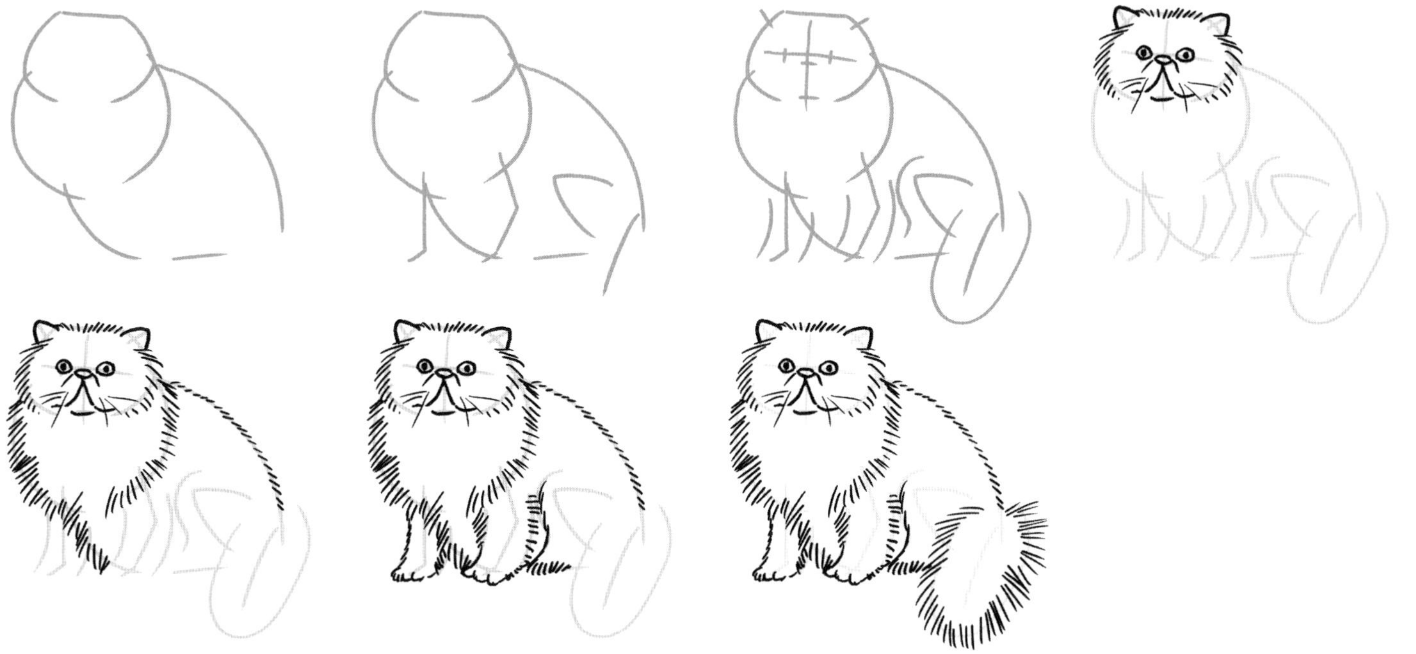

Wickelbär Auch Honigbär genannter Kleinbär mit Greifschwanz, lebt in Regenwäldern Mittel- und Südamerikas.

Katzenfrett Kleinbär mit oberseitig hellbraunem Fell und schwarz-weißem Schwanz, lebt in Nord- und Mittelamerika.

Nasenbär Auch Rüsselbär genannt, Allesfresser mit gelb-braunem Schwanz, lebt in Wäldern Mittel- und Südamerikas.

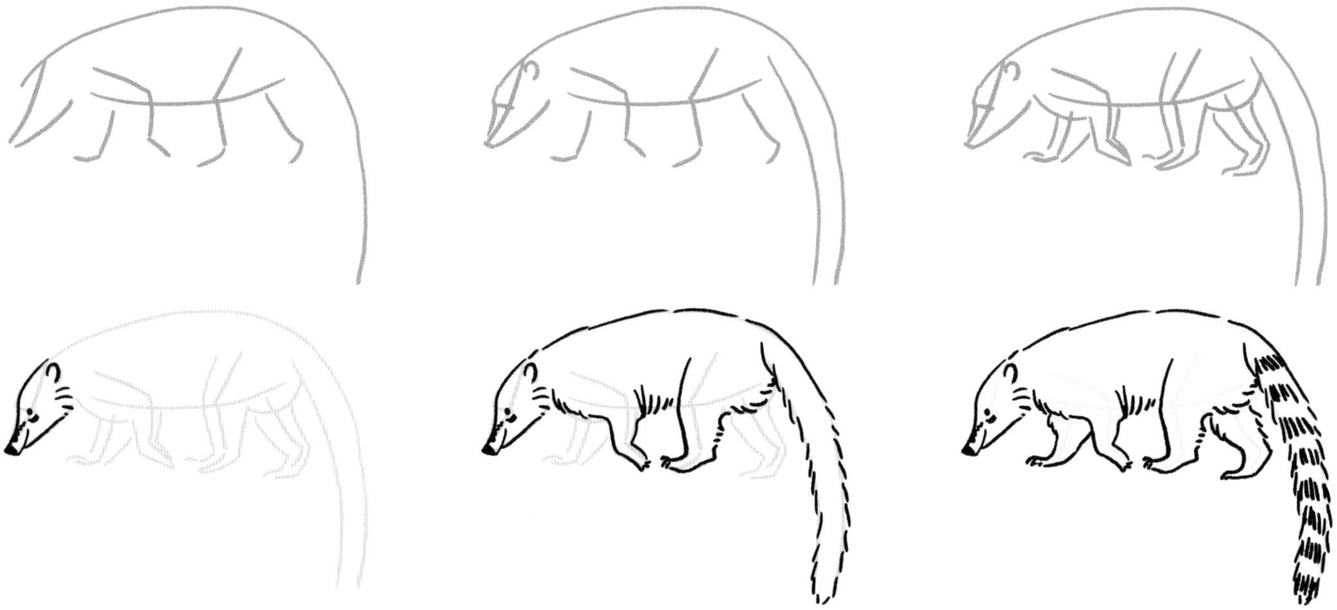

Waschbär Kleinbär mit empfindlichen Vorderpfoten, in Nordamerika heimisch, nach Europa und Japan eingeschleppt.

Kleiner Panda

Auch Roter Panda genannt, Pflanzenfresser, lebt in Wäldern an den Hängen des Himalaja, gefährdete Art.

Großer Panda

Pflanzenfressender Bär, ernährt sich fast nur von Bambus, lebt im westlichen China, gefährdete Art.

Lippenbär

Hauptsächlich Insekten fressendes Raubtier, lebt in Indien, stark gefährdete Art.

Malaienbär

Allesfresser, dunkles Fell mit hellem Brustfleck, guter Kletterer, lebt in Wäldern Südostasiens, gefährdete Art.

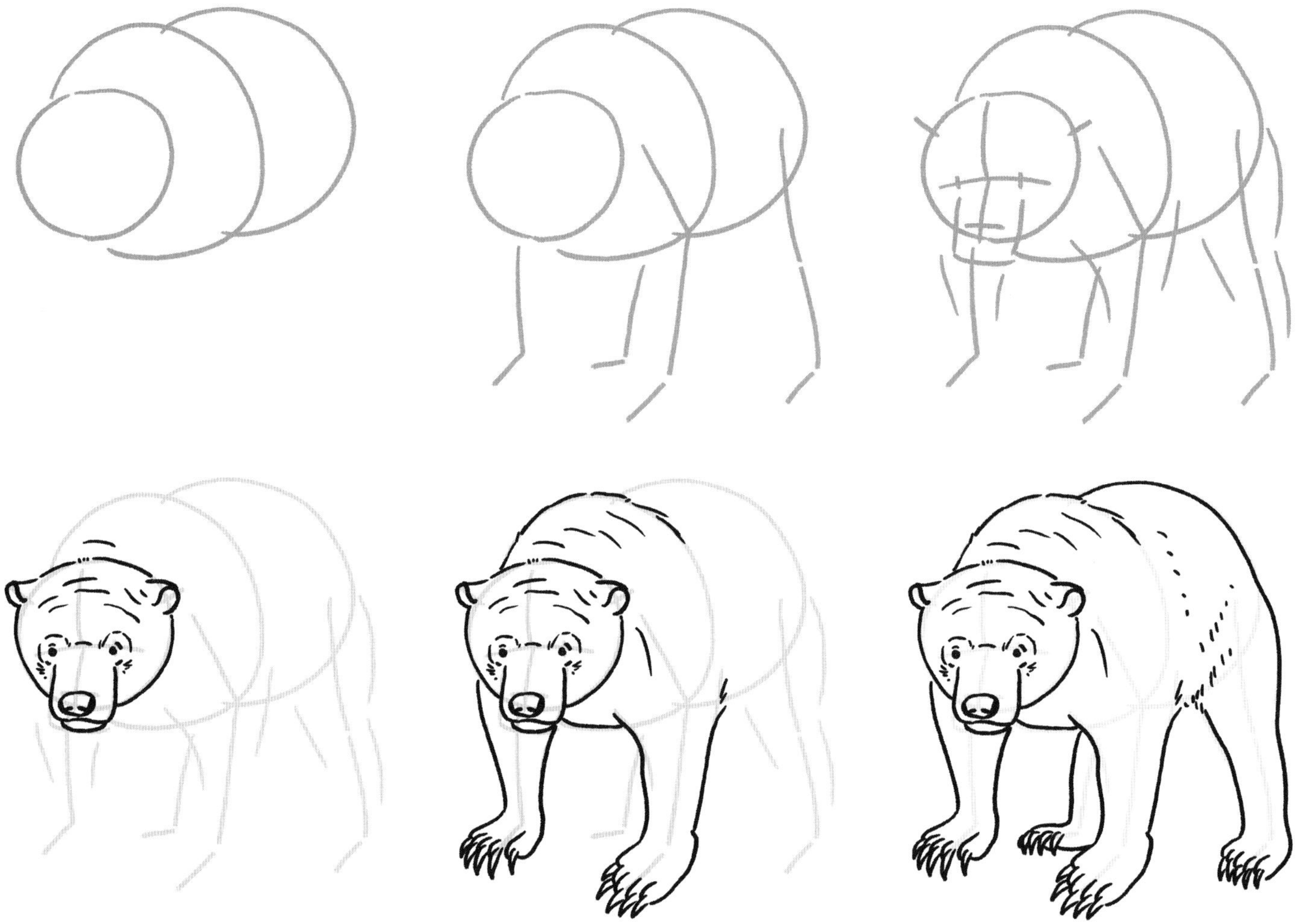

Brillenbär

Auch Andenbär genannt, kurze Schnauze, helle Ränder um die Augen, lebt in Südamerika (Anden), gefährdete Art.

Kragenbär

Allesfresser, schwarzes Fell mit weißem „Kragen“, lebt in Süd- und Ostasien, gefährdete Art.

Eisbär Auch Polarbär genannt, jagt Robben, lebt an den Küsten und auf dem Eis der Arktis, gefährdete Art.

Amerikanischer Schwarzbär Allesfresser, Verwandter des Kragenbären, lebt in Nordamerika (bis Alaska).

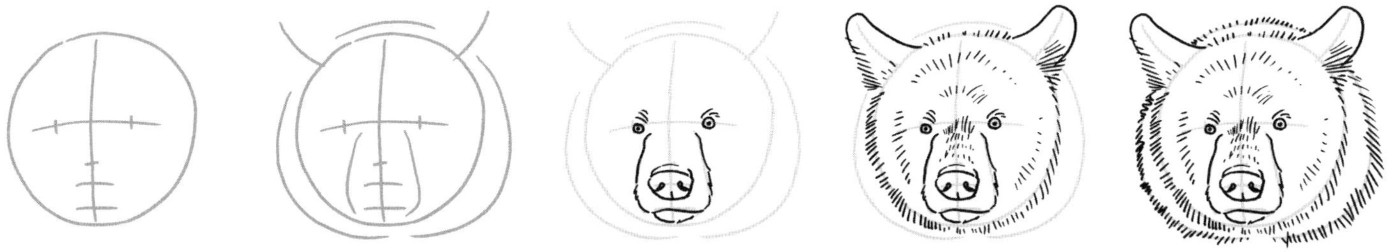

Braunbär Allesfressendes Raubtier, Unterarten sind Grizzlybär und Kodiakbär, lebt in Alaska, Europa und Nordasien.

Polarfuchs
Auch Schneefuchs genannt, weißes (oft auch hellgraues) Winterfell, lebt in Alaska, Nordeuropa, Sibirien.

Fennek
Auch Wüstenfuchs genannt, kleinste Wildhundart, jagt Insekten und kleine Tiere, lebt in und um die Sahara (Afrika).

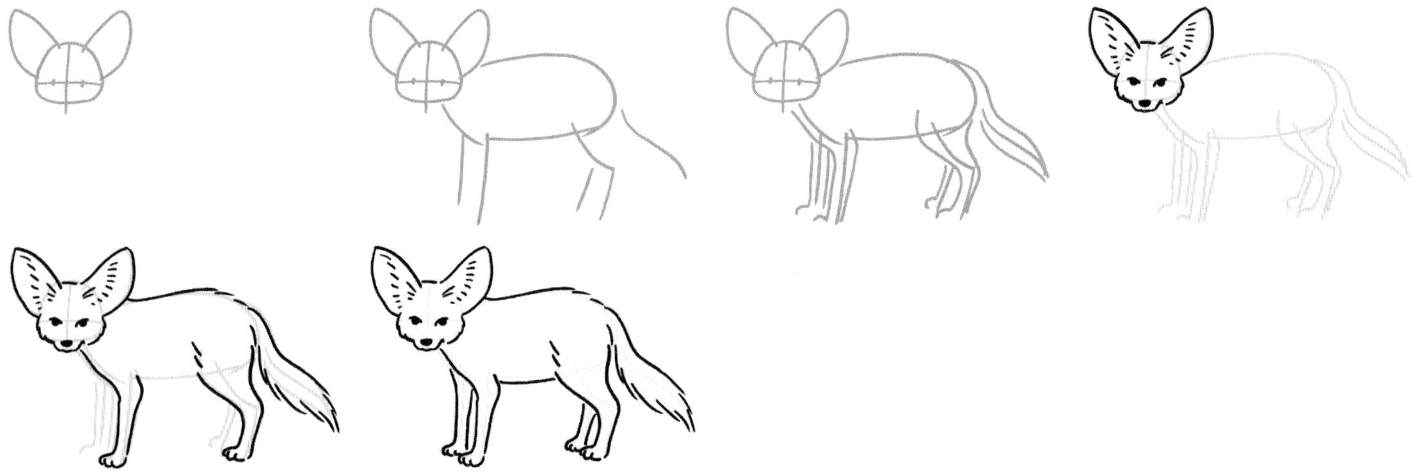

Rotfuchs
Oft nur Fuchs genannt, lebt in Erdbauen, kommt fast überall auf der Nordhalbkugel vor, in Australien eingeschleppt.

Löffelhund

Auch Großohrfuchs genannt, frisst hauptsächlich Insekten (Termiten), lebt in den Savannen Ost- und Südafrikas.

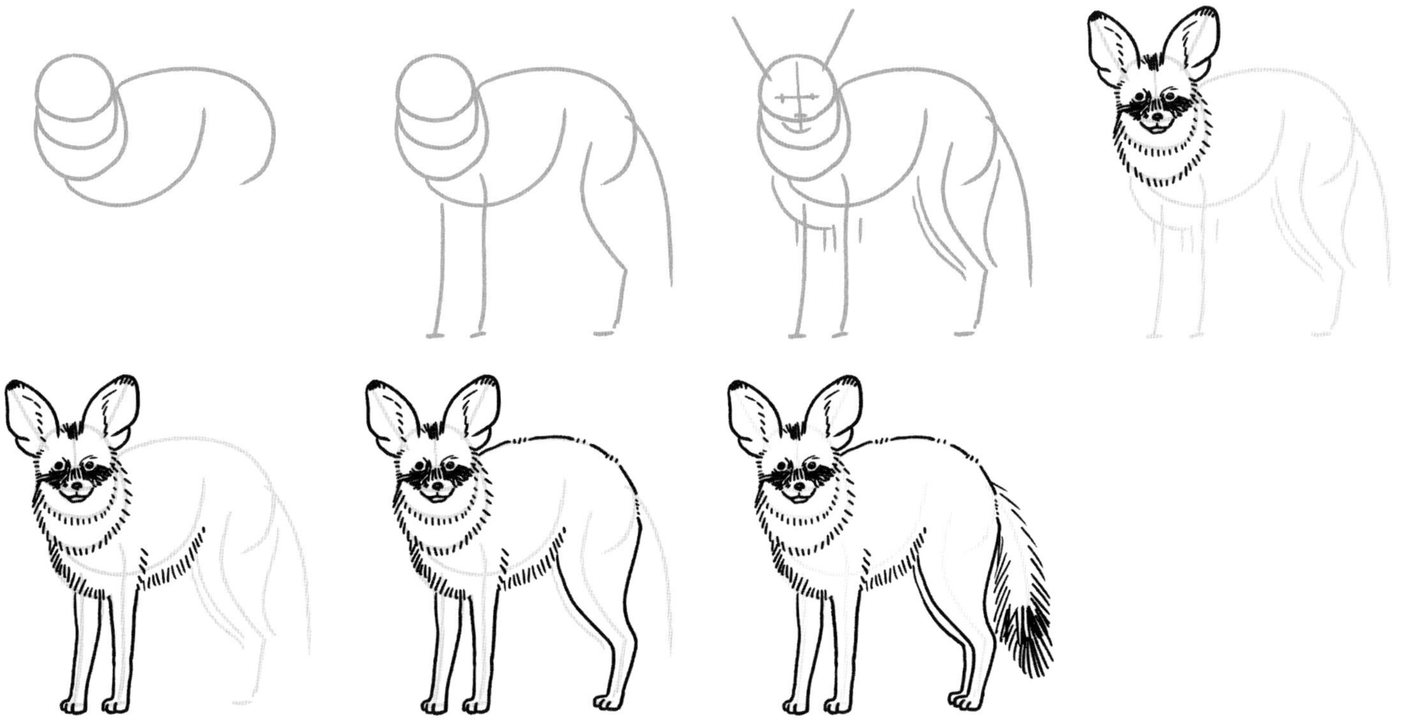

Afrikanischer Wildhund

Lebt und jagt in Rudeln in offenen Landschaften Mittel- und Südafrikas, gefährdete Art.

Mähnenwolf

Großer, langbeiniger Wildhund, Einzelgänger, lebt in Graslandschaften Südamerikas, potenziell gefährdete Art.

Schabrackenschakal

Wildhund mit rotbraunem Fell und dunklem Sattelfleck („Schabracke"), lebt in Ost- und Südafrika.

Wolf

Größtes Raubtier der Hundefamilie, kommt im nördlichen Nordamerika, Europa und Asien vor.

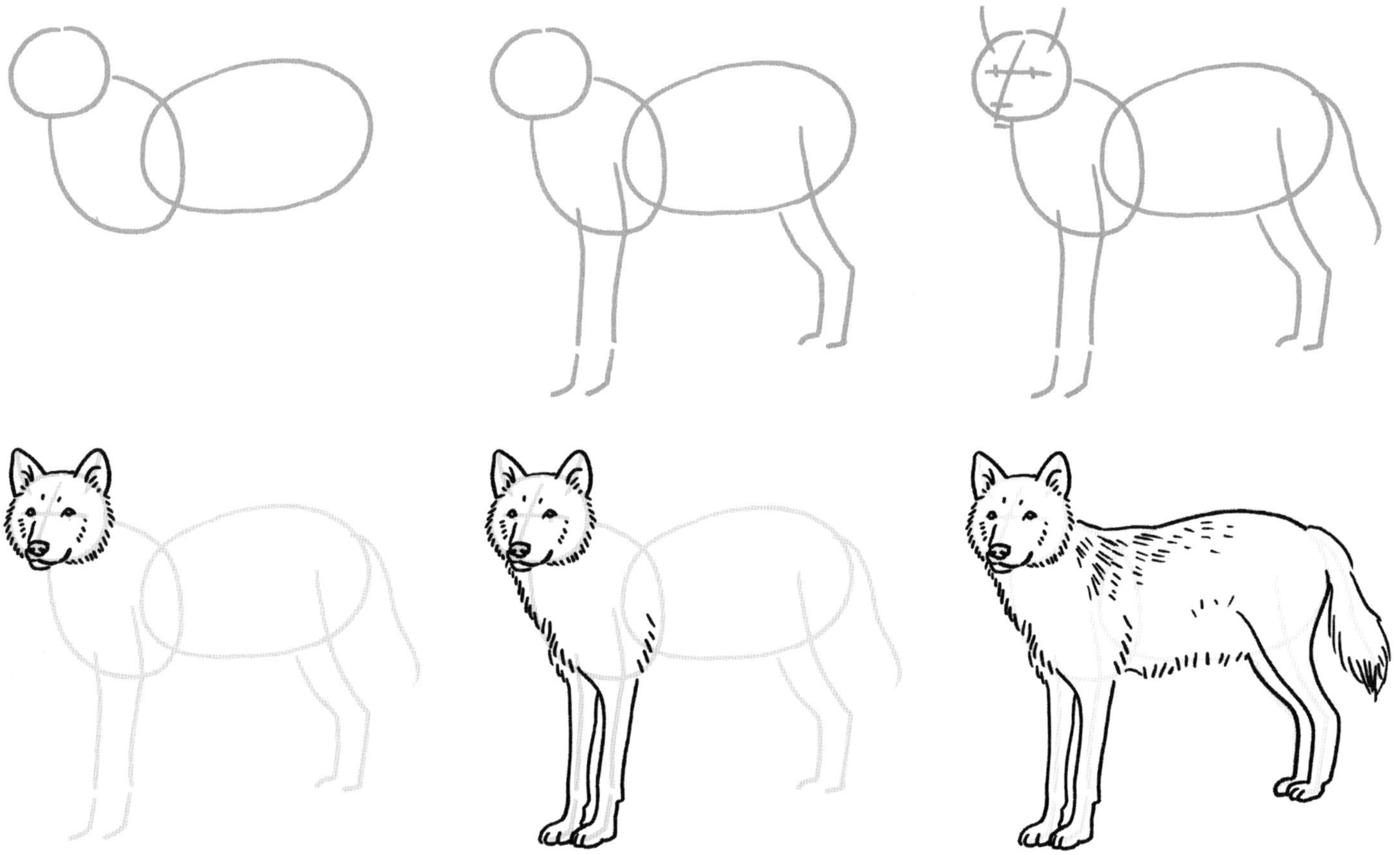

Shiba

Gezüchtete Rasse eines Haushunds (Jagdhund), kommt in mehreren Färbungen vor, stammt ursprünglich aus Japan.

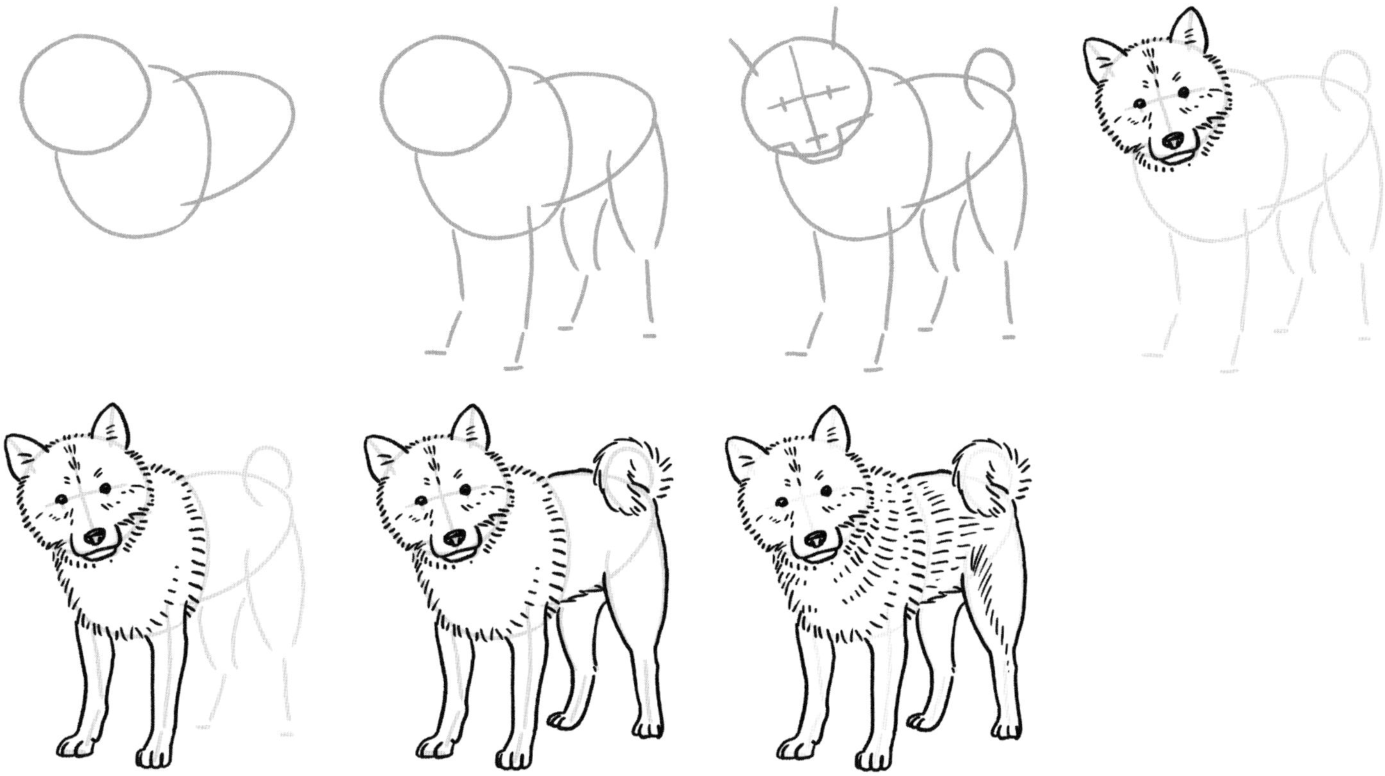

Langhaarcollie

Gezüchtete Rasse eines Haushunds (Hütehund), stammt ursprünglich aus Schottland.

Border Collie

Gezüchtete Rasse eines Haushunds (Hüte- und Treibhund), stammt ursprünglich aus Großbritannien.

Jack Russell Terrier

Gezüchtete Rasse eines Haushunds, stammt ursprünglich aus Großbritannien.

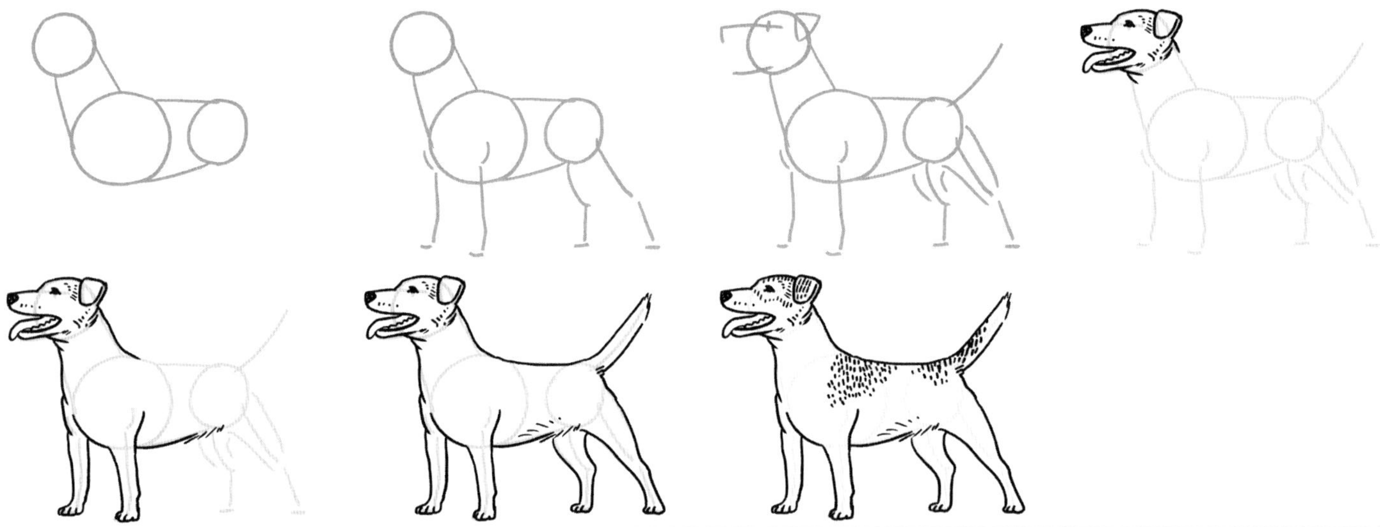

Dackel Gezüchtete Rasse eines Haushunds (für die Jagd in Erdbauen), stammt ursprünglich aus Deutschland.

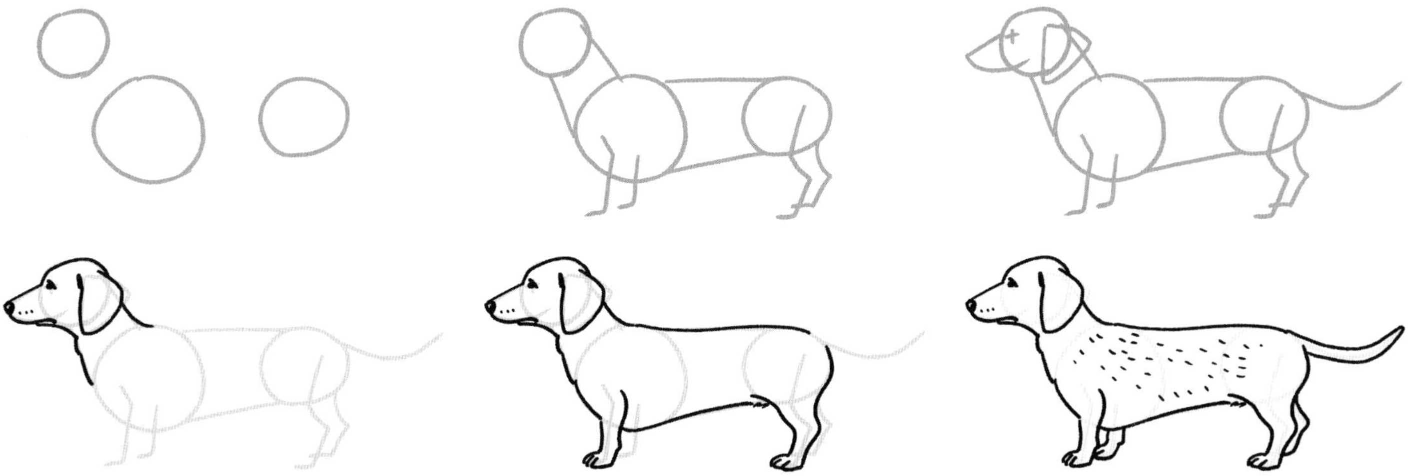

Chihuahua Gezüchtete Rasse eines Haushunds, kleinste Hunderasse, stammt ursprünglich aus Mexiko.

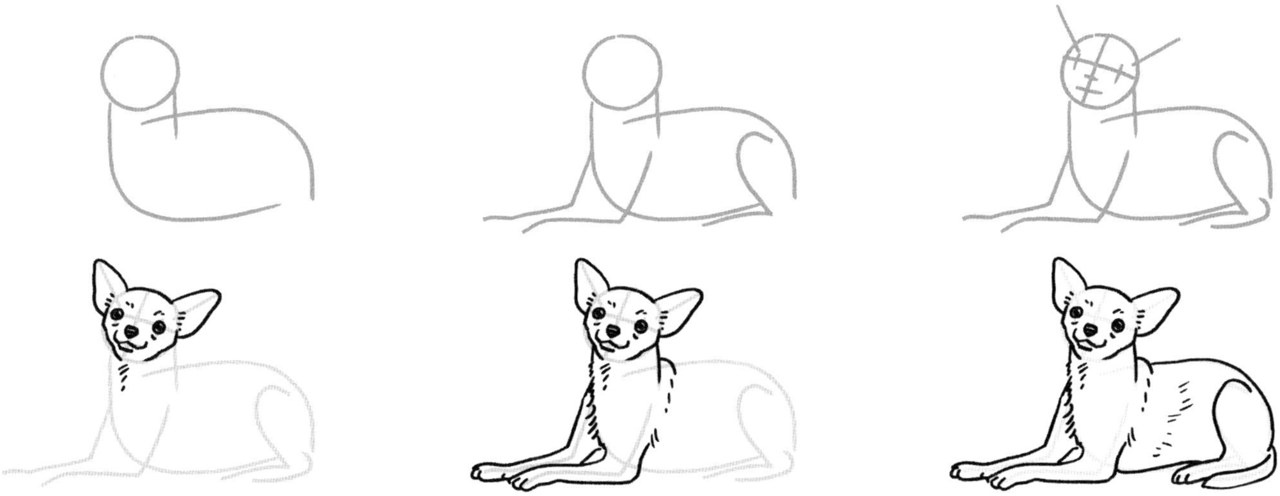

Beagle Gezüchtete Rasse eines Haushunds (Jagdhund), stammt ursprünglich aus Großbritannien.

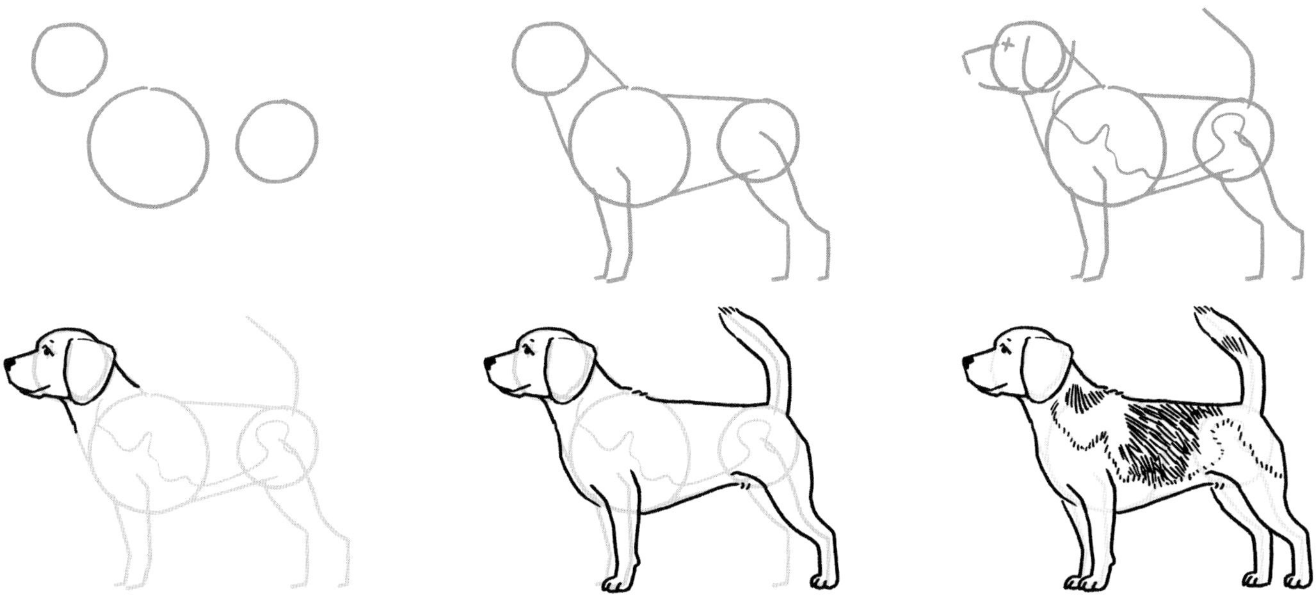

Labrador-Retriever Gezüchtete Rasse eines Haushunds (Jagd- und Spürhund), stammt aus dem Osten Kanadas.

Dalmatiner Gezüchtete Rasse eines Haushunds (Schutzhund), weißes Fell mit schwarzen Tupfen, stammt aus Kroatien.

Bobtail Gezüchtete Rasse eines Haushunds (ehemaliger Hütehund), langes, zottiges Fell, stammt aus Großbritannien.

Malteser

Gezüchtete Rasse eines kleinen Haushunds, weißes langes Fell, stammt aus dem Mittelmeerraum.

Pudel

Gezüchtete Rasse eines Haushunds (für die Jagd im Wasser), gekräuseltes Fell, stammt aus Mitteleuropa.

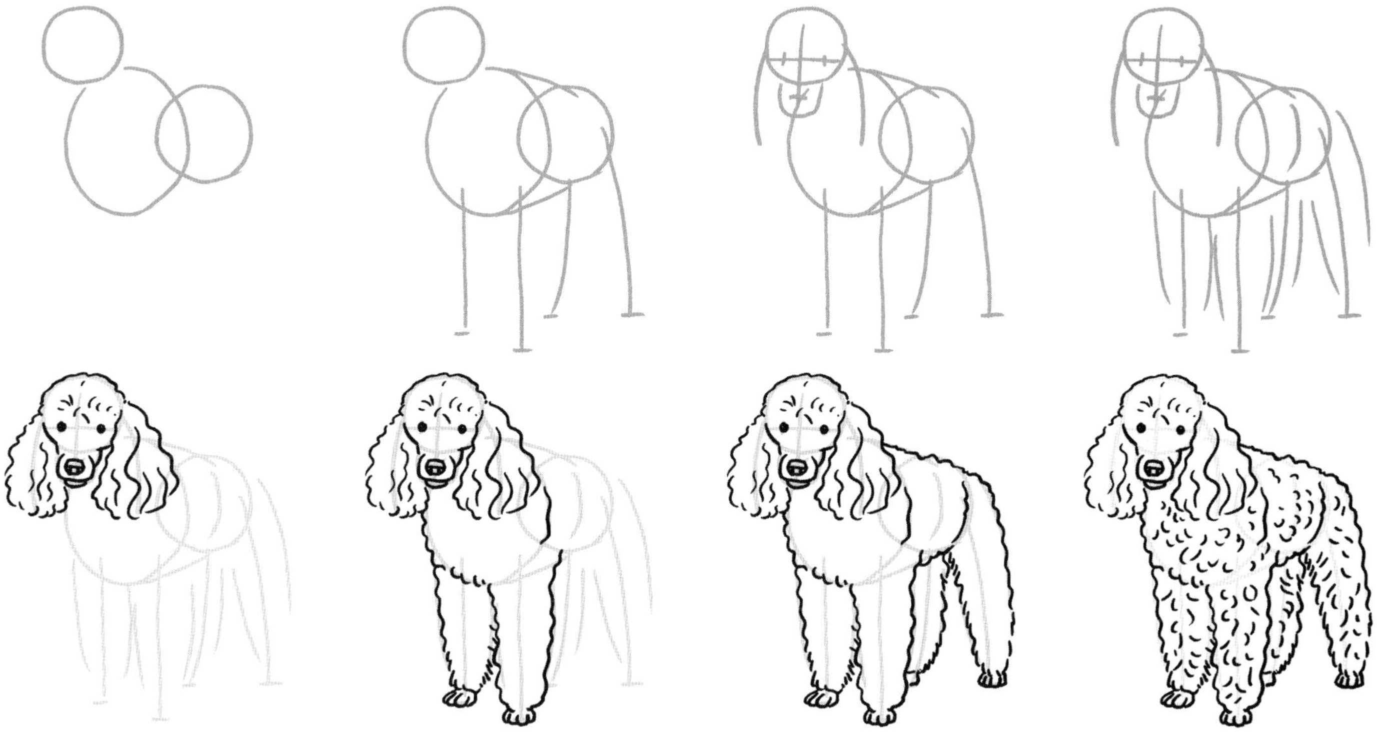

Mops

Gezüchtete Rasse eines Haushunds, stammt ursprünglich aus Asien, oft mit schweren gesundheitlichen Problemen.

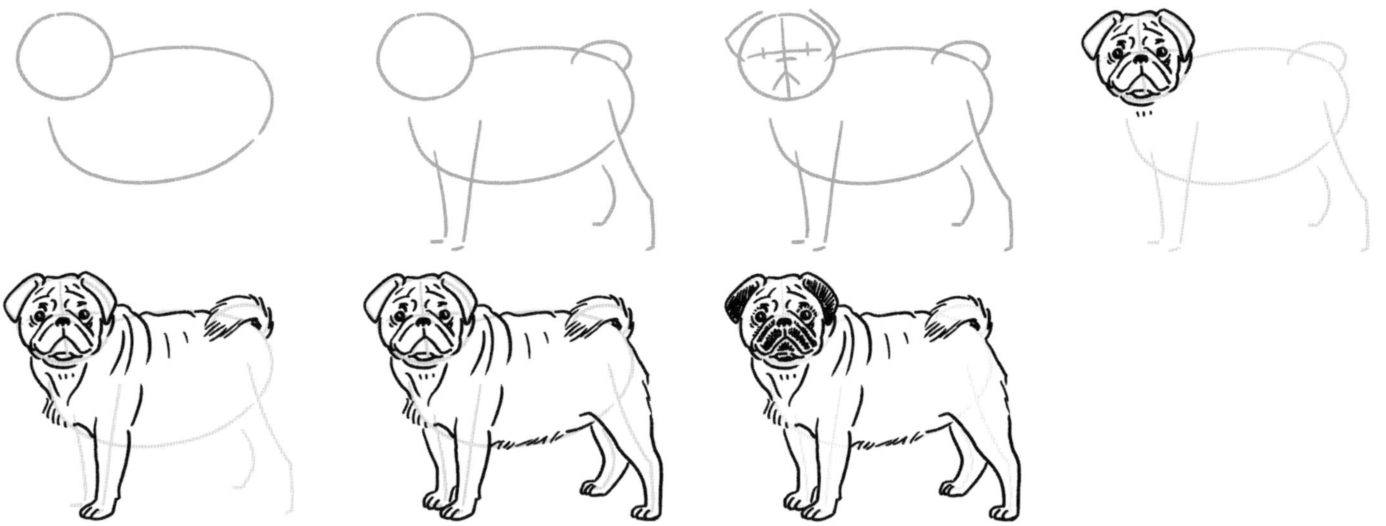

Waldhund

Kleiner Wildhund, lebt und jagt in Rudeln an Gewässern im nördlichen Südamerika, potenziell bedrohte Art.

Marderhund

Auch Tanuki oder Waschbärhund genannter Allesfresser, lebt in Ostasien, nach Europa eingeschleppt.

Erdwolf

Kleine Hyänenart, lebt als Paar in Erdbauen in trockenen Gegenden Ost- und Südafrikas.

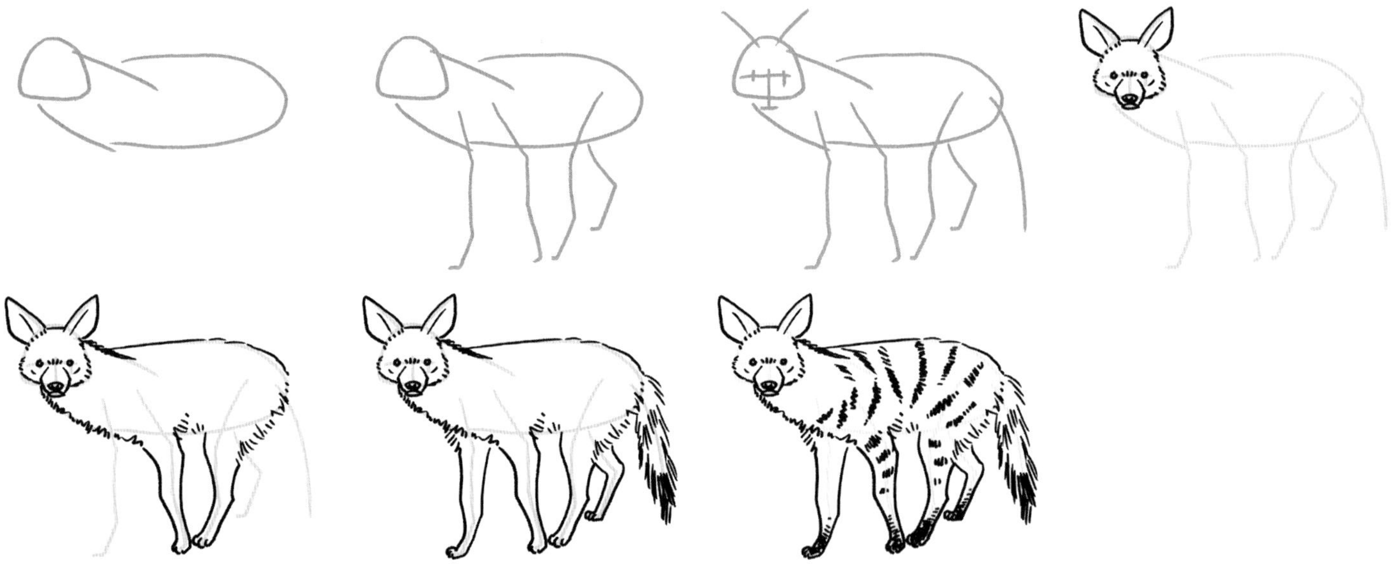

Tüpfelhyäne

Größte Hyänenart, lebt in Gruppen in Erdbauen anderer Tiere, ist in Afrika südlich der Sahara heimisch.

Zwerg-Mausmaki

Kleiner Lemur, allesfressender nachtaktiver Baumbewohner, lebt auf Madagaskar, bedrohte Art.

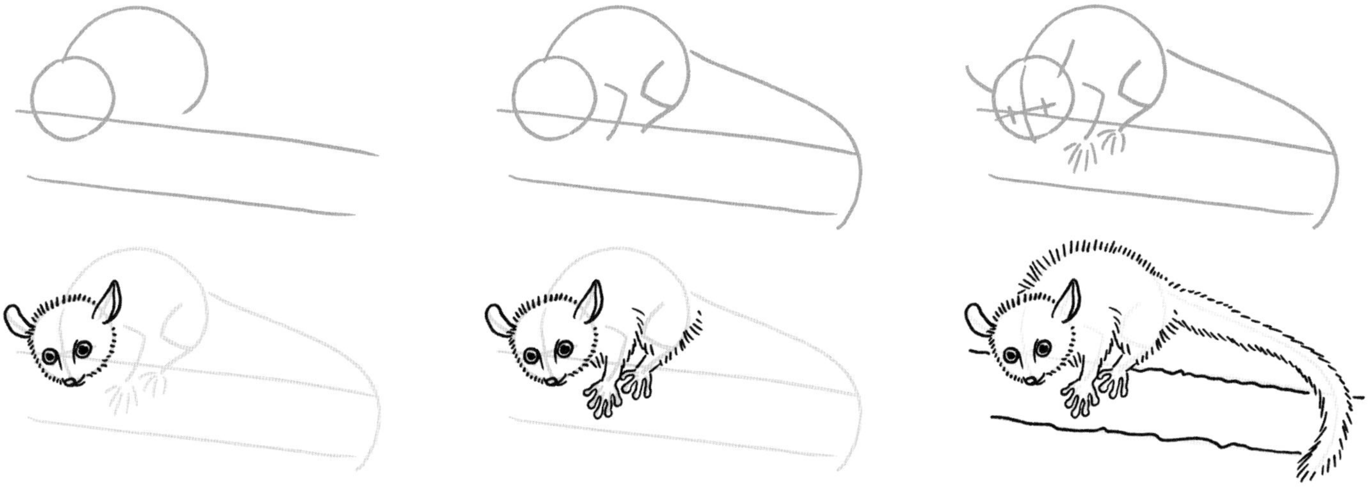

Koboldmaki

Ausschließlich Fleisch (Insekten) fressender Primat, lebt in Indonesien und Neuguinea, gefährdete Art.

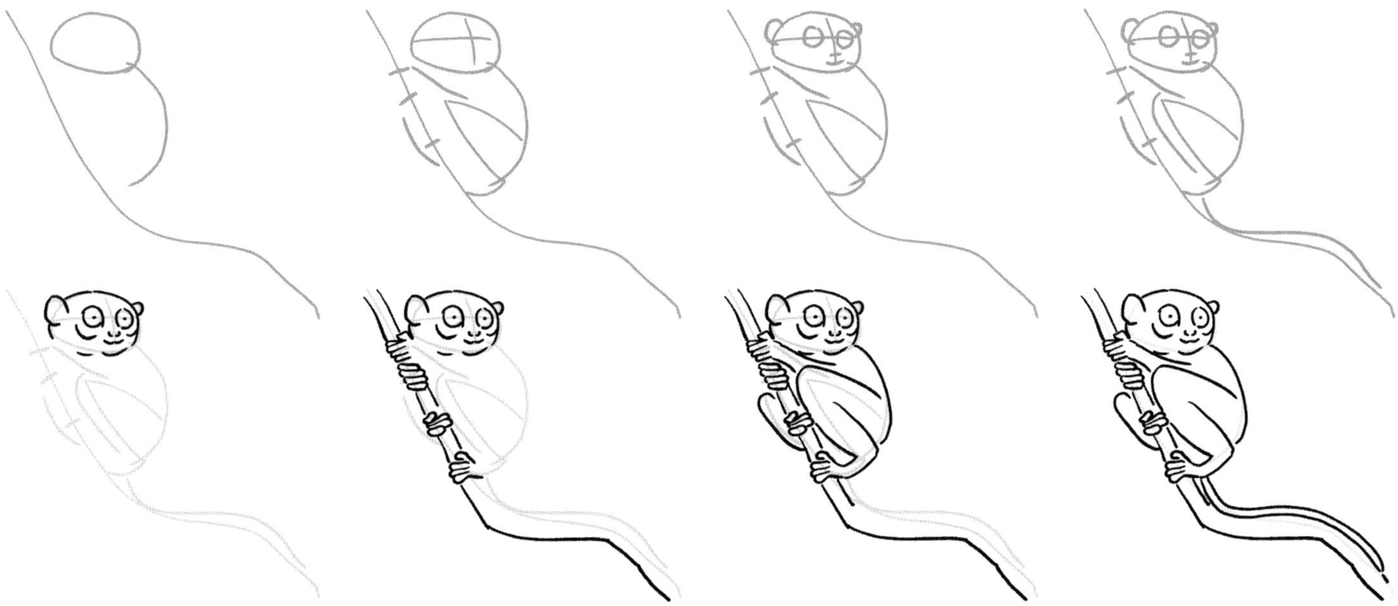

Fettschwanzmaki

Allesfressender Lemur, speichert Fett für den Winterschlaf im Schwanz, lebt auf Madagaskar.

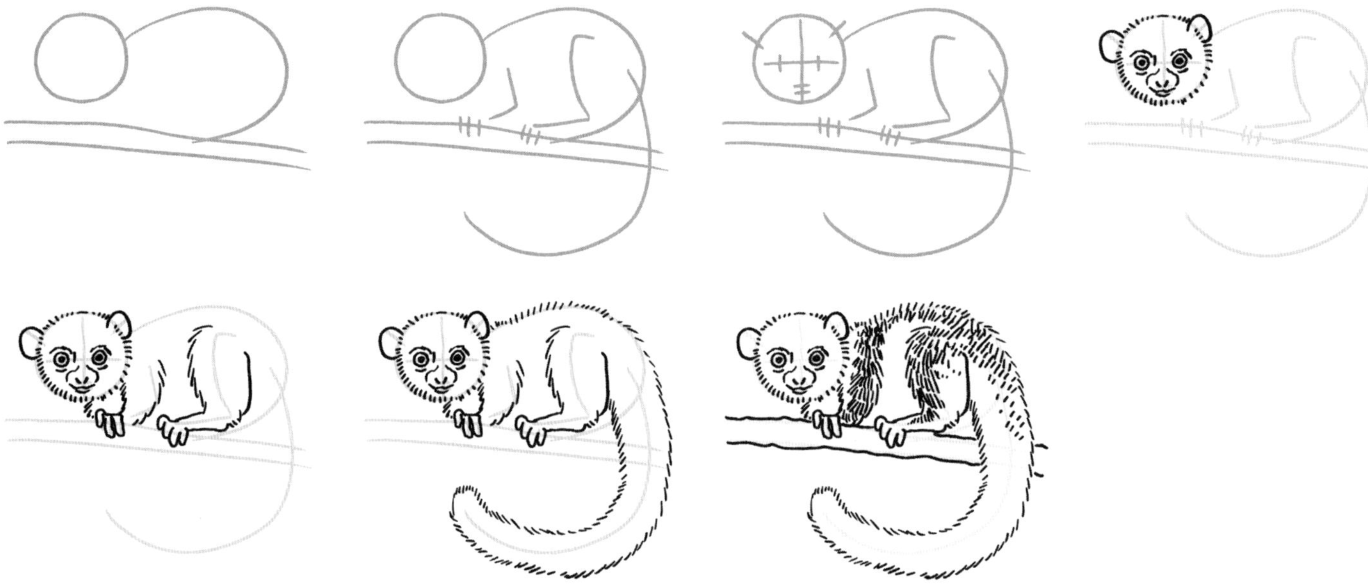

Bambuslemur

Kleiner Lemur, frisst Bambus und andere Pflanzen, lebt auf Madagaskar, gefährdete Gattung.

Schlanklori

Kleiner, zierlicher Primat, frisst hauptsächlich Insekten, lebt in Wäldern Indiens.

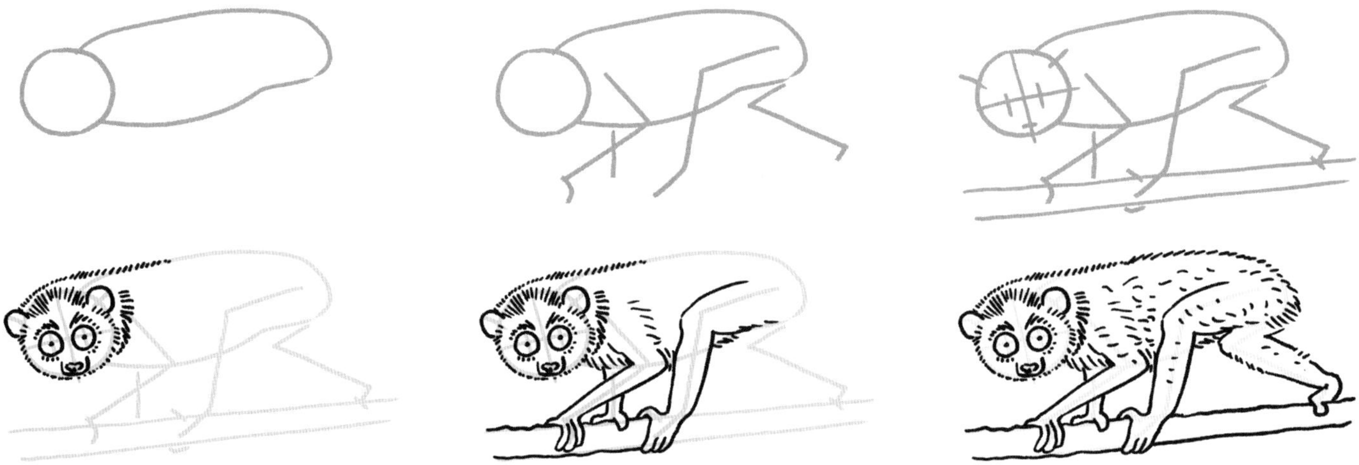

Plumplori Kleiner, stämmiger Primat, allesfressendes, giftiges Säugetier, lebt in Wäldern Südostasiens, gefährdete Gattung.

Schwarzweißer Vari Vorwiegend Früchte fressender Lemur, lebt im Regenwald auf Madagaskar, bedrohte Art.

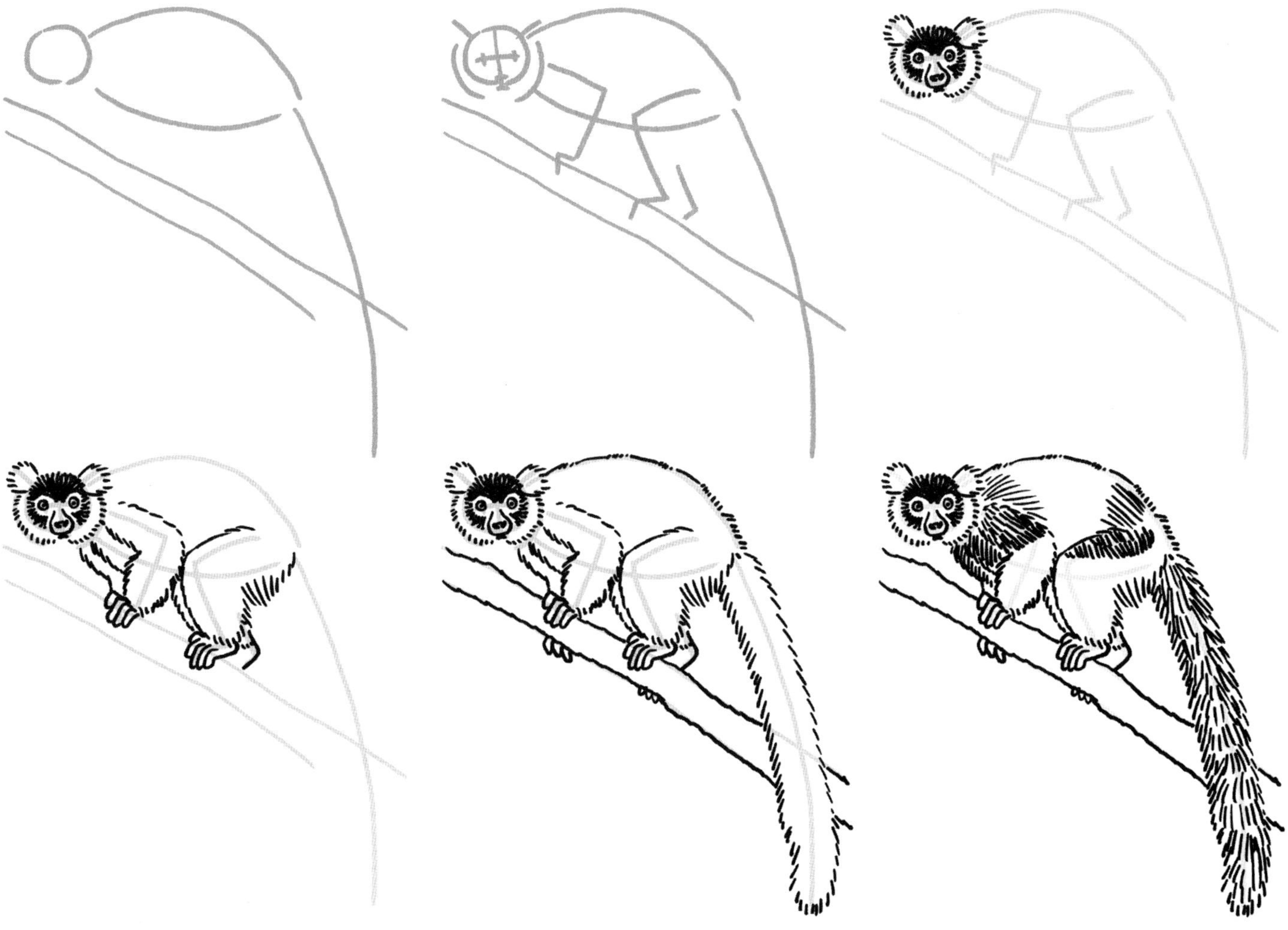

Fingertier Auch Aye-Aye genannt, angelt mit dünnem Mittelfinger nach Insektenlarven, lebt auf Madagaskar, gefährdete Art.

Indri Größter lebender Lemur, Pflanzenfresser, laute Gesänge am Morgen, lebt im Regenwald auf Madagaskar, gefährdete Art.

Coquerel-Sifaka Lemur mit dunklem Gesicht, Brust, Oberarmen und Oberschenkeln, lebt auf Madagaskar, stark gefährdet.

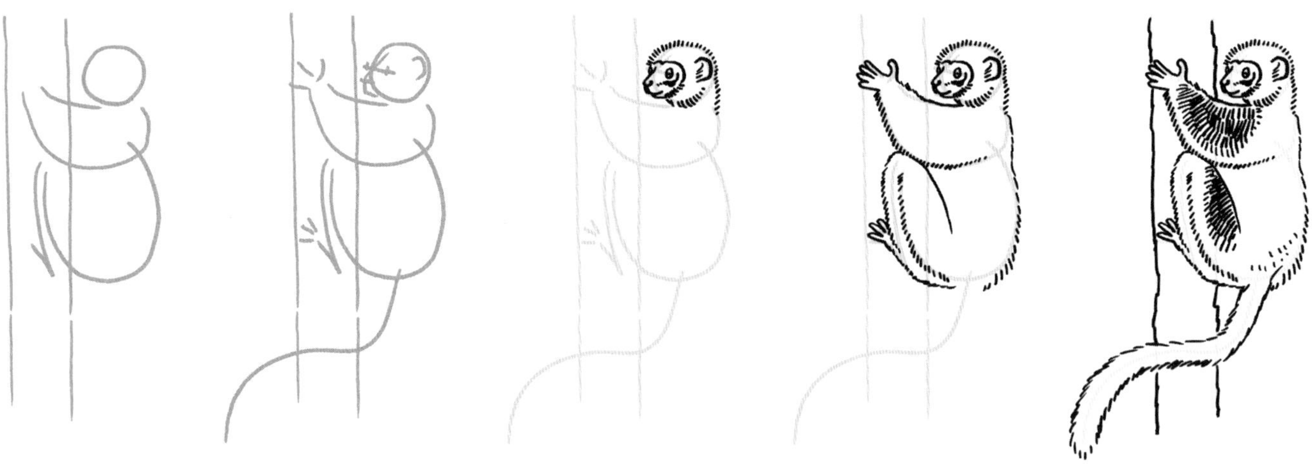

Katta Vorwiegend Früchte fressender Lemur, lebt in trockenen Gegenden auf Madagaskar, stark gefährdete Art.

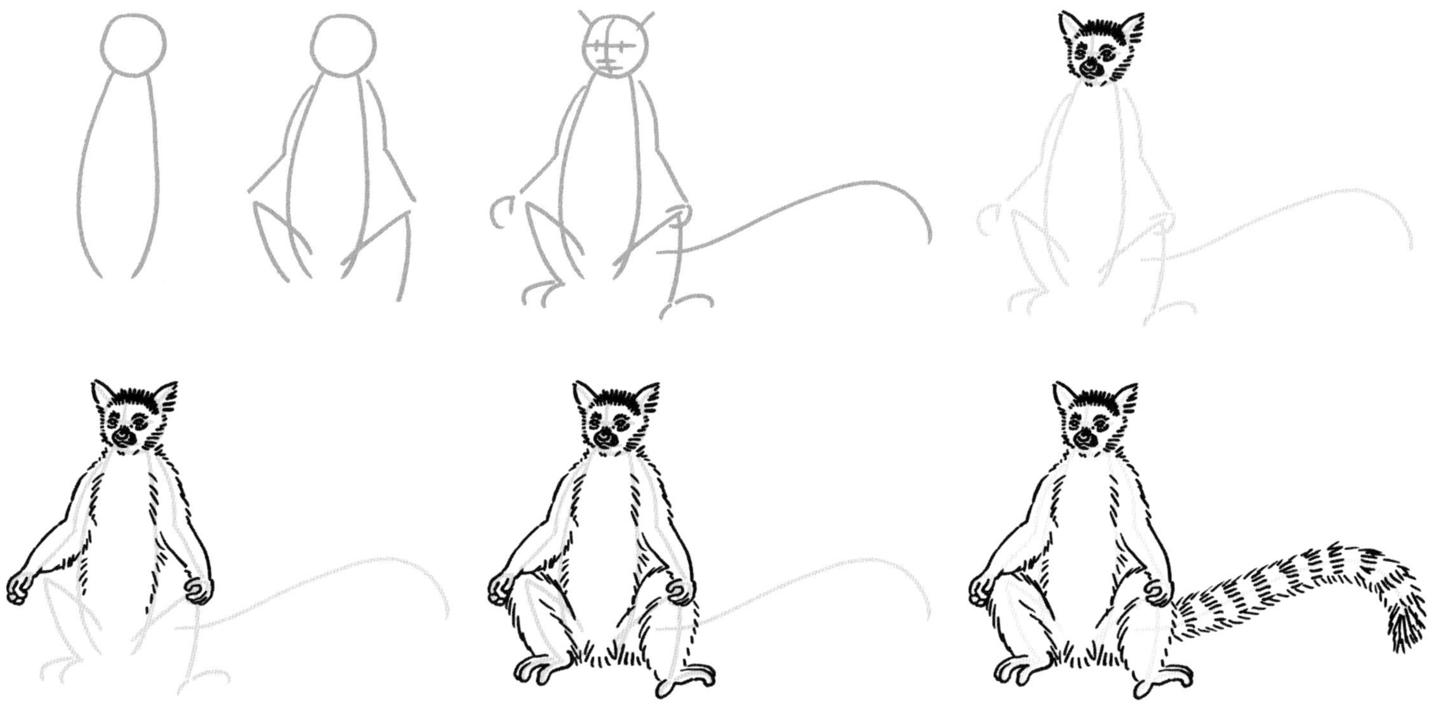

Senegal-Galago Auch Buschbaby genannt, kleiner allesfressender Primat, lebt im mittleren Afrika südlich der Sahara.

Zwergseidenäffchen Kleinster Affe, frisst hauptsächlich Baumsäfte, lebt im westlichen Südamerika, gefährdete Gattung.

Totenkopfäffchen Kleiner Affe mit dunklen Augen und Schnauze, lebt in Gruppen in Südamerika, teilweise gefährdet.

Lisztaffe Tagaktiver Krallenaffe, lebt in Wäldern Kolumbiens (Südamerika), stark gefährdete Art.

Kaiserschnurrbarttamarin

Allesfressender Krallenaffe, lebt in Wäldern im Westen des Amazonas (Südamerika).

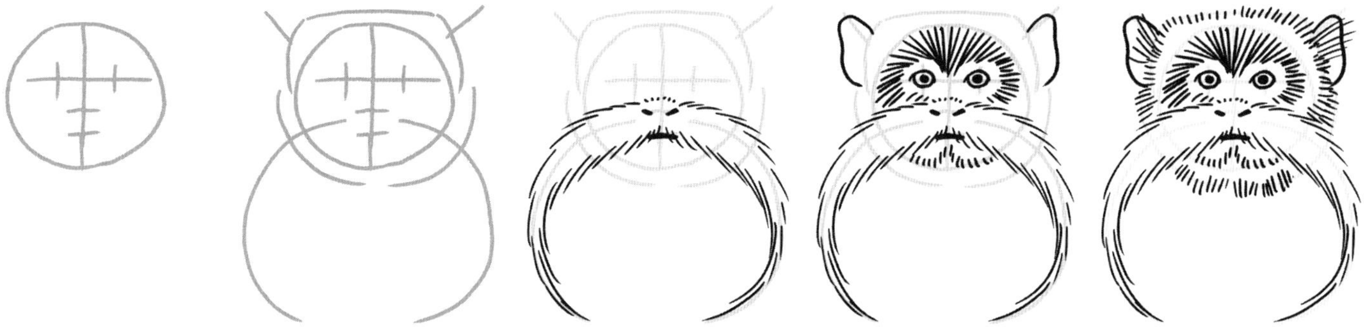

Mantelaffe

Auch Guereza genannt, weiße Haare an Gesicht, Rücken („Mantel“) und Schwanz, lebt im mittleren Afrika.

Scharlachgesicht

Auch Roter Kahlkopf-Uakari genannt, lebt in Wäldern im Westen des Amazonas (Südamerika).

Nördlicher Spinnenaffe

Klammerschwanzaffe, lebt in Wäldern im Osten Südamerikas, vom Aussterben bedrohte Art.

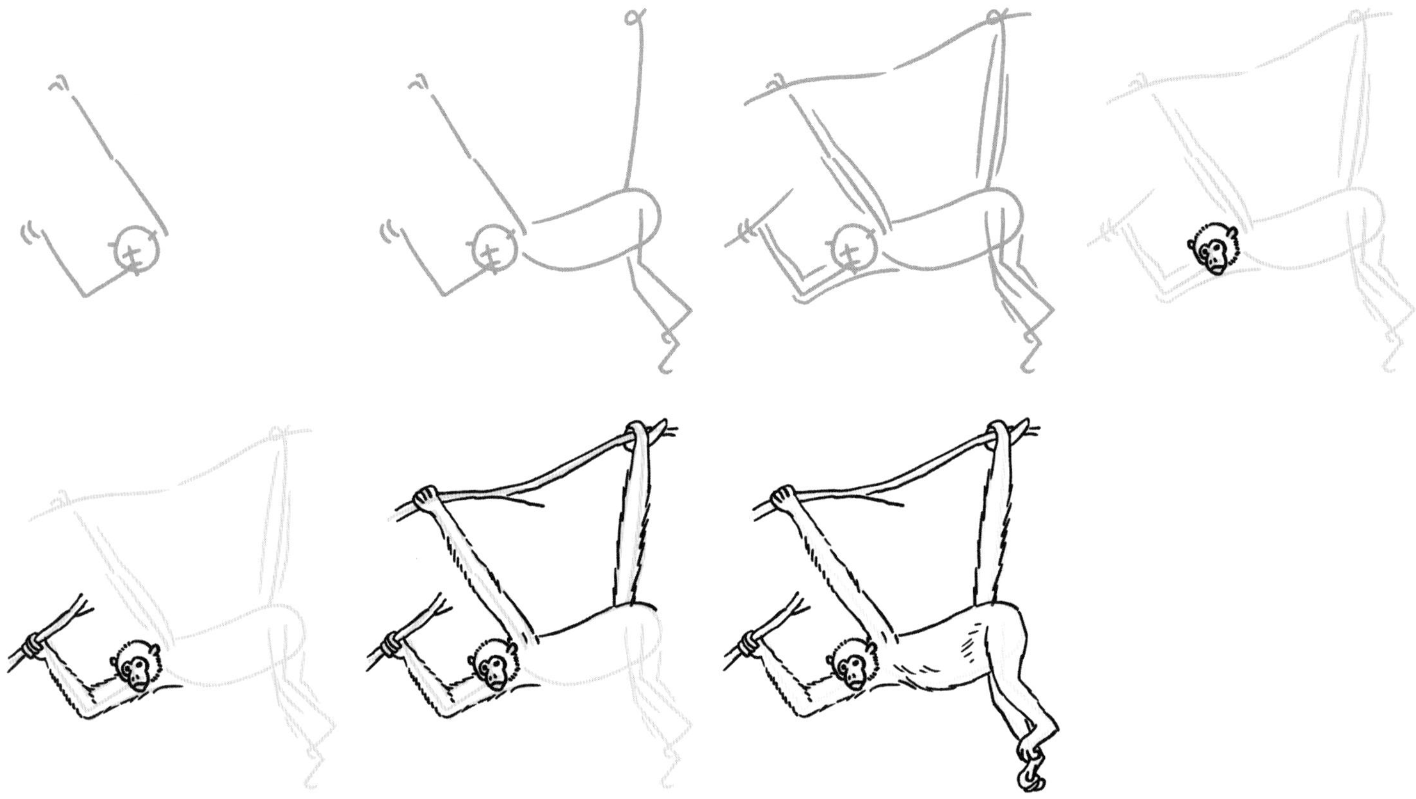

Schwarzer Brüllaffe

Pflanzenfressender Klammerschwanzaffe, morgendliches Gebrüll, lebt in Südamerika, teils gefährdet.

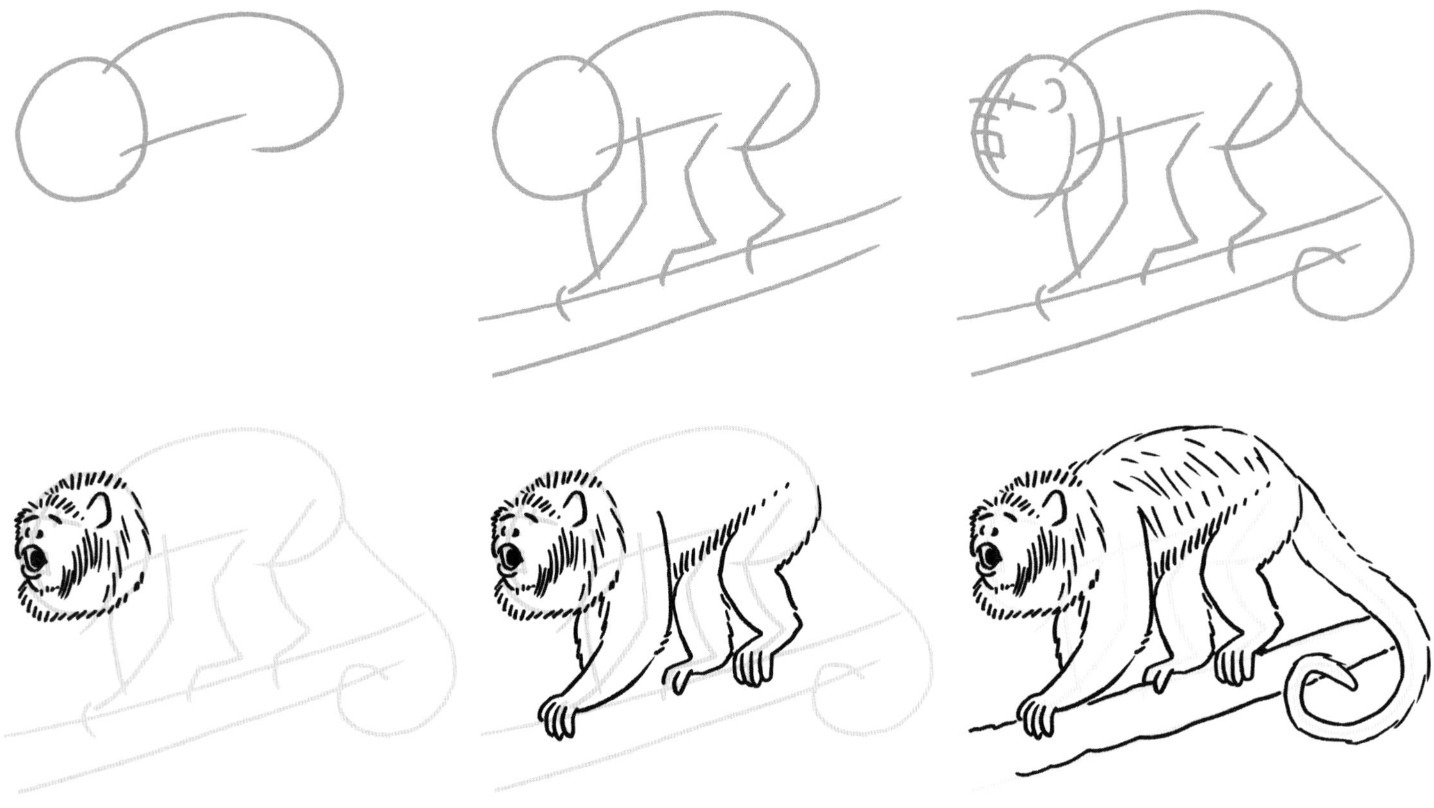

Wollaffe

Pflanzenfressender Klammerschwanzaffe, lebt in Wäldern im Westen des Amazonas (Südamerika), gefährdete Art.

Berberaffe

Auch Magot genannt, allesfressender Makake, lebt in Nordafrika am Mittelmeer, stark gefährdete Art.

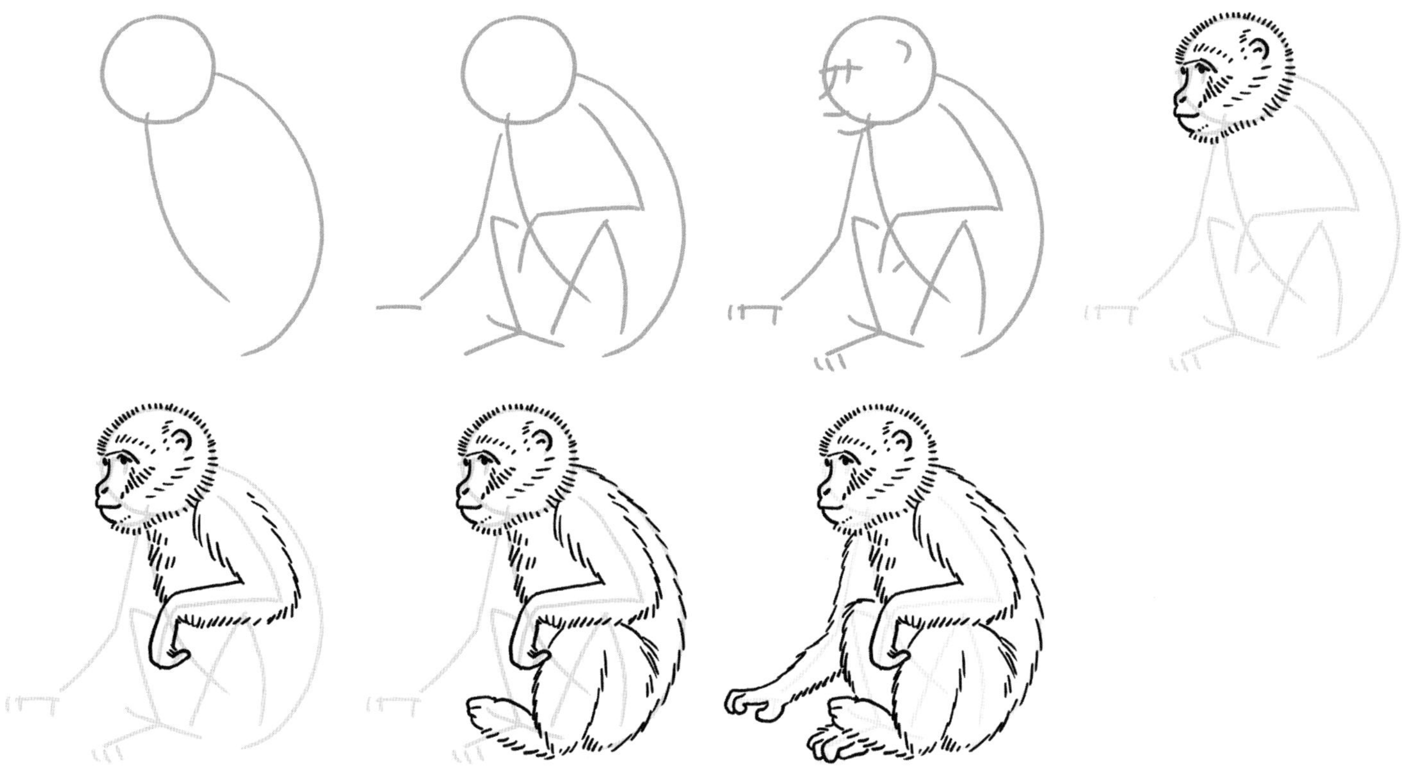

Südlicher Brillenlangur

Schlanker Affe mit langem Schwanz und hellem Haarschopf, lebt in Südostasien, gefährdete Art.

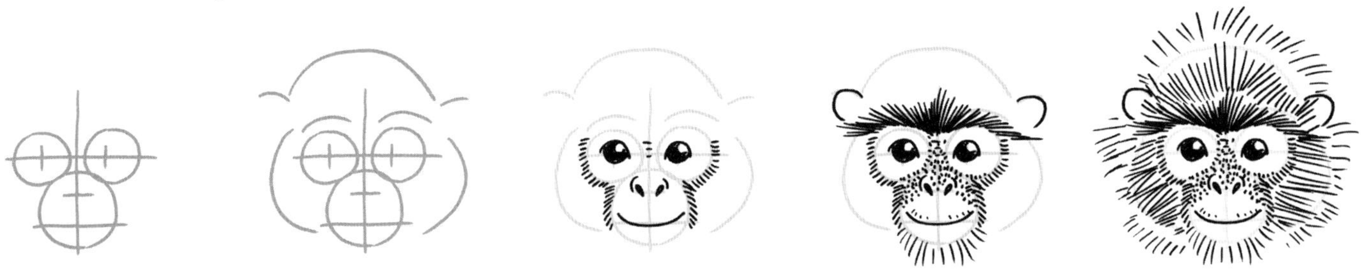

Indischer Langur

Auch Hanuman-Langur oder Hulman genannter Pflanzenfresser, lebt in Indien.

Goldstumpfnase

Schlankaffe mit rötlichem Fell und langem Schwanz, lebt in Zentralchina, bedrohte Art.

Nasenaffe Pflanzenfressender Schlankaffe, lebt in Wäldern auf der Insel Borneo (Indonesien), bedrohte Art.

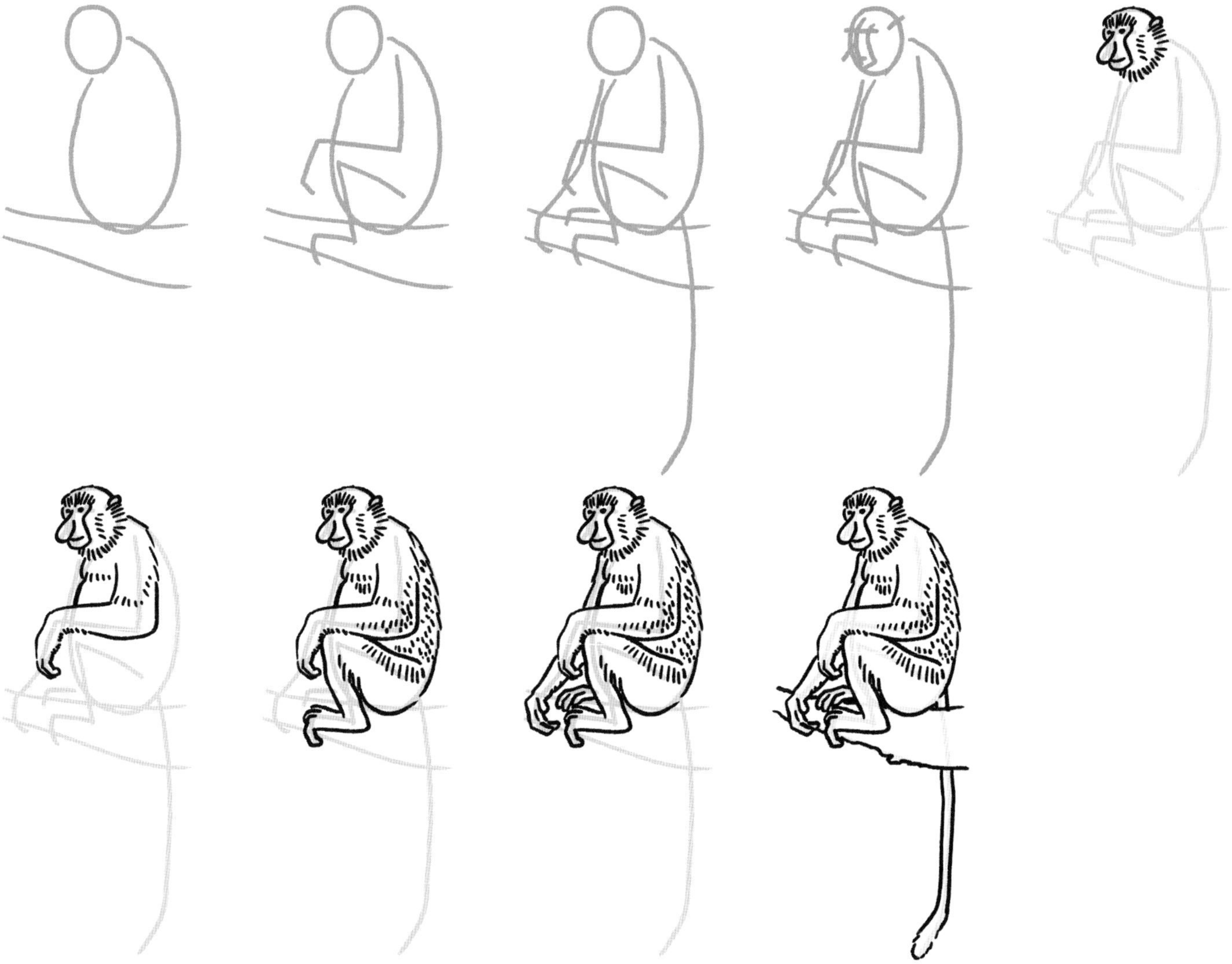

Grüne Meerkatze Allesfresser, hält sich mehr am Boden als auf Bäumen auf, lebt in Afrika südlich der Sahara.

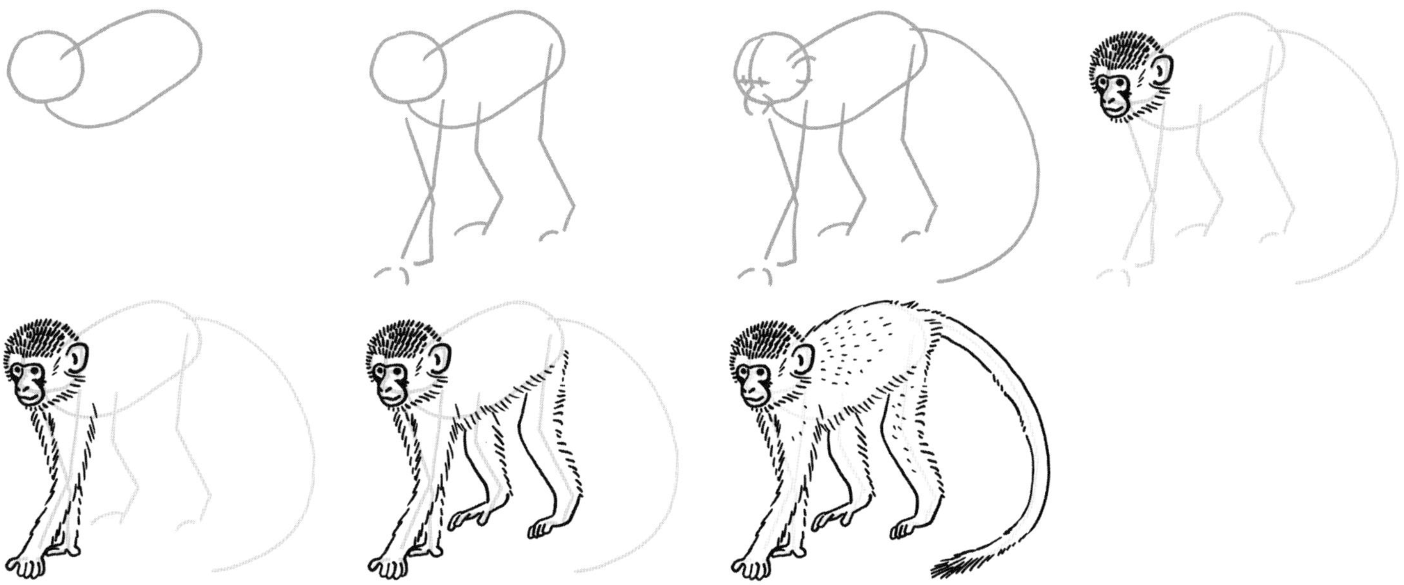

Dianameerkatze

Brust, Arme und Streifen auf den Oberschenkeln sind weiß, lebt in Westafrika, gefährdete Art.

Weißhandgibbon

Auch Lar genannt, vielseitiger Allesfresser, lebt in Südostasien und Südchina, bedrohte Art.

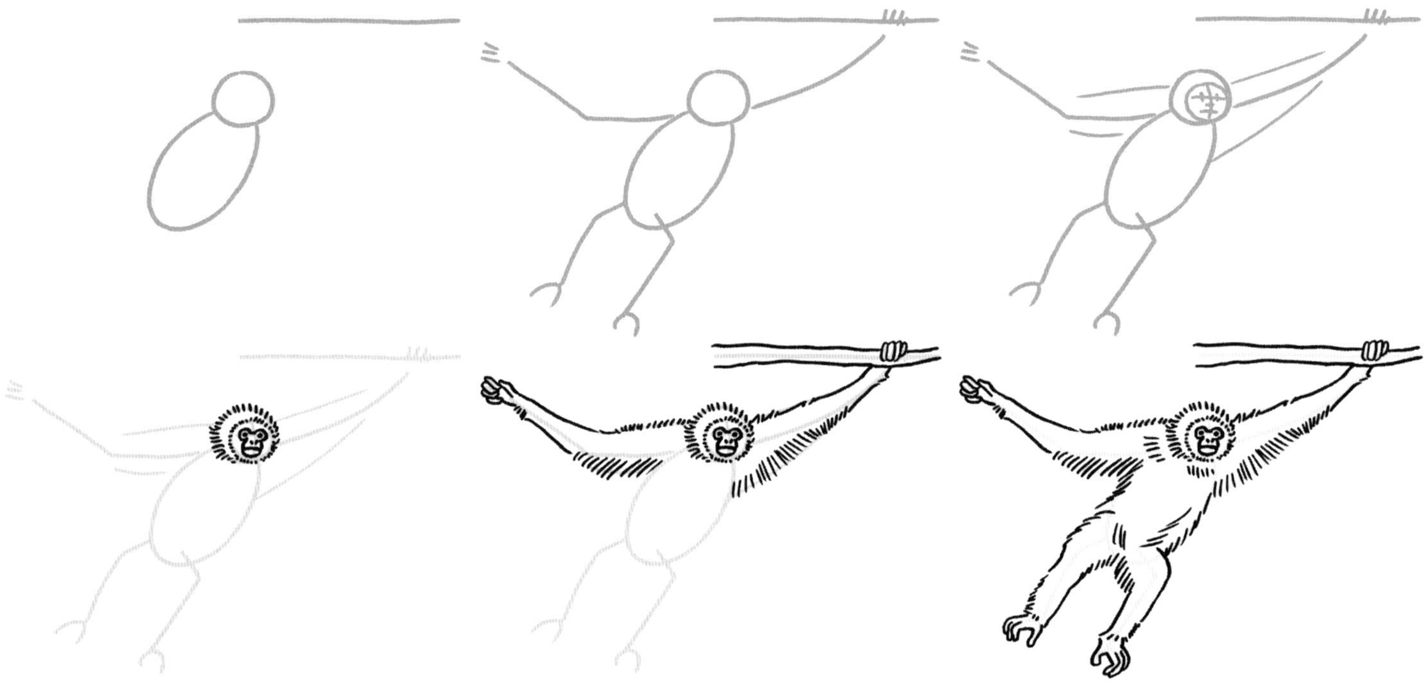

Siamang

Größter Gibbon, Paare singen zusammen, lebt in Südostasien und Indonesien, bedrohte Art.

Anubispavian Allesfresser mit graugrünem bis olivgrünem Fell, Männchen mit Mähne, lebt im mittleren Afrika.

Mantelpavian Nördlichste Pavianart, lebt in trockenen Gegenden im nordöstlichen Afrika und in Arabien.

Mandrill Allesfresser, blau-rote Gesichtszeichnung mit gelbem „Bart“, lebt im westlichen Zentralafrika, gefährdete Art.

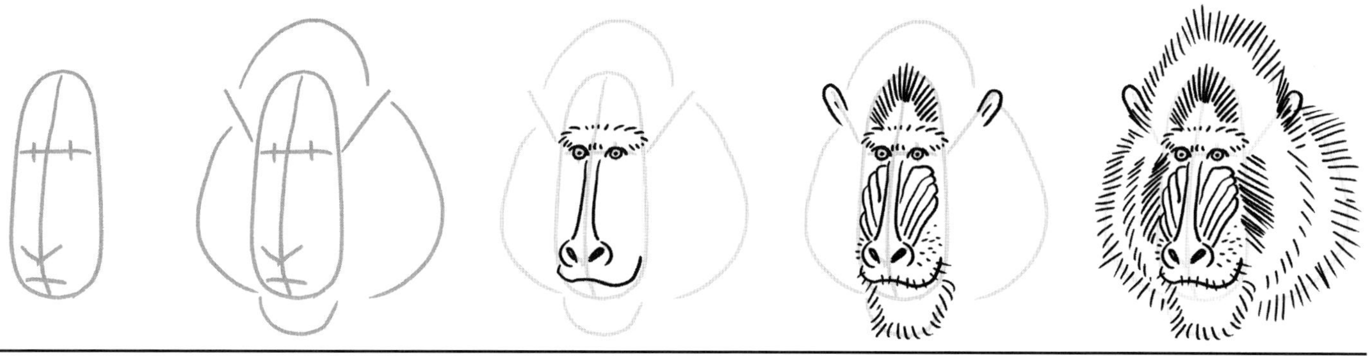

Nördlicher Schweinsaffe

Früchte, Pflanzen und Insekten fressender Makake, lebt in Südostasien, gefährdete Art.

Bartaffe

Makake mit dunkelbraunem Fell und hellem, fast weißem „Bart“, lebt in Südwestindien, stark gefährdete Art.

Orang-Utan

Mit dem Menschen verwandter, baumbewohnender Primat, lebt in Indonesien, vom Aussterben bedroht.

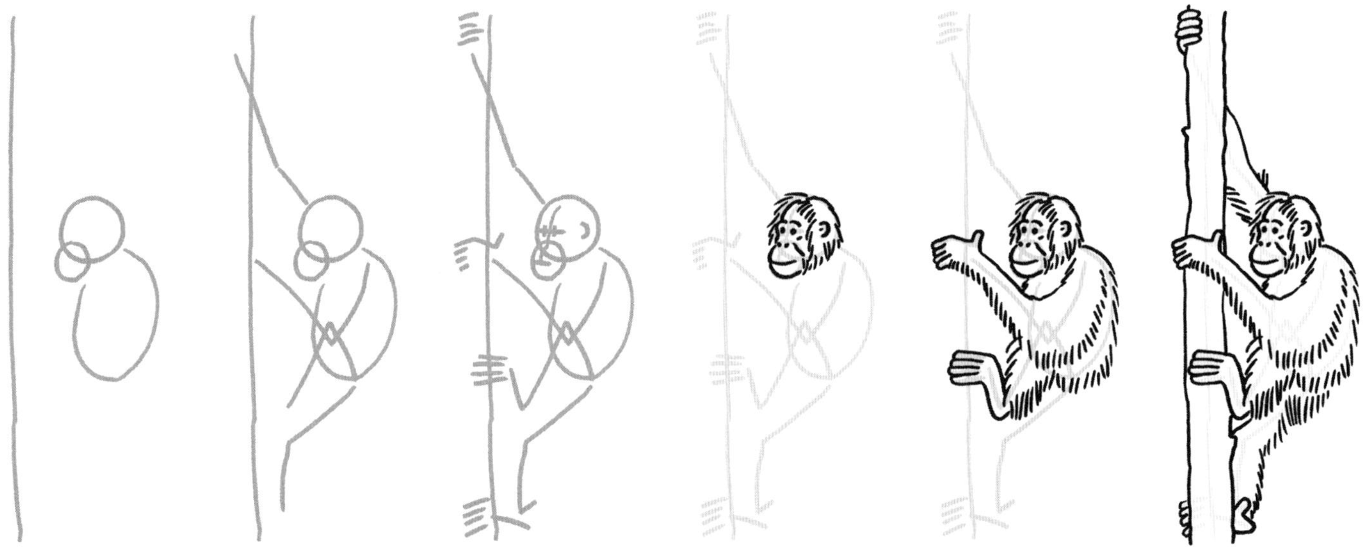

Gorilla Größter, mit dem Menschen verwandter, pflanzenfressender Primat, lebt in Zentralafrika, vom Aussterben bedroht.

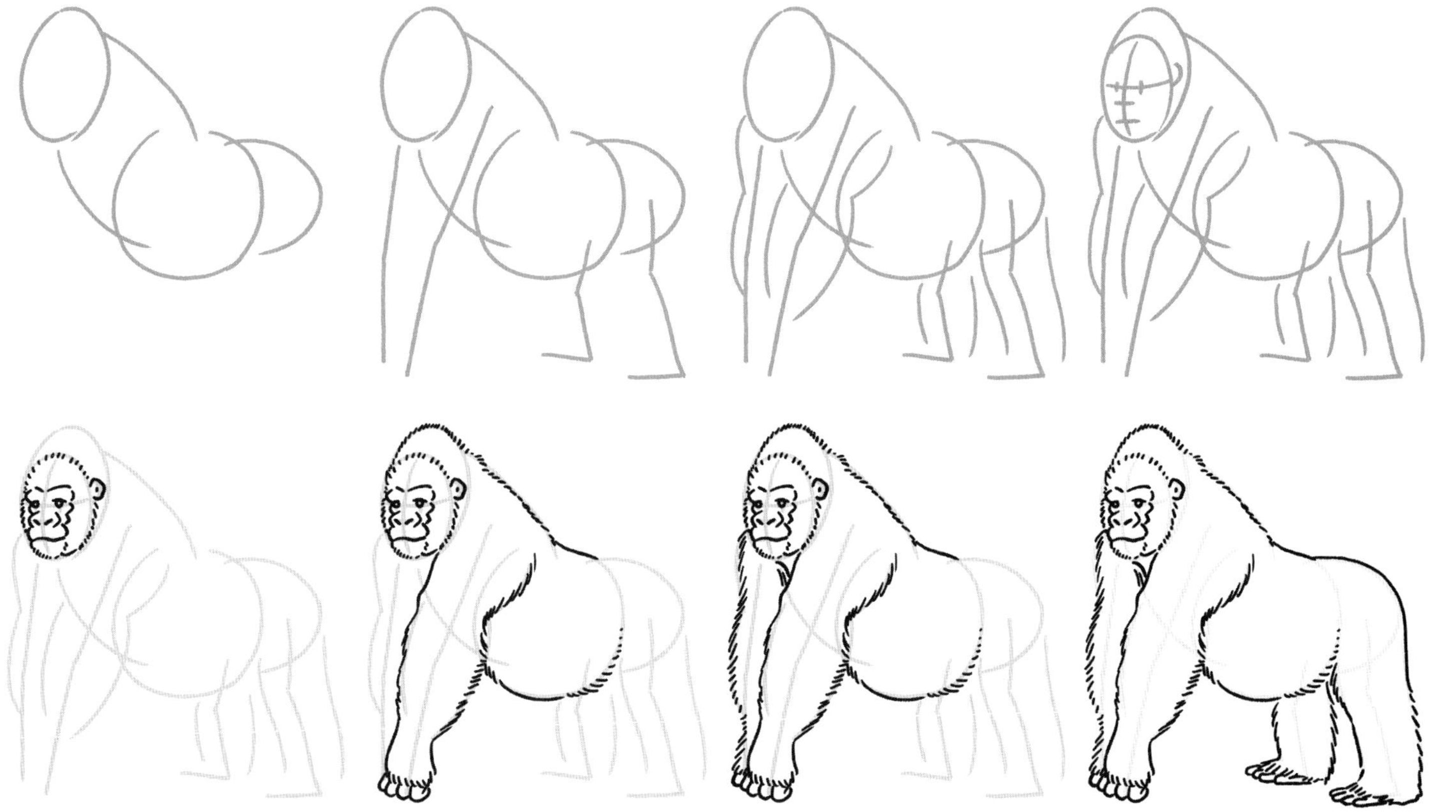

Schimpanse Eng mit dem Menschen verwandter Primat, Allesfresser, lebt in Zentralafrika, stark gefährdete Art.

Trampeltier

Auch Baktrisches Kamel genannt, kommt als Nutztier in ganz Asien vor, wild lebende Art ist stark gefährdet.

Dromedar

Auch Arabisches Kamel genannt, Nutztier, kommt in Nordafrika und Vorderasien vor, in Australien eingeschleppt.

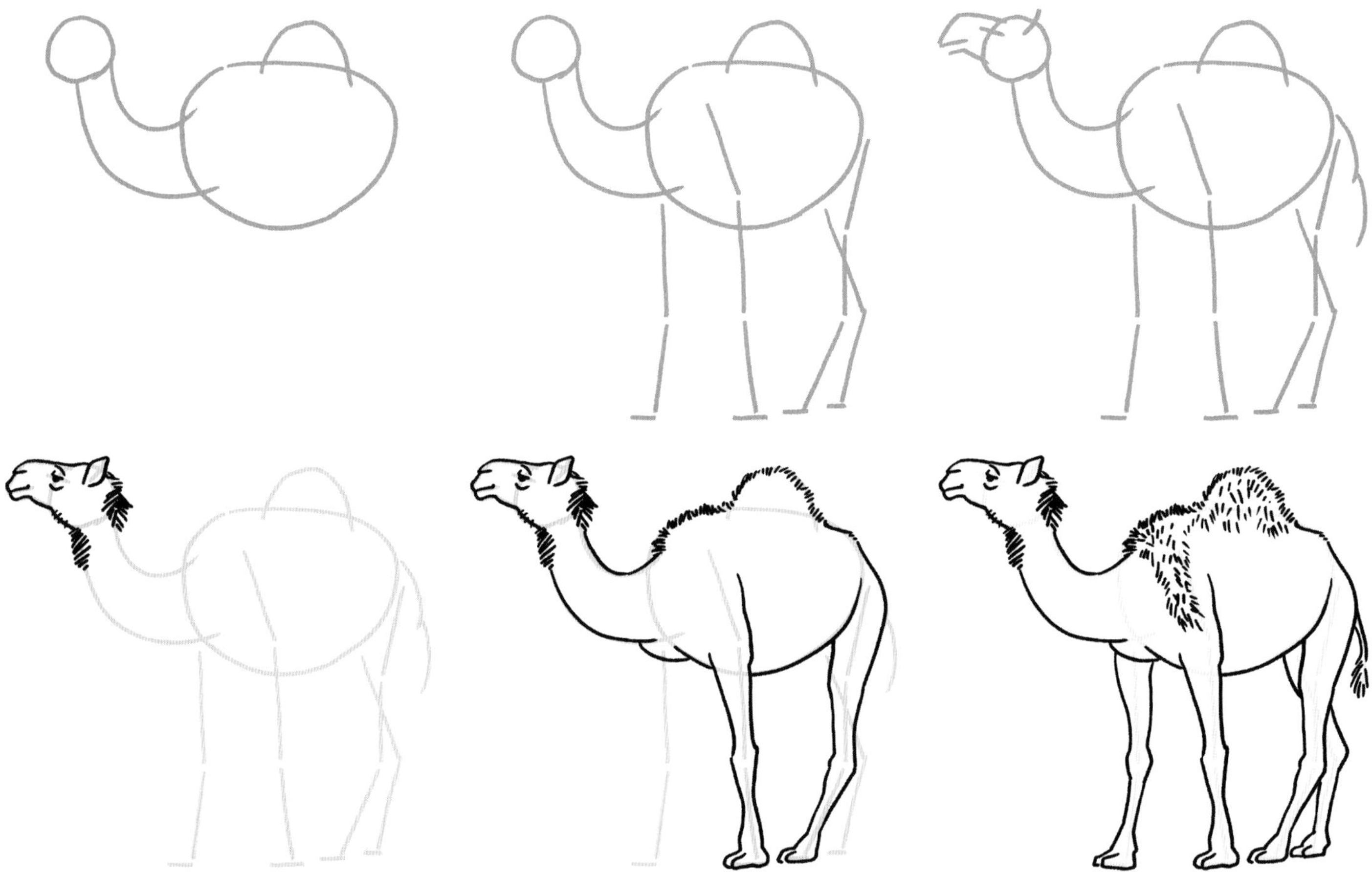

Lama

Vom Guanako abstammendes, Gras fressendes Kamel, wird als Nutztier in den Anden (Südamerika) gehalten.

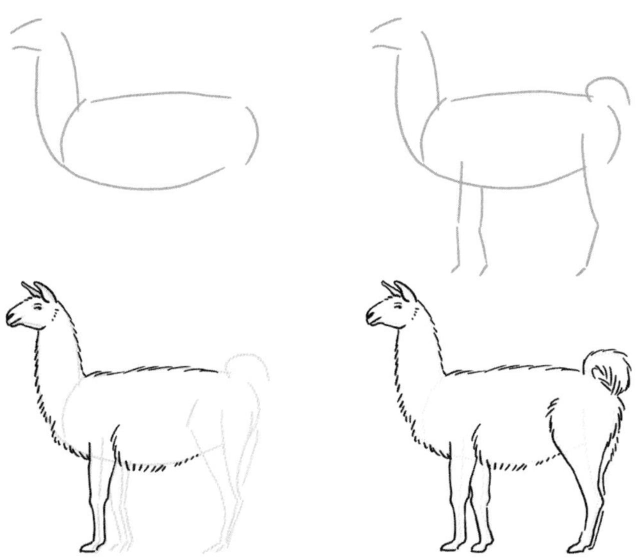

Alpaka

Vom Vikunja abstammendes, Gras fressendes Kamel, wird in den Anden (Südamerika) wegen seiner Wolle gehalten.

Vikunja

Wild lebendes höckerloses Kamel mit sehr feiner Wolle, Grasfresser, lebt in den Anden (Südamerika).

Flachlandtapir

Einzeln lebender Pflanzenfresser, lebt im nördlichen Südamerika (Amazonas), bedrohte Art.

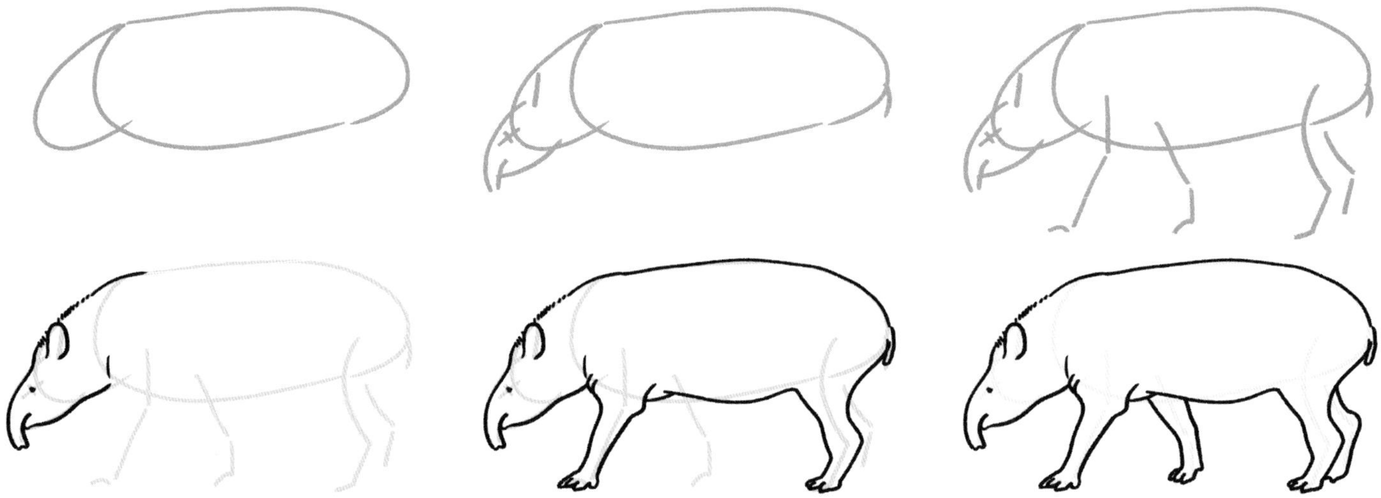

Schabrackentapir

Pflanzenfresser mit dunklem Fell und weißer „Satteldecke“ (Schabracke), lebt in Südostasien, gefährdet.

Okapi

Auch Waldgiraffe genannt, tagaktiver Pflanzenfresser, lebt in begrenzter Region in Zentralafrika, stark gefährdete Art.

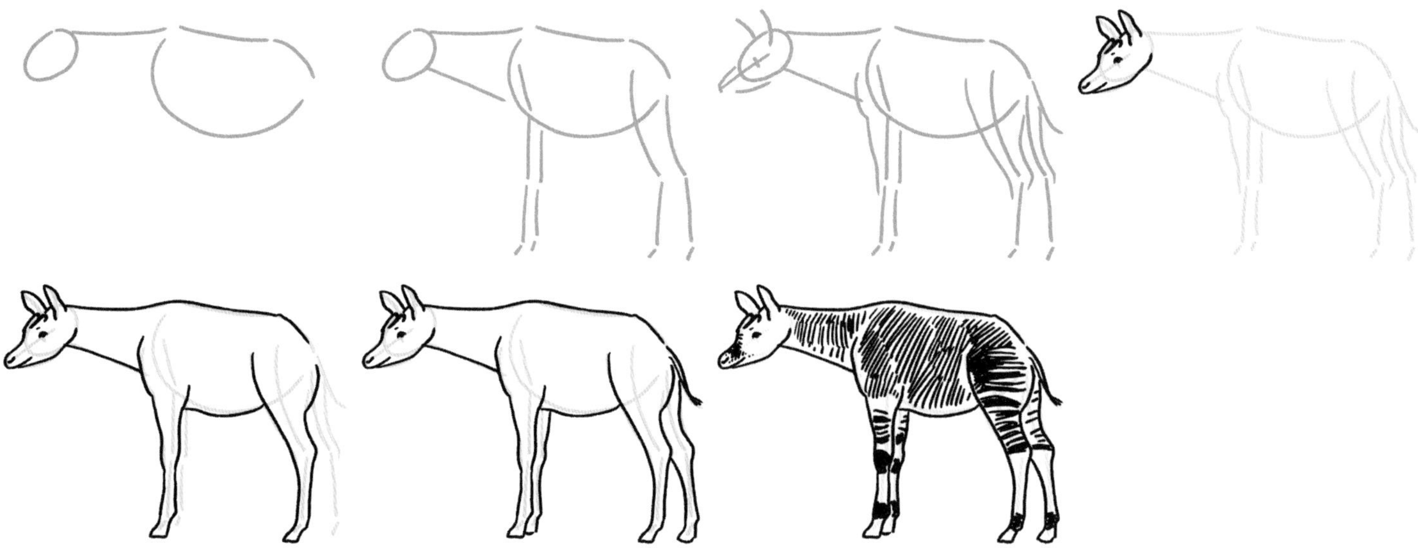

Giraffe

Pflanzenfresser, beweidet vor allem Akazienbäume, wird über 4 Meter hoch, lebt in den Steppen Ost- und Südafrikas.

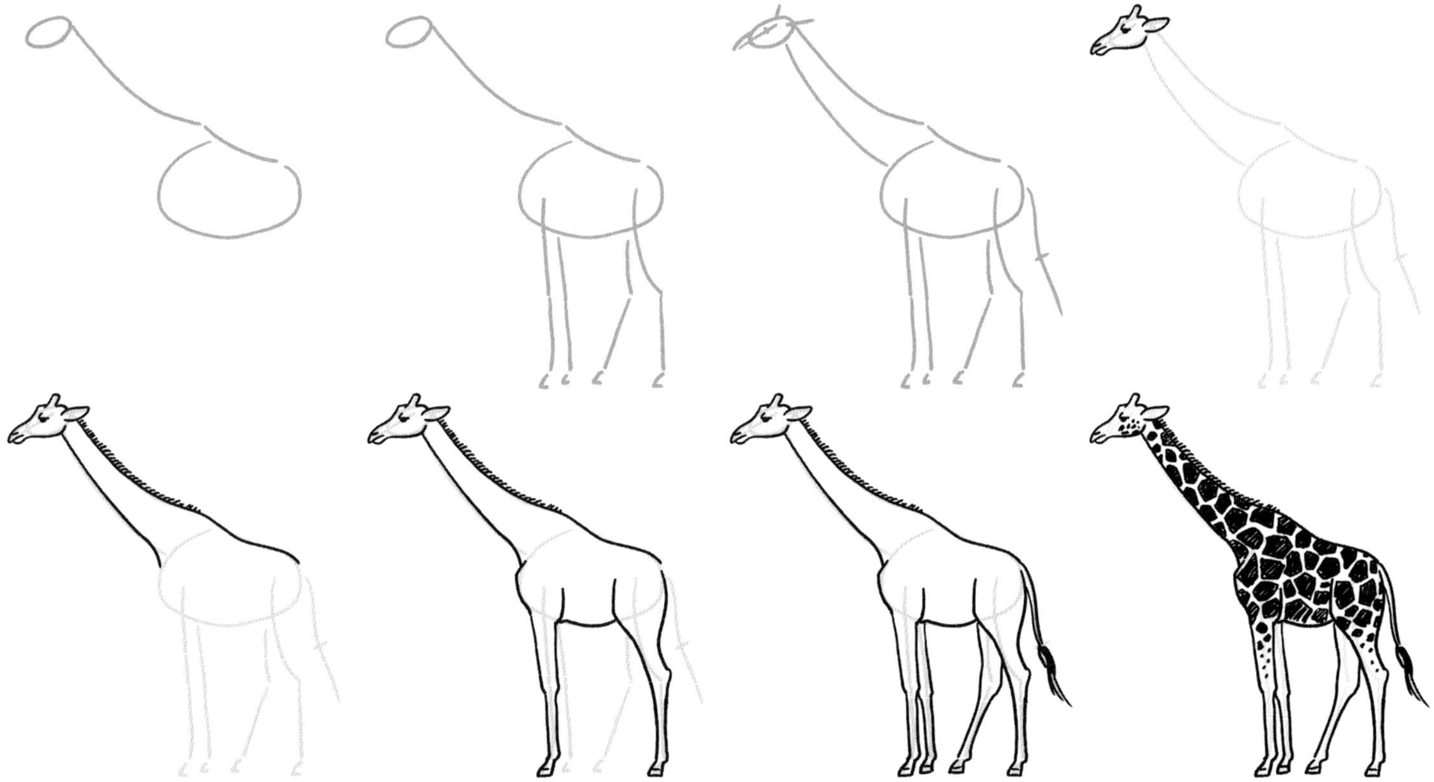

Sibirisches Moschustier

Pflanzenfresser ohne Geweih, mit langen Eckzähnen, lebt in Sibirien, Nordasien, gefährdete Art.

Kleinkantschil

Nachtaktives Hirschferkel, mit etwa 50 cm Länge kleinster Paarhufer, lebt in Südostasien und Indonesien.

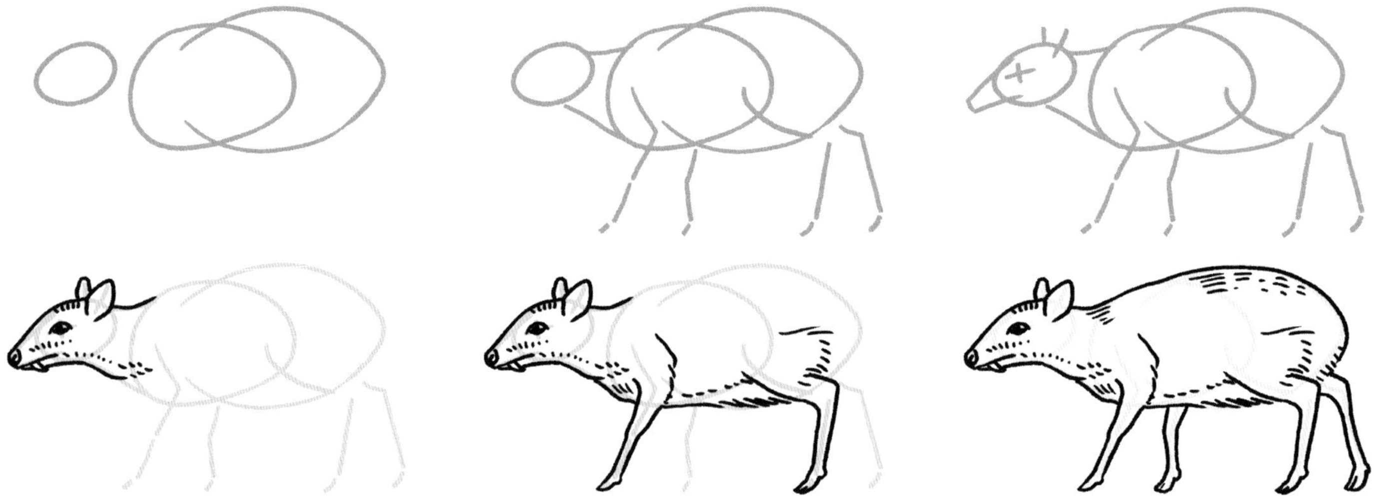

Chinesischer Muntjak

Kleiner, asiatischer Hirsch, lebt in Zentral- und Südchina, nach Europa eingeschleppt.

Europäisches Reh

Kleiner, pflanzenfressender, wiederkäuender Hirsch, lebt an Waldrändern und Äckern in Europa.

Rothirsch

Auch Rotwild genannt, Männchen bilden zur Brunft im Herbst ein Geweih aus, in nahezu ganz Europa heimisch.

Rentier

In Nordamerika Karibu genannt, Männchen und Weibchen tragen Geweih, lebt in Gebieten rund um die Arktis.

Elch

Männchen bilden zur Brunft im Herbst ein Geweih („Schaufeln“) aus, lebt in Nordeuropa, Nordasien, Nordamerika.

Gabelbock

Scheuer Wiederkäuer, lebt in Gras- und Trockenlandschaften Nordamerikas.

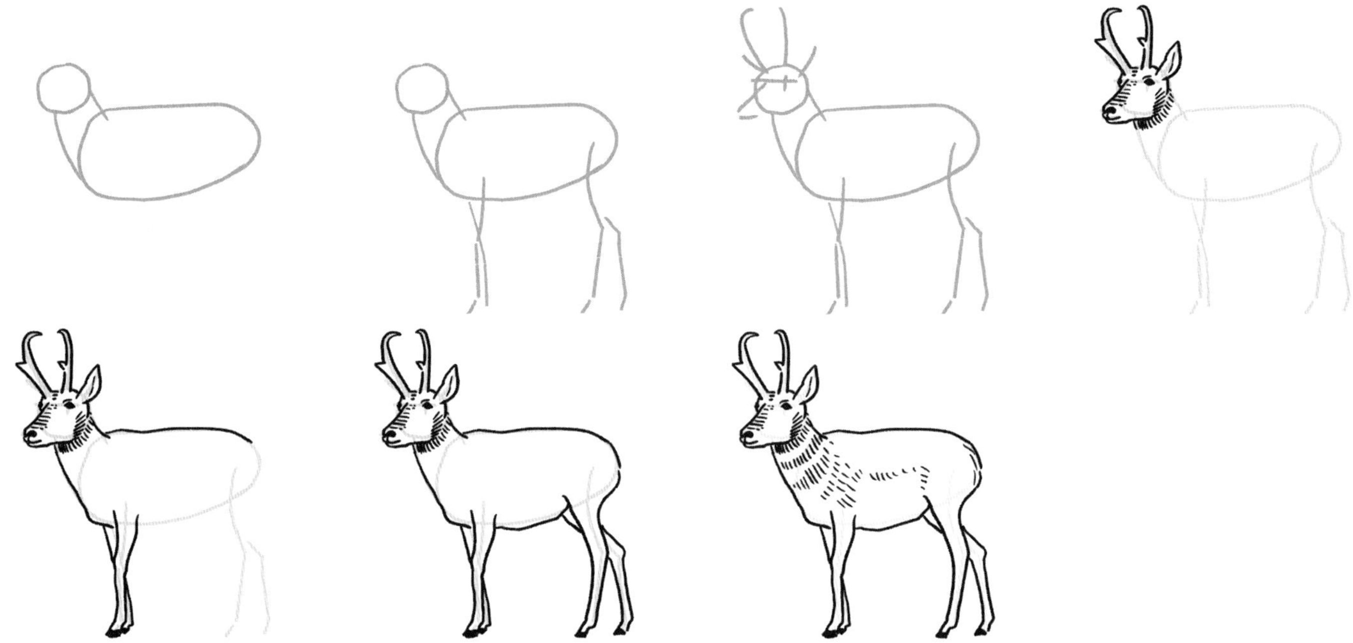

Vierhornantilope

Einziger wild lebender Hornträger, der vier Hörner ausbilden kann, lebt in Südasien, gefährdete Art.

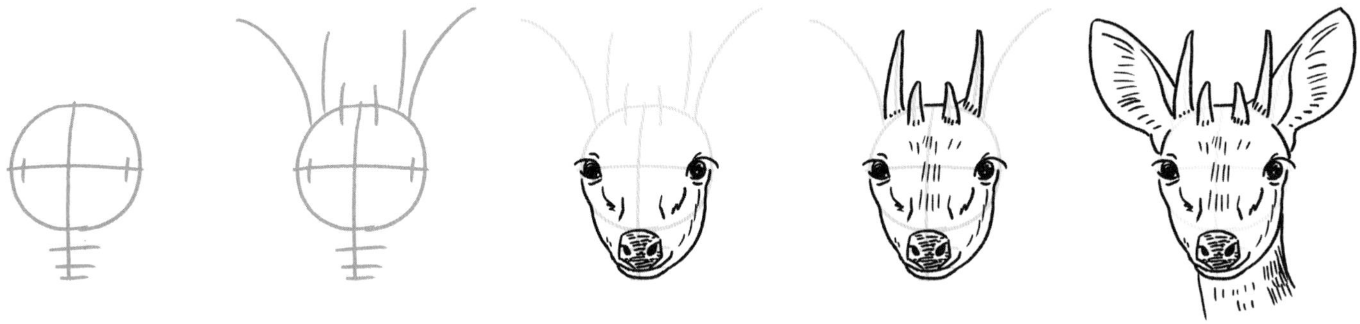

Bongo

Antilope mit braunem Fell und weißen Streifen, Männchen und Weibchen tragen Hörner, lebt in Zentralafrika, bedroht.

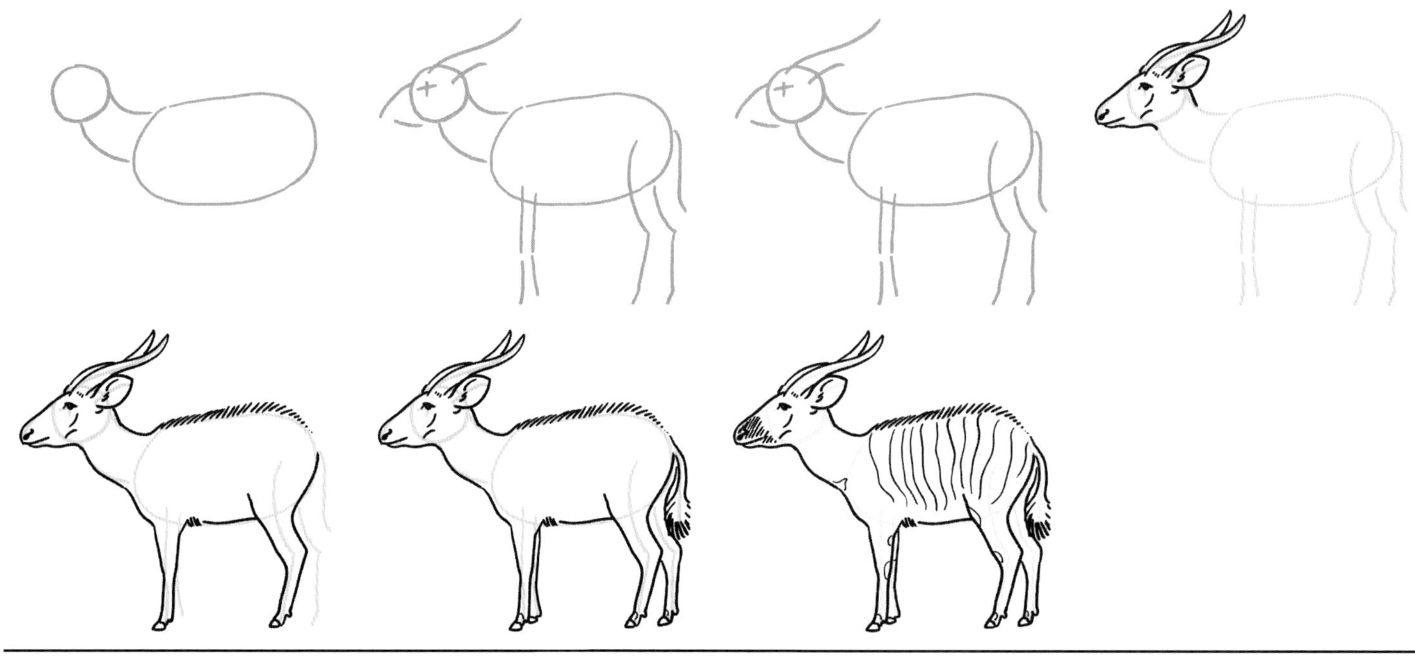

Großer Kudu

Antilope mit bräunlichem Fell und weißen Streifen, lebt in den Savannen Ost- und Südafrikas.

Gelbrückenducker

Dunkles Fell und gelber Rückenfleck, lebt im westlichen Zentralafrika, potenziell gefährdet.

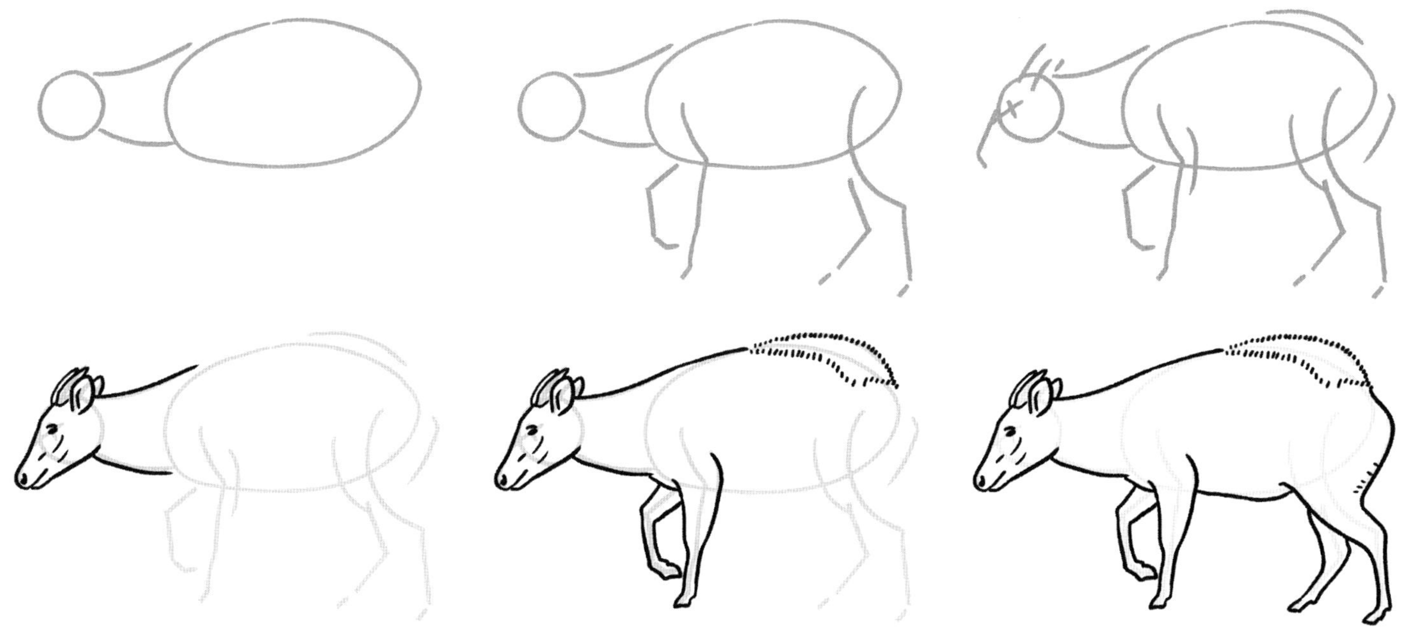

Pferdeantilope Pflanzenfresser, lebt in kleineren Gruppen südlich der Sahara und im südlichen Afrika.

Giraffengazelle Antilope mit langem Hals und Beinen, dunkelbrauner Rücken, lebt in Ostafrika, potenziell gefährdet.

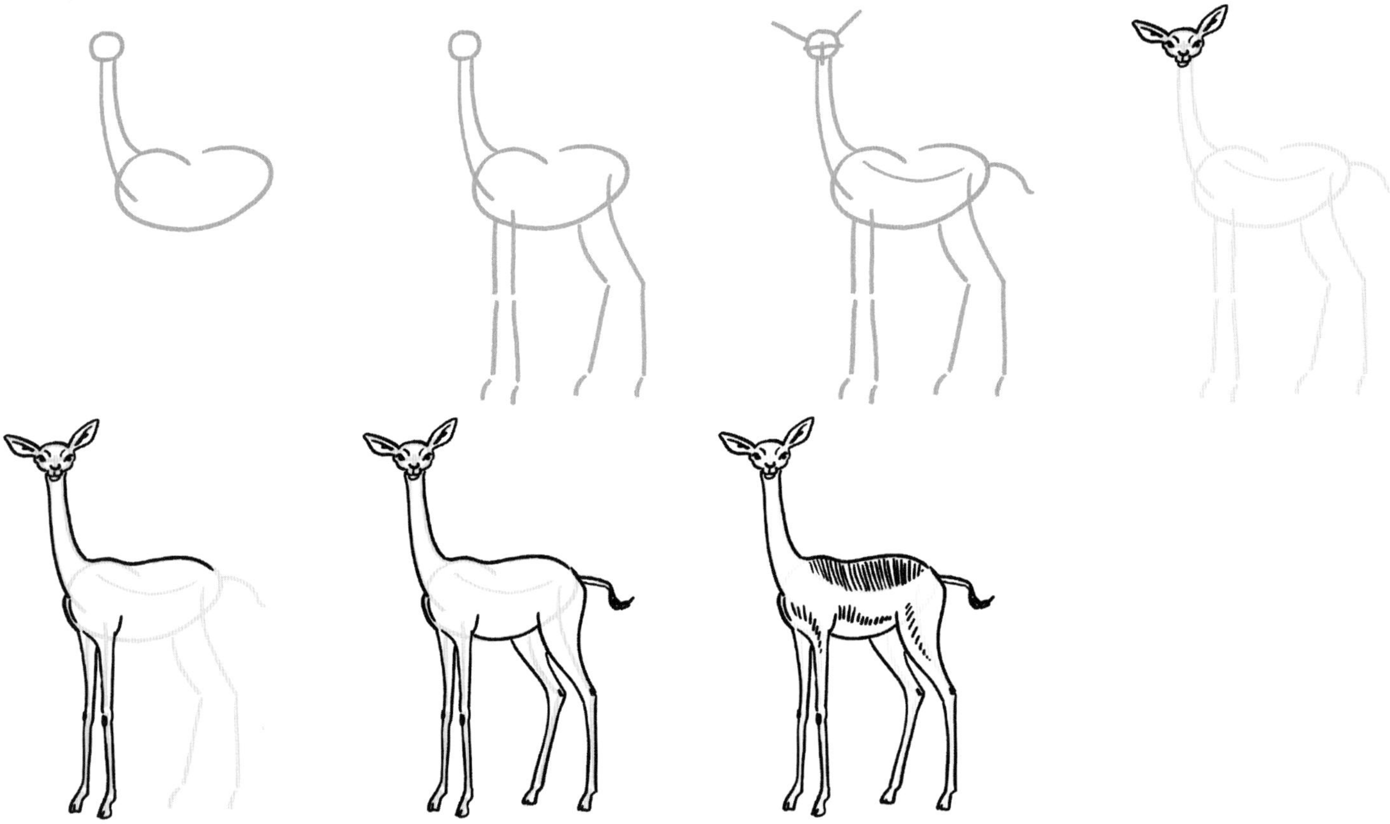

Wasserbock

Große Antilope mit zotteligem Fell, nur männliche Tiere tragen Hörner, kommt in nahezu ganz Afrika vor.

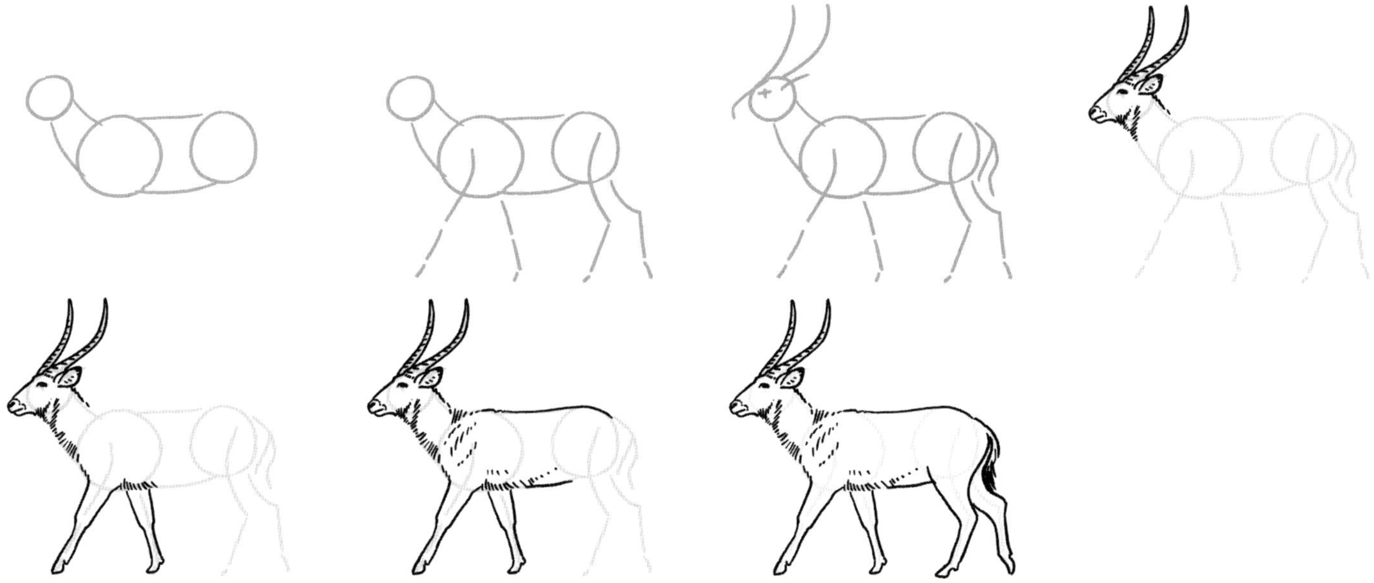

Beisa-Oryx

Auch Ostafrikanischer Spießbock genannte Antilope, lebt in Nordostafrika, stark gefährdete Art.

Springbock

Fellzeichnung (heller Rücken, weißer Bauch, dunkler Streifen) ähnlich der Thomson-Gazelle, lebt in Südafrika.

Kirk-Dikdik Auch Zwergrüssel genannt, Zwergantilope, kaum größer als ein Hase, lebt vor allem in Ostafrika.

Saiga Auch Saiga-Antilope genannt, schafgroß, mit rüsselartiger Nase, nur Männchen tragen Hörner, lebt in Zentralasien.

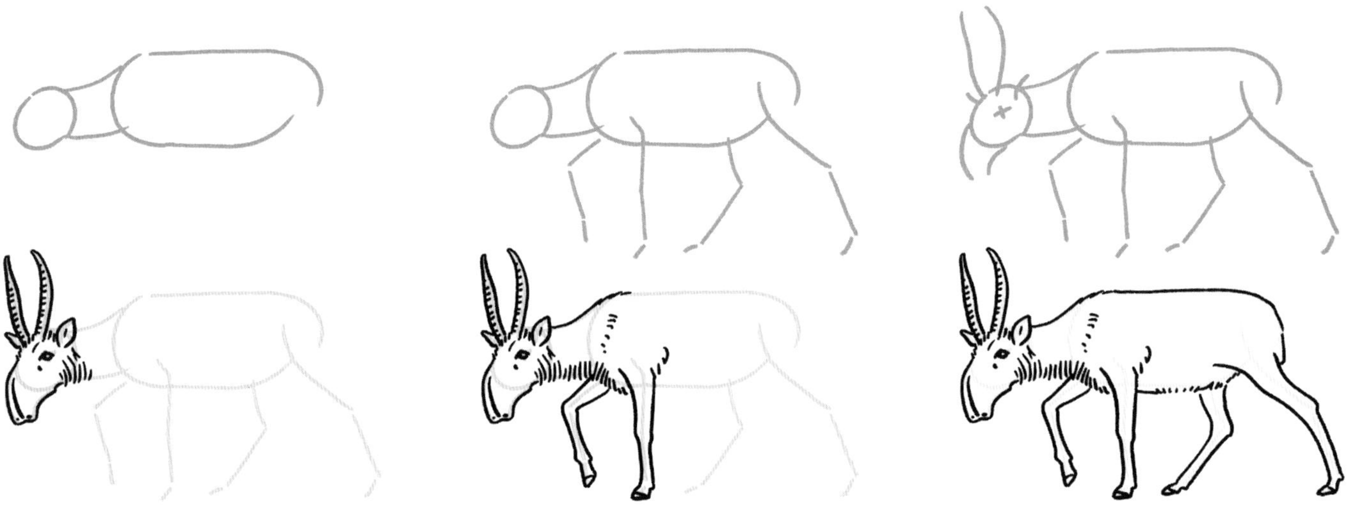

Gnu Kuhantilope, lebt in großen, wandernden Herden, oft in Gemeinschaft mit Zebras im Süden Afrikas.

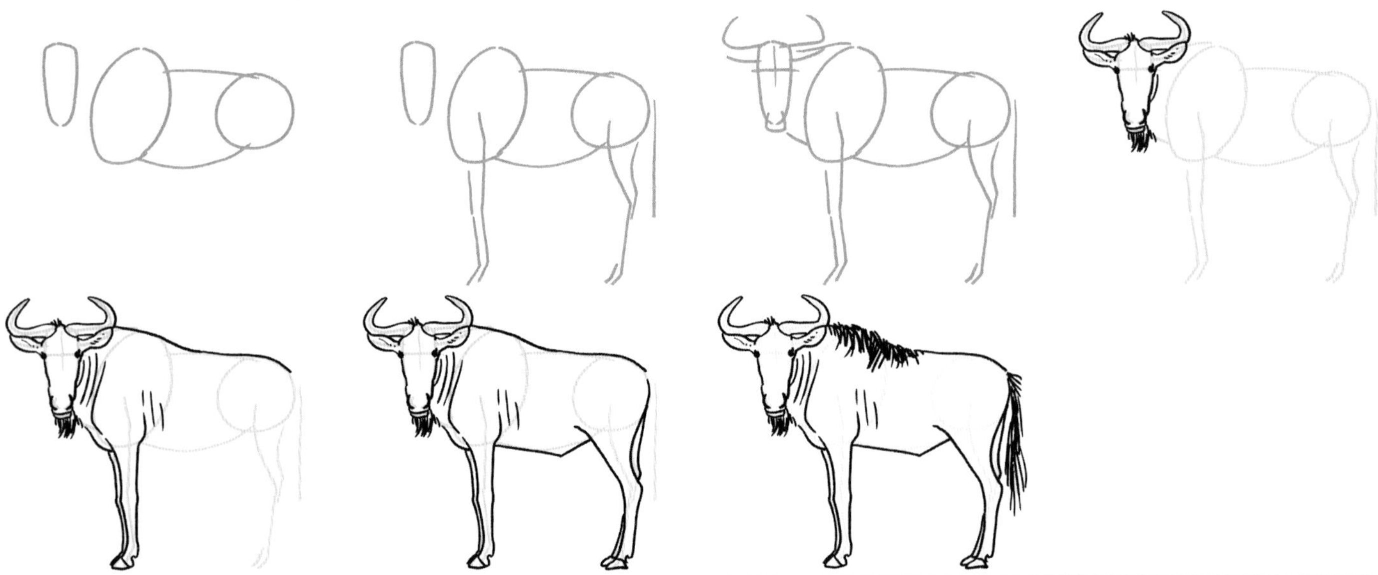

Alpensteinbock Ziegenart, weibliche Tiere (Geißen) haben nur kurze Hörner, lebt in den Alpen (Europa).

Gämse Männchen und Weibchen tragen Hörner, lebt in kleine Herden in den Gebirgen Süd- und Südosteuropas.

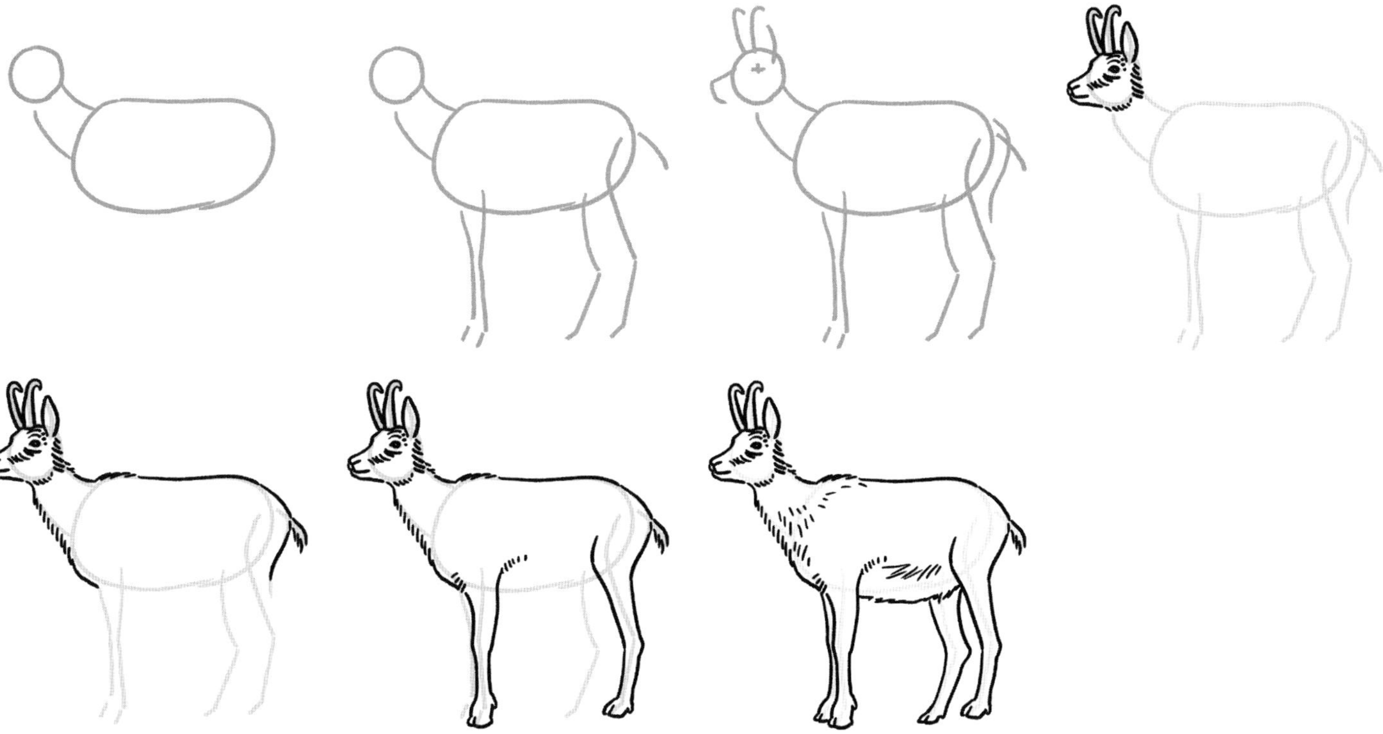

Schneeziege

Auch Bergziege genannt, lebt in den westlichen Gebirgen (Rocky Mountains) Nordamerikas.

Hausziege

Eines der frühesten Nutztiere, stammt von der westasiatischen Bezoarziege ab, weltweit verbreitet.

Hausschaf

Eines der frühesten (wegen Wolle und Fleisch genutzten) Haustiere, stammt vom Mufflon ab, weltweit verbreitet.

Europäischer Mufflon

Mit dem Hausschaf verwandtes Wildschaf, lebt in Westeuropa.

Goldtakin

Großer ziegenartiger Hornträger mit goldgelbem Fell, lebt in Gebirgswäldern in Zentralchina, gefährdete Art.

Moschusochse

Großer ziegenartiger Hornträger, lebt in Gebieten rund um die Arktis, vorwiegend in Nordamerika.

Gaur Größtes Rind, dunkelbraun mit weißen Beinen, lebt in Wäldern Süd- und Südostasiens, potenziell gefährdete Art.

Yak Auch Tibetischer Grunzochse genannt, kommt als Nutztier im Himalaja vor, der wilde Yak ist eine gefährdete Art.

Amerikanischer Bison Großes Wildrind, lebt in Naturschutzgebieten Nordamerikas, potenziell gefährdete Art.

Wasserbüffel

Als Hausrind in ganz Asien weit verbreitet, hält sich gern im Wasser auf, die wilde Art ist stark gefährdet.

Kaffernbüffel

Größtes wild lebendes Rind Afrikas, kommt in Schutzgebieten Ost- und Südafrikas vor.

Holstein-Rind

Leistungsstarke Milchkuh, wurde ursprünglich in Nordamerika (USA) gezüchtet, weltweit verbreitet.

Zebu Auch Buckelrind genannt, als Nutztier gezüchtetes Rind, an warmes Klima angepasst, kommt in Südasien vor.

Afrikanischer Esel Wildesel, von dem der Hausesel abstammt, lebt nur noch in Nordostafrika, vom Aussterben bedroht.

Poitou-Esel Ursprünglich in Frankreich als Nutztier gezüchteter Großesel, mittlerweile gefährdete Rasse.

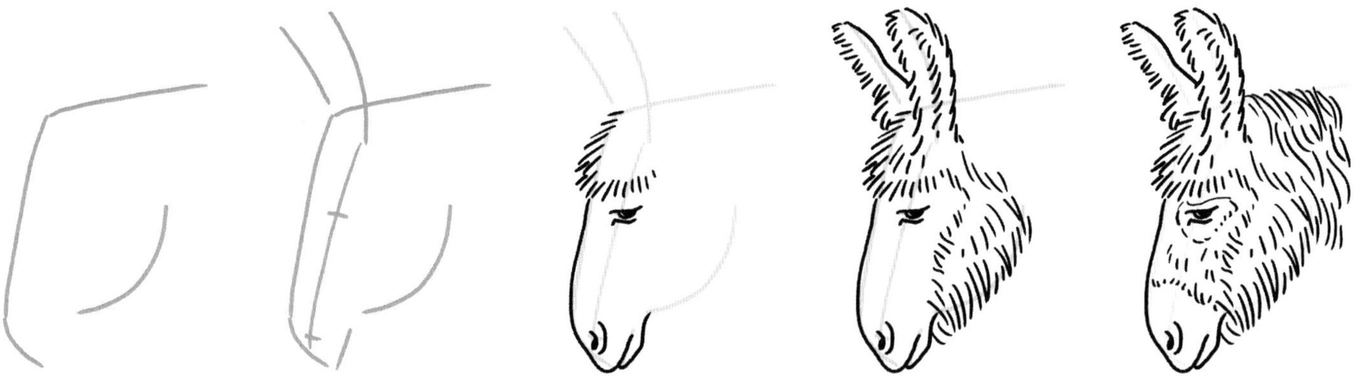

Przewalski-Pferd

Einst fast ausgestorbenes Wildpferd, Verwandter des Hauspferds, Wiederansiedlung in der Mongolei.

Hauspferd

Als Nutztier gezüchtetes Wildpferd, kommt weltweit in unterschiedlichen Zuchtformen (Rassen) vor.

Shetlandpony Kleines, robustes, ursprünglich verwildertes Pferd von den Shetland-Inseln, wird primär in England gezüchtet.

Steppenzebra Einzige nicht gefährdete Art des Zebras, die drei Arten des Zebras leben in Ost- und Südafrika.

Hausschwein

Als Nutztier gezüchtetes Wildschwein, kommt weltweit in unterschiedlichen Zuchtformen (Rassen) vor.

Wildschwein

Anpassungsfähiger Allesfresser, wühlt im Boden nach Nahrung, von Westeuropa bis Ostasien heimisch.

Warzenschwein

Nach vier Warzen am Kopf benannter Allesfresser, ernährt sich vor allem pflanzlich, lebt in Afrika.

Pinselohrschwein Allesfresser mit rötlich-braunem Fell und Haarbüscheln an den Ohren, lebt im westlichen Zentralafrika.

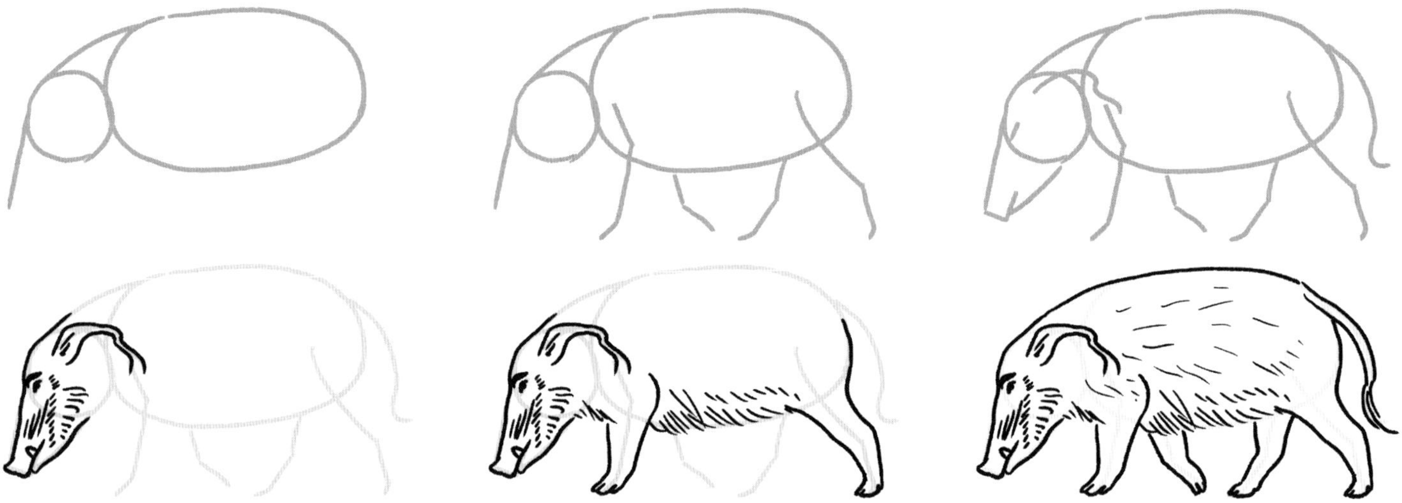

Bartschwein Allesfresser mit gelb-weißen Haarbüscheln auf der Schnauze, lebt in Indonesien (Südostasien), gefährdete Art.

Sulawesi-Hirscheber Obere Eckzähne wachsen durch die Haut der Schnauze, lebt auf Sulawesi (Indonesien), gefährdet.

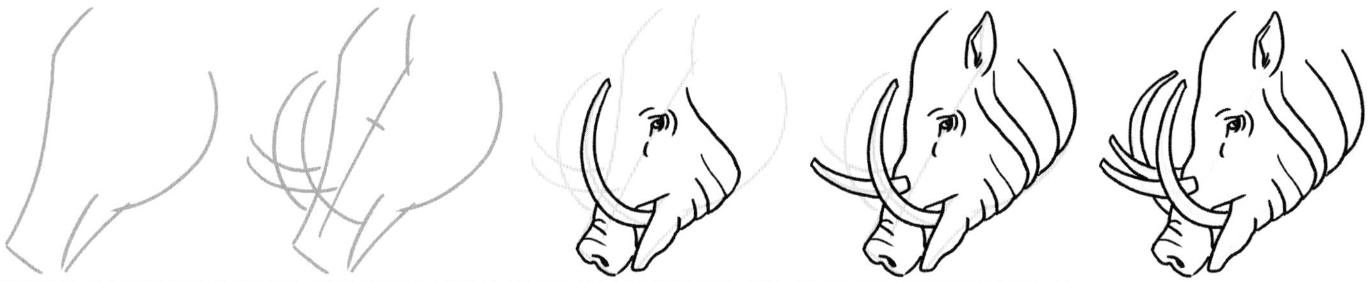

Halsbandpekari Nabelschwein mit grauem Fell und weißem Kragen, lebt in Mittel- und Südamerika.

Flusspferd

Auch Nilpferd genannt, lebt tagsüber im Wasser, weidet abends an Land, in Afrika südlich der Sahara heimisch.

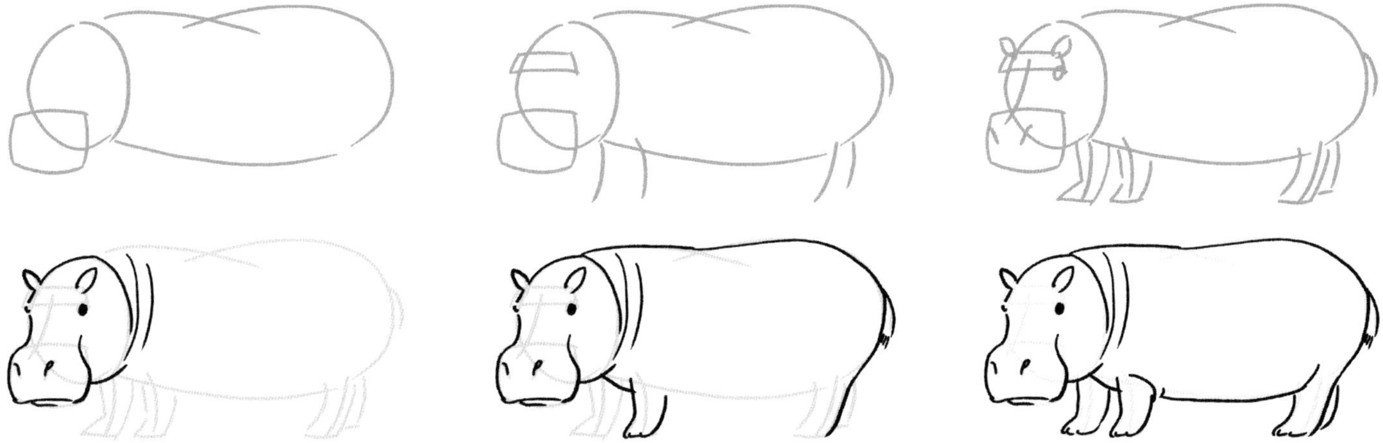

Zwergflusspferd

Nur halb so groß wie das große Flusspferd, lebt in Wäldern und Sümpfen Westafrikas, gefährdete Art.

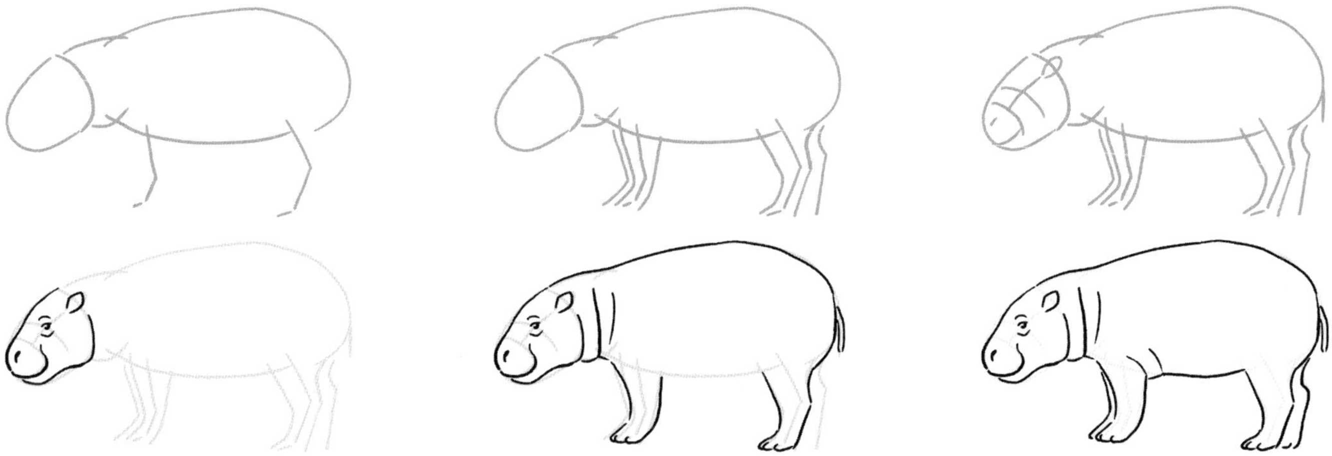

Afrikanischer Elefant

Größtes Landtier, Männchen und Weibchen mit Stoßzähnen, lebt in Afrika, gefährdete Art.

Asiatischer Elefant

Elefant mit kleineren Ohren, nur Männchen haben Stoßzähne, lebt in Süd- und Südostasien, gefährdet.

Breitmaulnashorn

Grasfresser, lebt in Zentral- und Südafrika, die nördliche Unterart ist vom Aussterben bedroht.

Panzernashorn

Pflanzenfressender Einzelgänger, guter Schwimmer, lebt in Nordindien, gefährdete Art.

Walross

Robbe, Männchen und Weibchen mit Stoßzähnen, lebt an Küsten des Nordpolarmeers, gefährdete Art.

See-Elefant

Größte Robbe, erwachsene Männchen mit rüsselartiger Nase, zwei Arten je im Nord- und Südpolarmeer.

Seehund

Hundsrobbe mit fünf Unterarten, lebt an den Küsten der gemäßigten nördlichen Meere.

Kalifornischer Seelöwe

Ohrenrobbe, jagt Fische und Tintenfische, lebt an der nordamerikanische Pazifikküste.

Seeleopard

Raubtier mit geflecktem Fell, jagt auch Pinguine und andere Robben, lebt an den Küsten der Antartkis.

Karibik-Manati

Seegras fressende Rundschwanzseekuh, lebt in Küstengewässern Mittelamerikas (Karibik), gefährdete Art.

Dugong

Auch Gabelschwanzseekuh genannt, lebt in den Küstengewässern des Indischen Ozeans und Indonesiens, gefährdet.

Gewöhnlicher Schweinswal

Zahnwal mit schwarzer Oberseite und weißem Bauch, lebt an den Küsten des Nordatlantiks.

Gangesdelfin

Seltener Zahnwal, ist in den Flüssen Nordindiens heimisch, stark gefährdete Art.

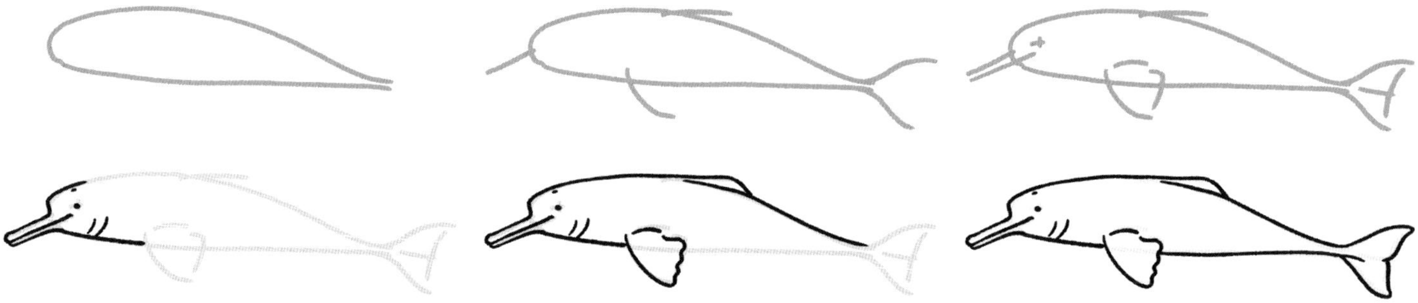

Großer Tümmler

Bekannteste Delfinart, lebt und jagt in Gruppen („Schulen“), kommt in nahezu alle Ozeanen vor.

Schwertwal

Auch Orca genannter größter Delfin, intelligenter Jäger, lebt in allen Ozeanen außer dem nördlichen Polarmeer.

Weißwal Auch Beluga genannt, Gründelwal ohne Rückenflosse, lebt in den Küstengewässern der nördlichen Meere.

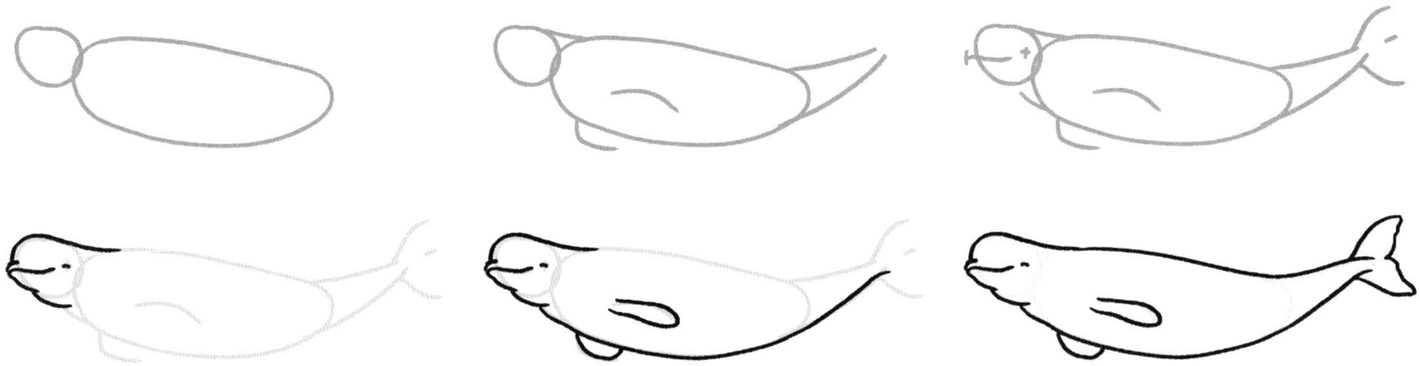

Narwal Zahnwal (Gründelwal) ohne Rückenflosse mit bis zu 3 m langem Stoßzahn, lebt im Nordpolarmeer.

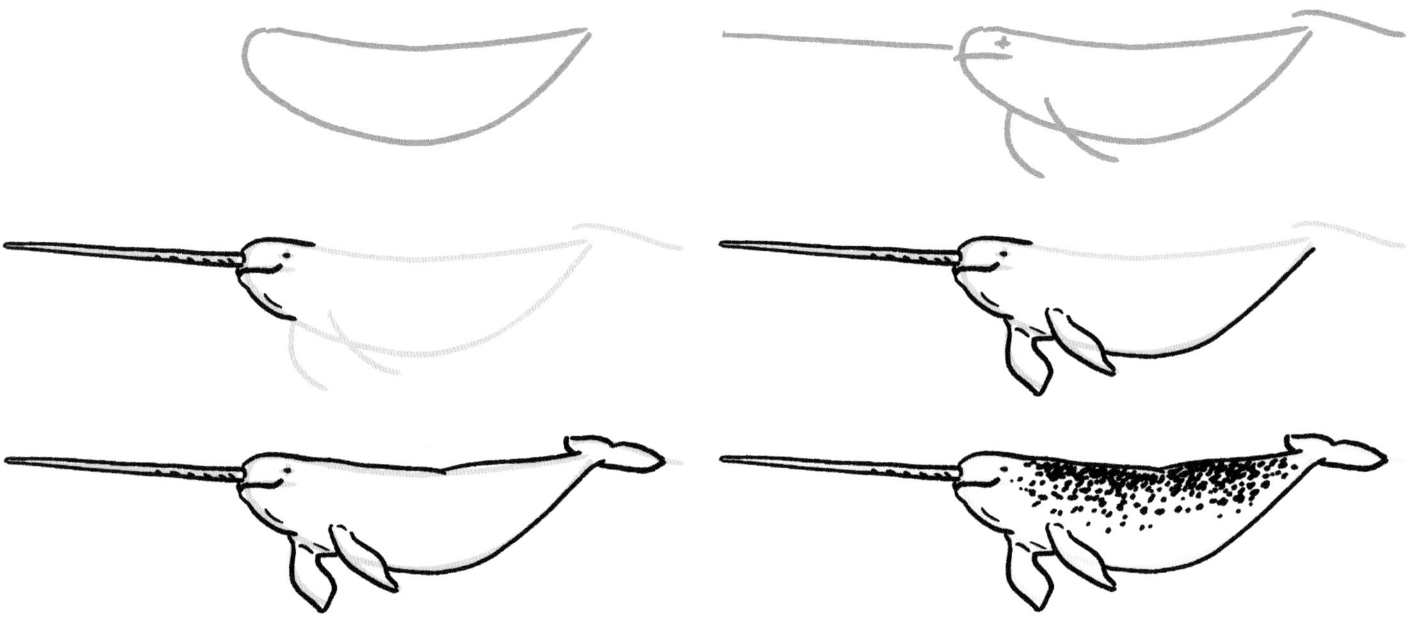

Pottwal Größter Zahnwal (bis 20 m), taucht bis 1000 m tief auf der Jagd nach Tintenfischen, weltweit verbreitet, gefährdet.

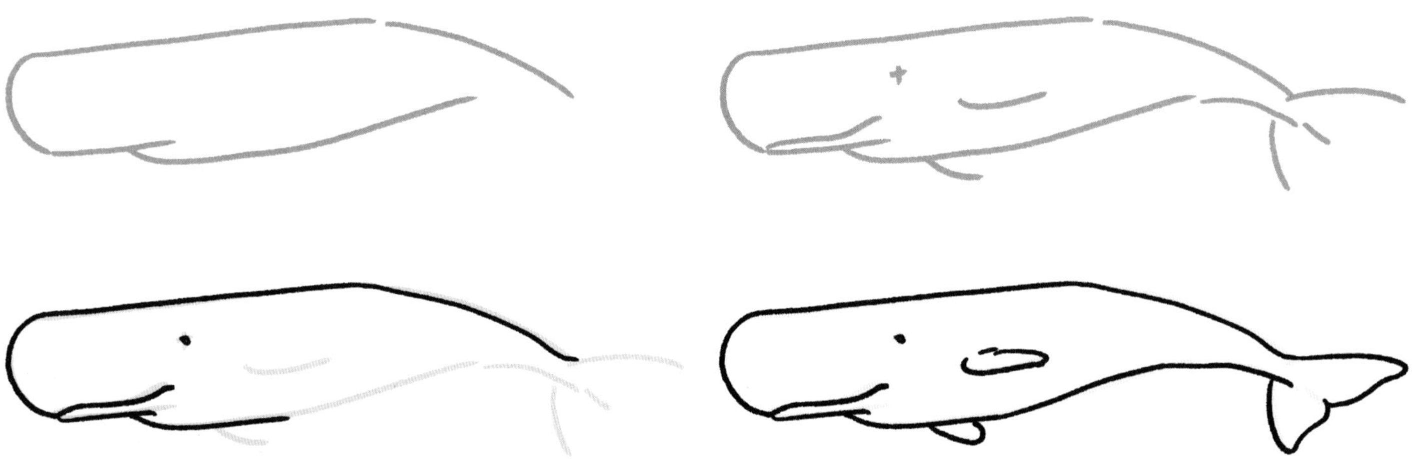

Buckelwal Bartenwal, markante Gesänge, fast in allen Meeren verbreitet, wandert im Winter von Nord nach Süd.

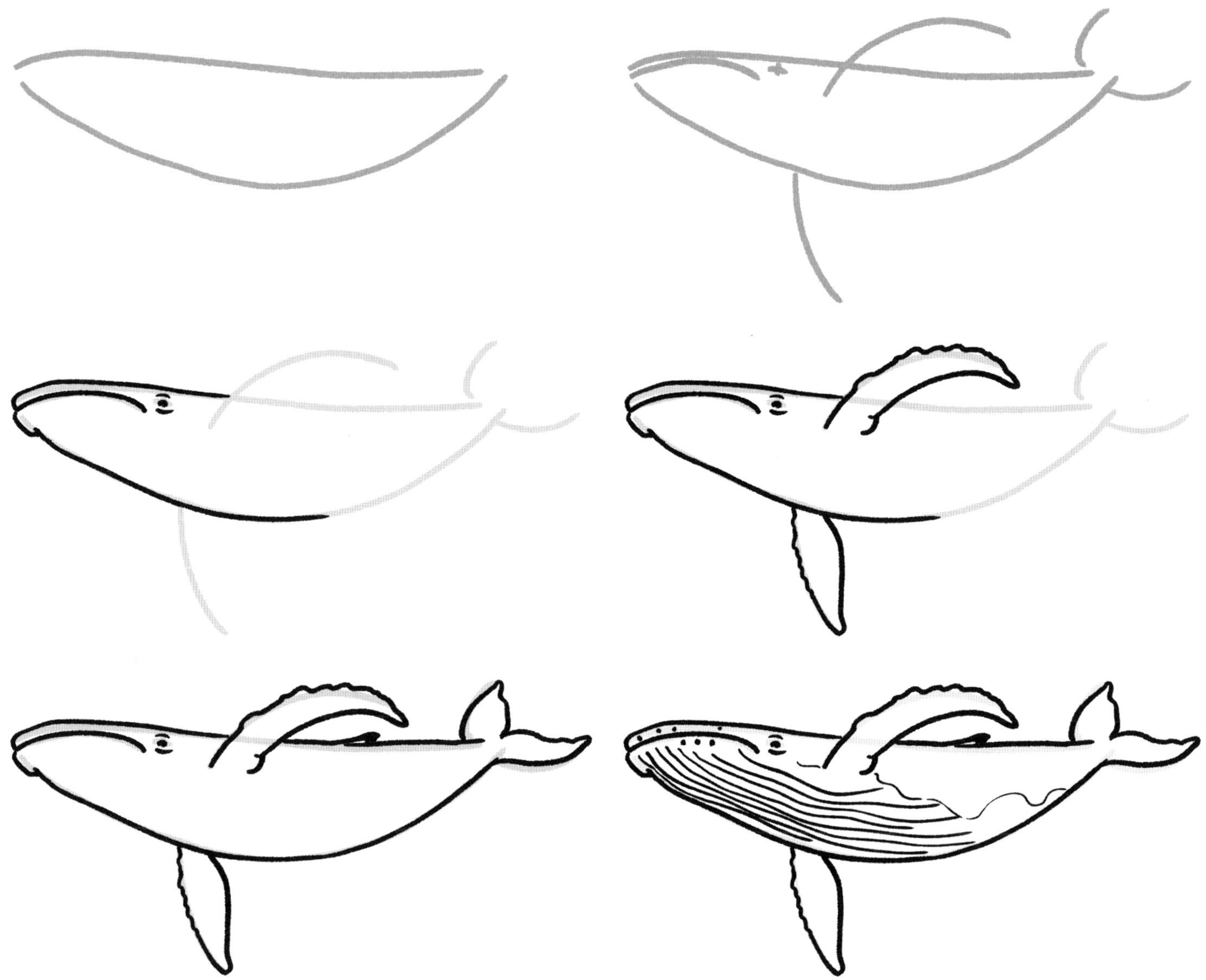

Blauwal Größtes Tier der Welt, weltweit verbreitet, wandert jahreszeitlich von den Polen in wärmere Gewässer, gefährdet.

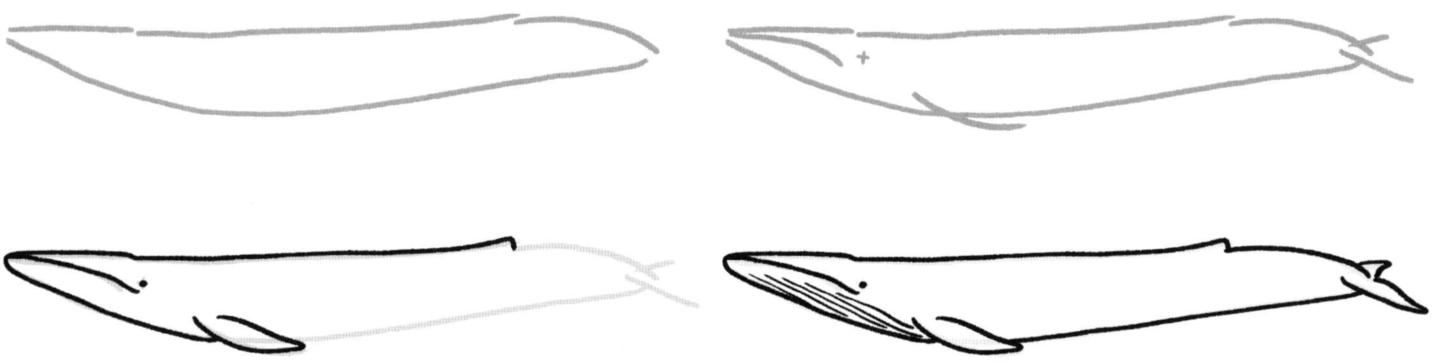

Helmkasuar

Flugunfähiger, allesfressender Vogel, lebt in Neuguinea und Nordaustralien.

Nordstreifenkiwi

Flugunfähiger Laufvogel, nachtaktiver Waldbewohner, lebt in Neuseeland, gefährdete Art.

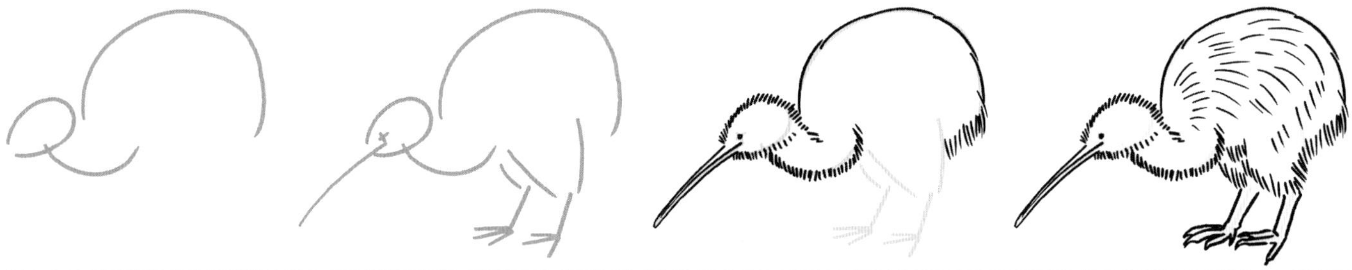

Emu

Flugunfähiger Laufvogel, Einzelgänger, bei Nahrungsknappheit kommt es zu Massenwanderung, lebt in Australien.

Afrikanischer Strauß

Größter Vogel der Welt, flugunfähig, läuft bis zu 70 km/h schnell, lebt in Afrika südlich der Sahara.

Kaiserpinguin

Größter Pinguin, lebt im Südpolarmeer und an den Küsten der Antarktis, potenziell gefährdet.

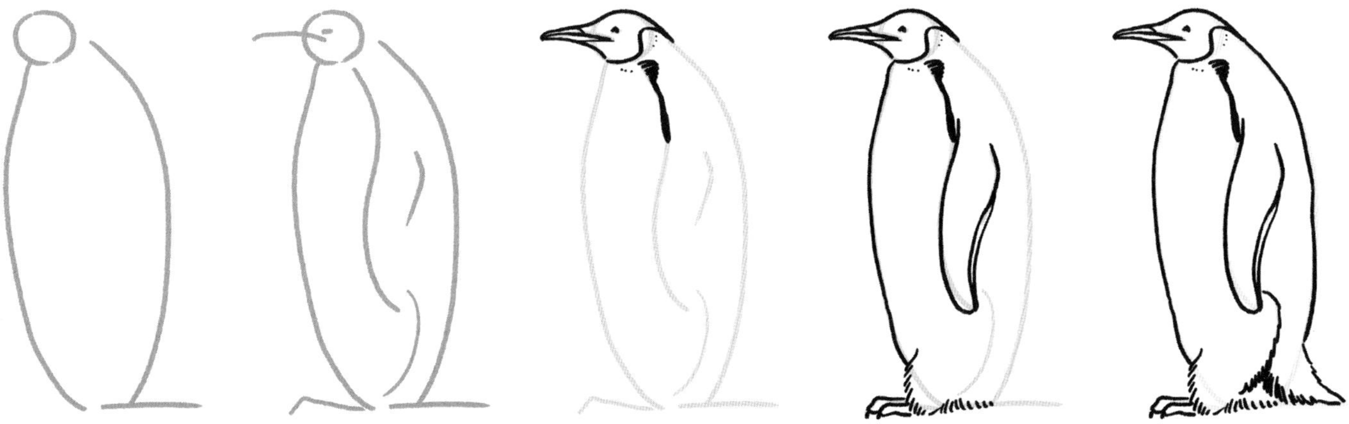

Humboldt-Pinguin

Flugunfähiger Vogel, lebt und jagt an der Pazifikküste Südamerikas, gefährdete Art.

Felsenpinguin Kleiner, wehrhafter Schopfpinguin, brütet auf Inseln rund um die Antarktis, gefährdete Art.

Adeliepinguin Langschwanzpinguin, lebt im Südpolarmeer und an den Küsten der Antarktis.

Wanderalbatros Vogel mit der größten Flügelspannweite, brütet auf Inseln nördlich des Südpolarmeers, gefährdete Art.

Basstölpel Meeresvogel, taucht aus dem Flug nach Schwarmfischen, brütet an den Küsten des Nordatlantiks.

Weihnachtssturmtaucher

Schwarzbrauner Sturmtaucher, lebt im Pazifik auf den Inseln Mikro- und Polynesiens.

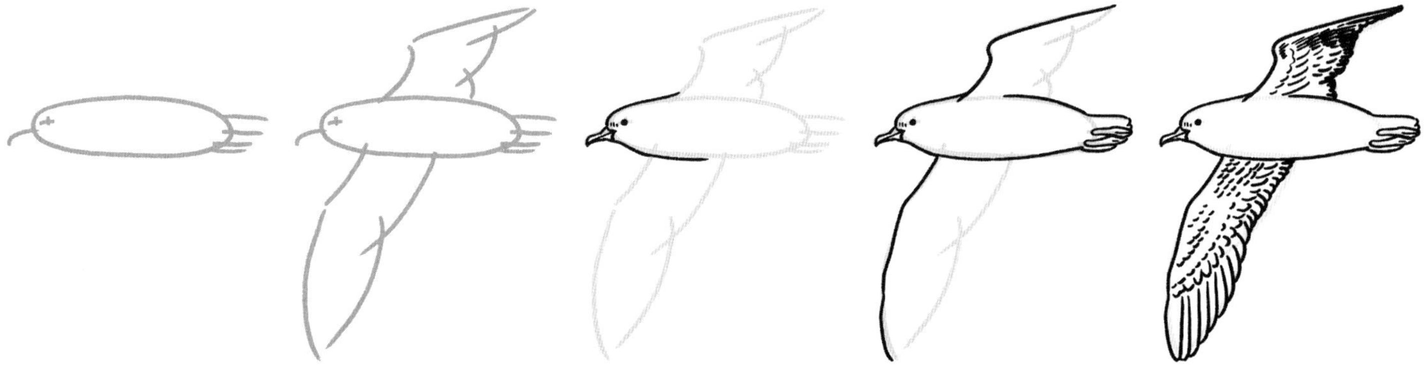

Rosapelikan

Fischfresser, brütet vor allem in Kolonien an Ufern in Zentralasien, überwintert in Afrika und Südasien.

Prachtfregattvogel

Mit schwarzem Gefieder, Männchen mit rotem Kehlsack, lebt an den Küsten Mittel- und Südamerikas.

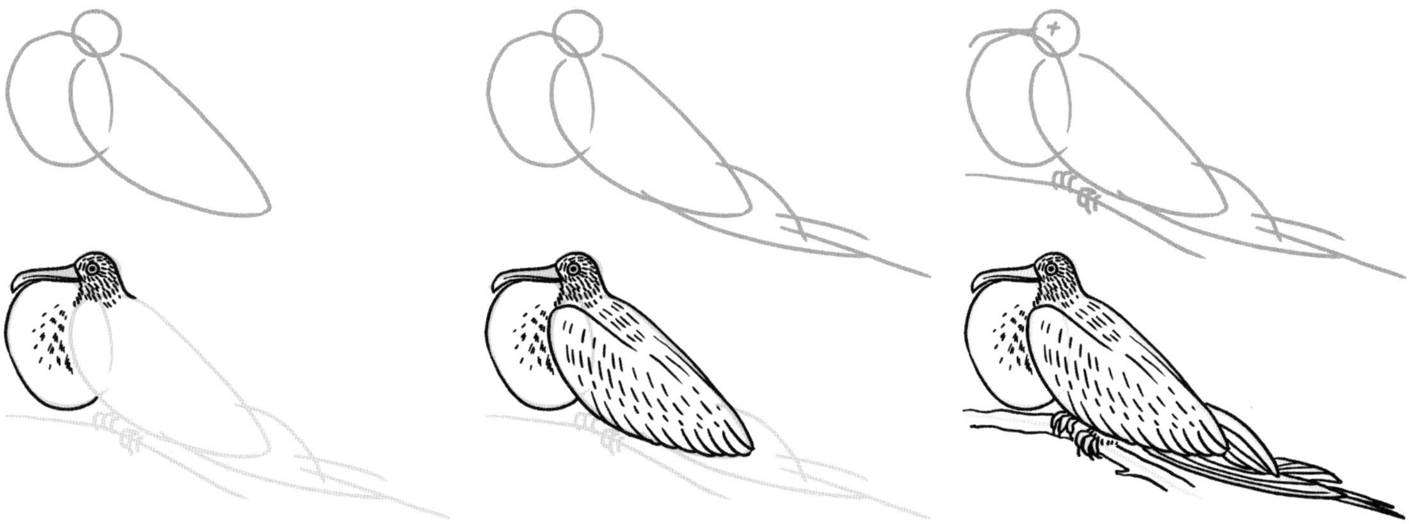

Kormoran

Jagt tauchend nach Fisch, mit überwiegend schwarzem Gefieder, brütet in Kolonien, fast weltweit verbreitet.

Silbermöwe

Jäger mit breitem Nahrungsspektrum, lebt an den Küsten Nordeuropas (Nord- und Ostsee).

Lachmöwe

Möwe mit breitem Nahrungsspektrum, im Frühsommer mit dunklem Kopf, vom Nordatlantik bis Sibirien verbreitet.

Küstenseeschwalbe

Zugvogel (keine Möwe), brütet an den Küsten des Nordpolarmeers, überwintert in der Antarktis.

Papageitaucher

Jagt tauchend nach Fisch, brütet in Höhlen an Steilküsten des Nordatlantiks, gefährdete Art.

Schopfalk

Grau mit schwarzen Flügeln und Schwanz, Federhaube und weißer Strich am Auge, lebt im nördlichen Nordpazifik.

Austernfischer

Europäischer Zugvogel, überwintert an den Küsten Afrikas bis Südasiens, an der Nordseeküste ganzjährig.

Säbelschnäbler

Stochert im Schlick am Ufer nach Nahrung, in Europa (Wattenmeer) sowie Asien und Afrika verbreitet.

Knutt

Strandläufer, brütet in Nordamerika, Nordeuropa und Sibirien, überwintert in Südamerika, Afrika und Australien.

Rohrdommel Im Schilf an Gewässern lebender Reiher, brütet von Europa bis Nordasien, überwintert in Afrika und Ostasien.

Graureiher Auch Fischreiher genannt, sticht im Flachwasser nach Beute, in Europa, Asien und Afrika verbreitet.

Waldrapp Auch Schopfibis genannt, kahler Kopf, schwarzes Gefieder, lebt in Südeuropa und Nordafrika, stark gefährdete Art.

Löffler

Auch Löffelreiher genannt, sucht Nahrung in seichtem Wasser, lebt in Westeuropa, Nordafrika, Vorder- bis Ostasien.

Rosaflamingo

Seiht mit dem Schnabel Kleinlebewesen aus dem Wasser, kommt in Afrika, Asien und Südeuropa vor.

Weißstorch

Zugvogel, brütet in Europa, Nordafrika und Zentralasien, überwintert in Afrika südlich der Sahara.

Marabu

Vor allem Aas fressende Storchenart, brütet in Kolonien auf Bäumen oder Felsen, lebt in Afrika südlich der Sahara.

Kronenkranich

Schwarzgrauer Kranich mit hellgelber Federkrone, lebt in Zentralafrika südlich der Sahara, gefährdete Art.

Mandschurenkranich

Großer, schwarz-weißer Kranich mit roter Haube, lebt im nördlichen Ostasien, gefährdete Art.

Graugans

Pflanzenfressender Wasservogel, brütet von Westeuropa bis Nordasien, überwintert in Nordafrika bis Südasien.

Stockente

Anspruchsloser Wasservogel, kommt in Nordamerika, Europa, Asien vor, in Australien eingeschleppt.

Mandarinente

Ziervogel, nur das Männchen mit auffälligem Gefieder, stammt ursprünglich aus dem nördlichen Ostasien.

Haubentaucher

Jagt tauchend in Süßwasserseen, auffälliges Balzverhalten, lebt in Europa, Asien, Südafrika und Australien.

Höckerschwan

Gründelnder Wasservogel, in Zentralasien brütende Vögel überwintern im Süden, in Mitteleuropa ganzjährig.

Blässhuhn Schwarze Ralle mit weißem Schild („Blesse“) über dem Schnabel, lebt in Europa, Nordafrika, Asien, Australien.

Kiebitz Lebt in Feuchtwiesen an Gewässern, brütet in Europa und Asien, überwintert im Süden, in Mitteleuropa ganzjährig.

Fasan Hühnervogel, Hahn mit buntem Gefieder, ursprünglich in Asien heimisch, nach Europa und Nordamerika eingeführt.

Blauer Pfau

Männchen mit auffälligem Gefieder (Schleppe), stammt ursprünglich aus Südasien, kommt weltweit vor.

Bankivahuhn

Wilde Stammform des Haushuhns, Hahn mit großem Kamm und buntem Gefieder, lebt in Süd- und Südostasien.

Helmperlhuhn

„Helm" auf dem kahlen Kopf, weiße Punkte auf schwarzem Gefieder, lebt in Afrika südlich der Sahara.

Auerhuhn

Größter Hühnervogel Europas, Hahn mit dunklen Gefieder, lebt in Mittel- und Nordeuropa bis Sibirien.

Rennkuckuck

Kleiner Kuckuck, zieht seinen Nachwuchs selbst groß, lebt in Wüstengebieten Mittel- und Nordamerikas.

Kuckuck

Lässt seinen Nachwuchs von anderen Vögel aufziehen, lebt in Europa und Asien, überwintert im südlichen Afrika.

Felsentaube Stammform der Haustaube, nistet in Felshöhlen und -spalten, lebt im Mittelmeerraum (Europa, Asien, Afrika).

Fächertaube Krontaube mit blaugrauem Gefieder, lebt in Neuguinea, potenziell gefährdete Art.

Hoatzin Auch Stinkvogel genannter Pflanzenfresser, lebt in Regenwäldern des nördlichen Südamerikas.

Kea Auch Bergpapagei genannt, vorwiegend grünes Gefieder, lebt in Neuseeland, vom Aussterben bedrohte Art.

Gelbhaubenkakadu Papagei mit weißem Gefieder und gelber Haube, lebt in Australien.

Wellensittich Hellgrünes Gefieder, als Haustier auch blau-weiß, lebt oft in großen Schwärmen in Australien.

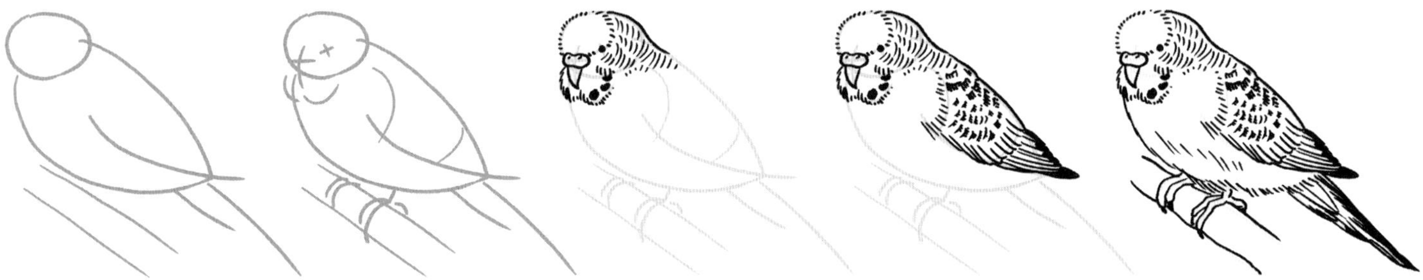

Kakapo Nachtaktiver Eulenpapagei mit grünem Gefieder, lebt in Neuseeland, vom Aussterben bedrohte Art.

Hellroter Ara — Flügel, Rücken und Schwanzfedern teilweise blau gefärbt, gelber Fleck auf den Flügeln, lebt in Südamerika.

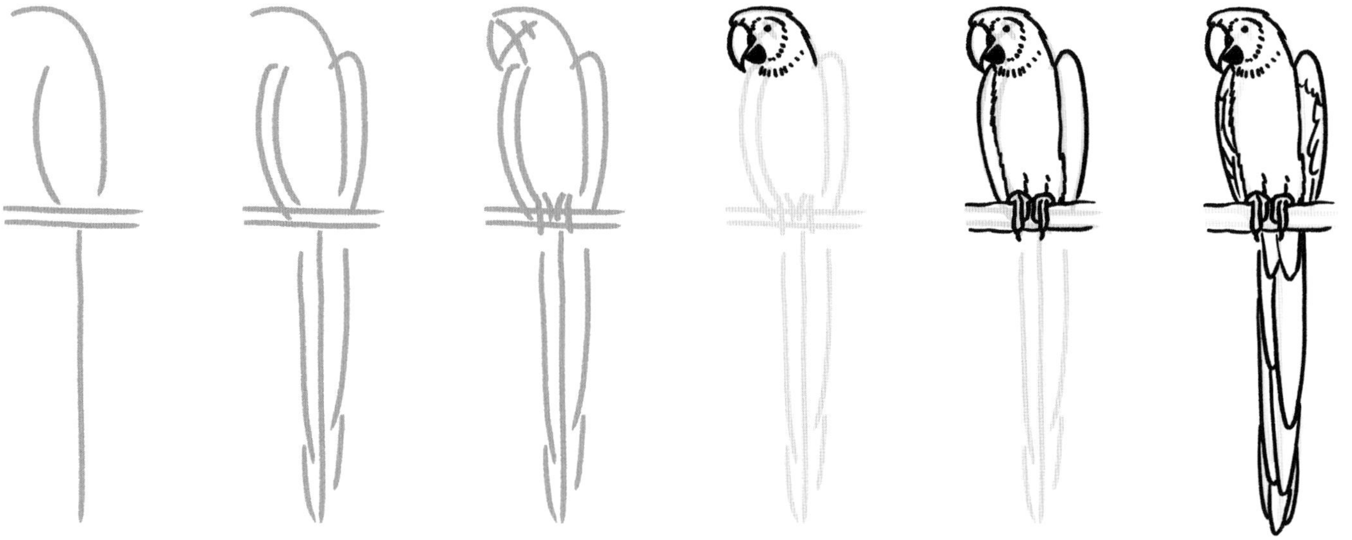

Quetzal — Vorwiegend grün und rot gefärbter Fruchtfresser, lebt in Mittelamerika, potenziell gefährdete Art.

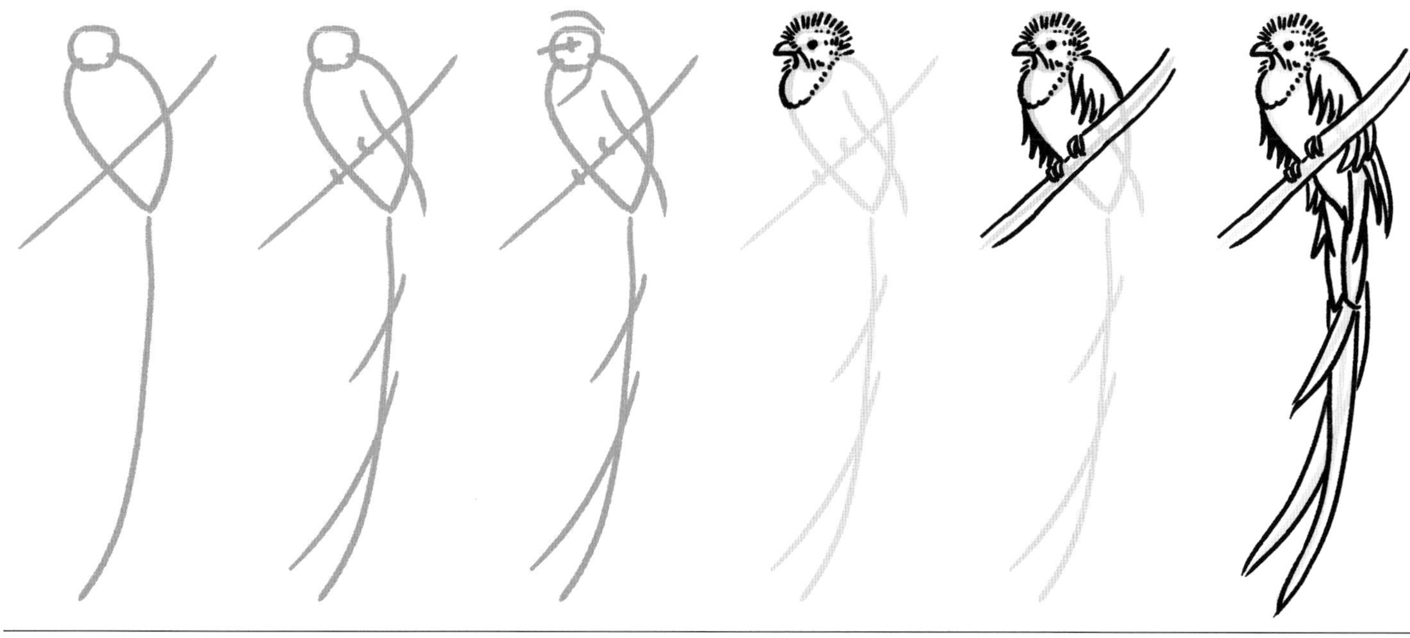

Kleiner Paradiesvogel — Männchen mit schwarzem Gefieder und weißen sowie gelben Schwanzfedern, lebt auf Neuguinea.

Andenfelsenhahn

Leuchtend roter Vogel mit schwarzen Flügeln und Schwanz, lebt in Wäldern in den Anden (Südamerika).

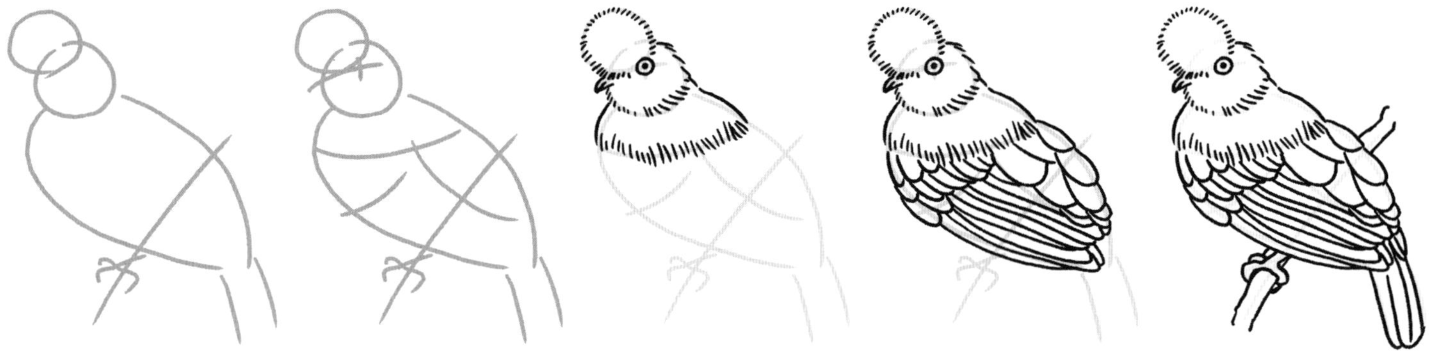

Rubinkehlkolibri

Nur 3 Gramm leichter Vogel, kann in der Luft „stehen“, ernährt sich von Nektar, lebt in Nordamerika.

Wiedehopf

Ernährt sich vorwiegend von Insekten, kommt in Europa, Asien und Afrika vor, in Europa gefährdet.

Eisvogel

Rote Brust und blauer Rücken, ernährt sich vor allem von Fischen, kommt in Europa, Asien und Nordafrika vor.

Bienenfresser

Bunt gefiedert (gelb, rot, blau), jagt fliegende Insekten, brütet in Kolonien, lebt in Nordafrika, Europa, Asien.

Kookaburra

Auch Jägerliest oder Lachender Hans genannt, lebt in Australien, in Neuseeland eingeführt.

Doppelhornvogel

Früchte, aber auch Kleinlebewesen fressender, großer Nashornvogel, lebt in Südostasien, gefährdete Art.

Riesentukan

Spechtvogel mit orange-gelbem Schnabel, frisst Früchte und Kleinlebewesen, lebt in Wäldern Südamerikas.

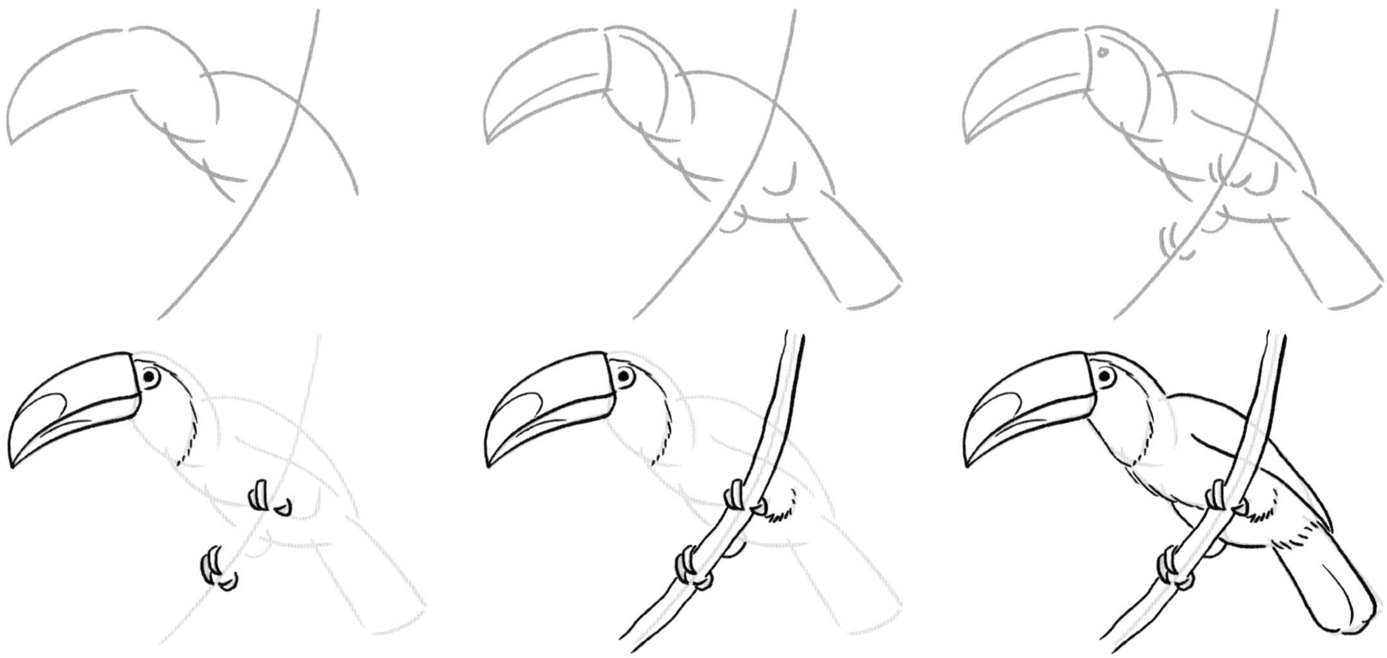

Buntspecht

Zimmert mit dem Schnabel eine Bruthöhle in Bäume, kommt von Westeuropa bis Ostasien vor.

Helmspecht

Schwarz-weißer Specht mit roter Federhaube, zimmert Höhlen in Bäume, lebt im nördlichen Nordamerika.

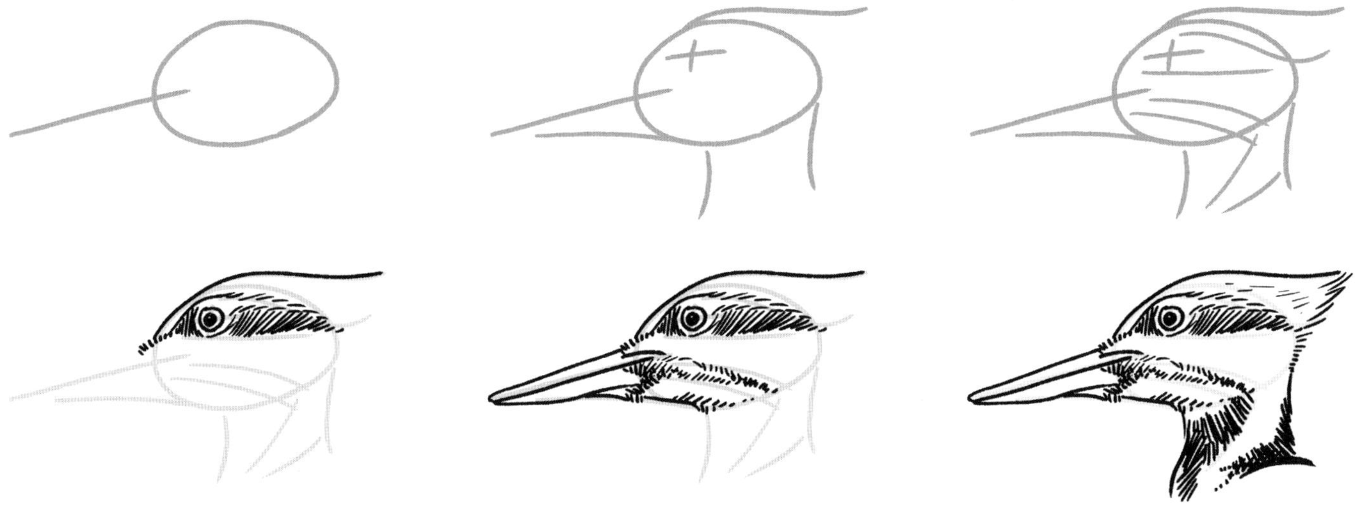

Mauersegler

Langstreckenzugvogel mit kurzem Schwanz (keine Schwalbe), brütet in Europa und Asien, überwintert in Afrika.

Rauchschwalbe

Zugvogel, brütet in Nordamerika, Europa und Asien, überwintert in Südamerika, Afrika und Südasien.

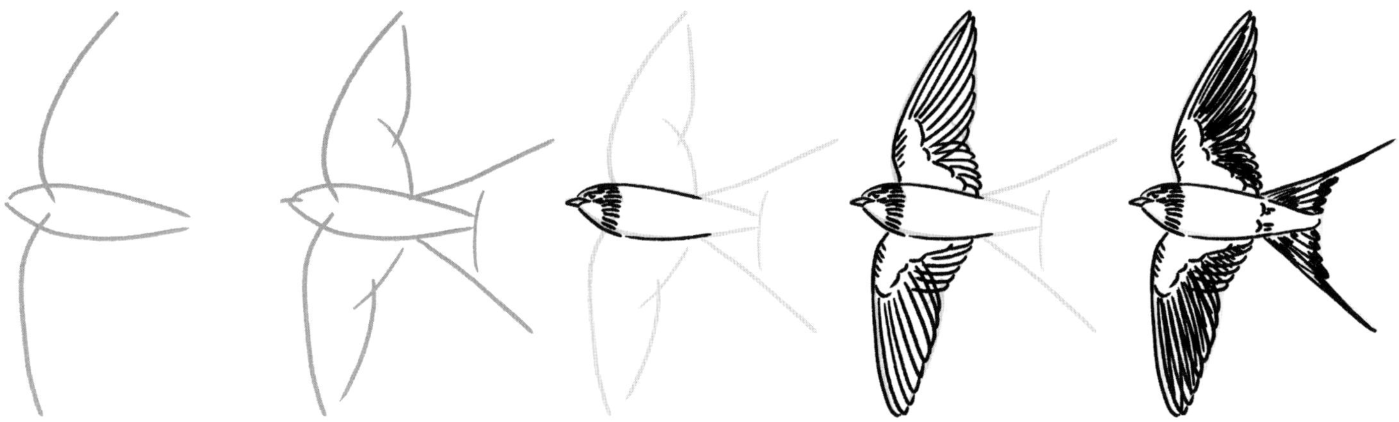

Dompfaff Auch Gimpel genannt, Wälder bewohnender Fink, lebt in Europa und Asien, überwintert in südlichen Regionen.

Blaumeise Gelber Bauch, weißer Kopf mit blauer Haube, grün und blau gefärbte Flügel, lebt in Parks und Wäldern Europas.

Schwanzmeise Balanciert im Geäst mit ihrem langen Schwanz, kommt von Westeuropa bis Ostasien vor.

Haussperling
Auch Spatz oder Hausspatz genannt, lebt in der Nähe des Menschen, kommt fast weltweit vor.

Rotkehlchen
Weitgehend graues Gefieder mit orangeroter Kehle und Brust, lebt in Europa, Nordafrika und Vorderasien.

Rotkardinal
Rötliches bis leuchtend rotes Gefieder mit aufstellbarer Haube, lebt in Nordamerika.

Zaunkönig Auch Schneekönig genannter kleiner Vogel, frisst vor allem Insekten, lebt in Europa und Ostasien.

Amsel Auch Schwarzdrossel genannt, frisst Insekten und Würmer, lebt vor allem in Europa, nach Australien eingeschleppt.

Pirol Männchen mit leuchtend gelbem Gefieder, lebt in Europa und Westasien, überwintert teilweise in Südafrika.

Blauhäher

Blau-schwarz-weißes Gefieder mit blauem Rücken, lebt im östlichen Nordamerika.

Saatkrähe

Schwarzer Rabenvogel, lebt auf Äckern und Wiesen in Europa, Tiere im Osten überwintern in wärmeren Regionen.

Elster

Rabenvogel mit auffälligem schwarz-weißen Gefieder, kommt von Westeuropa bis Ostasien vor.

Schleiereule Nachtaktive Eule mit hellem Gefieder und herzförmigem Gesicht, lebt in Europa und dem südlichen Afrika.

Waldohreule Lebt und brütet in Nordamerika, Europa, Asien, überwintert dort teilweise in den südlicheren Regionen.

Uhu Bis 1,70 m Flügelspannweite, lebt in Gebirgsregionen Europas und Asiens, in Deutschland geschützte Art.

Steinkauz Auch nur Kauz genannt, kleine, kurzschwänzige Eule, kommt von Europa bis Ostasien und in Nordafrika vor.

Andenkondor Geier mit etwa 3 m Flügelspannweite, lebt im Westen Südamerikas (Anden), gefährdete Art.

Sekretär Großer, langbeiniger Greifvogel, lebt in offenen Landschaften Afrikas südlich der Sahara, stark gefährdete Art.

Steinadler Jagt im Flug andere Vögel und kleinere Säugetiere, lebt in Nordamerika, Nordeuropa und Asien.

Habicht Mittelgroßer Greifvogel, jagt im Flug kleinere Vögel und Säugetiere, lebt in Wäldern Europas und Asiens.

Wanderfalke Weißer Bauch, graublaue Oberseite, wird beim Jagdflug über 300 km/h schnell, nahezu weltweit verbreitet.

Galapagos-Riesenschildkröte

Grasfresser, wird über 100 Jahre alt, lebt auf den Galapagos-Inseln, gefährdet.

Griechische Landschildkröte

Oft als Haustier gehaltene Landschildkröte, lebt in Griechenland, wilde Art ist gefährdet.

Europäische Sumpfschildkröte

Fleischfresser, lebt in Gewässern in Westeuropa bis zum Ural, potenziell gefährdet.

Geierschildkröte

Eine der größten Süßwasserschildkröten (bis zu 100 kg schwer), lebt in Nordamerika, gefährdete Art.

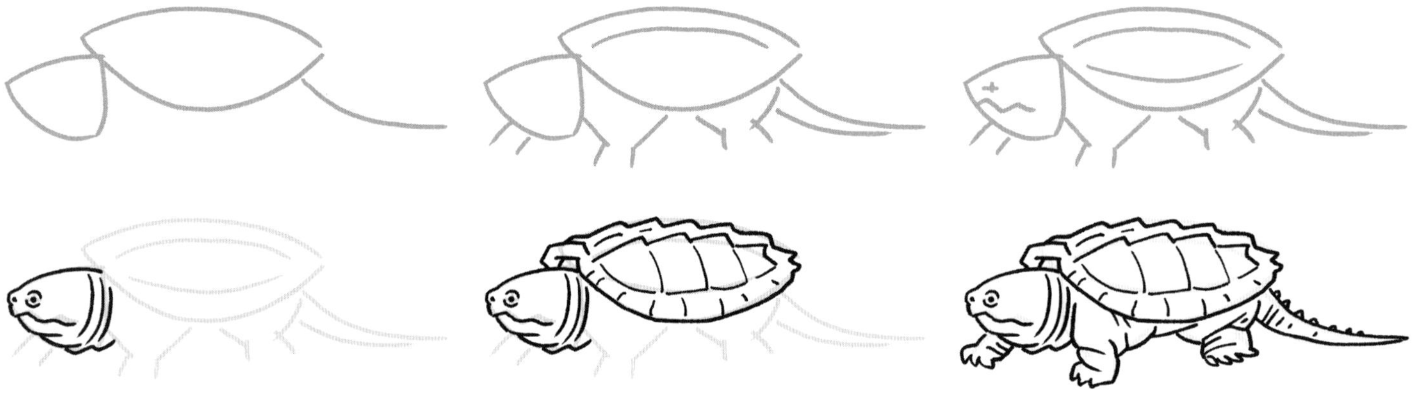

Dornrand-Weichschildkröte

Fleischfressende Süßwasserschildkröte, bis 40 cm lang, lebt in Nord- und Mittelamerika.

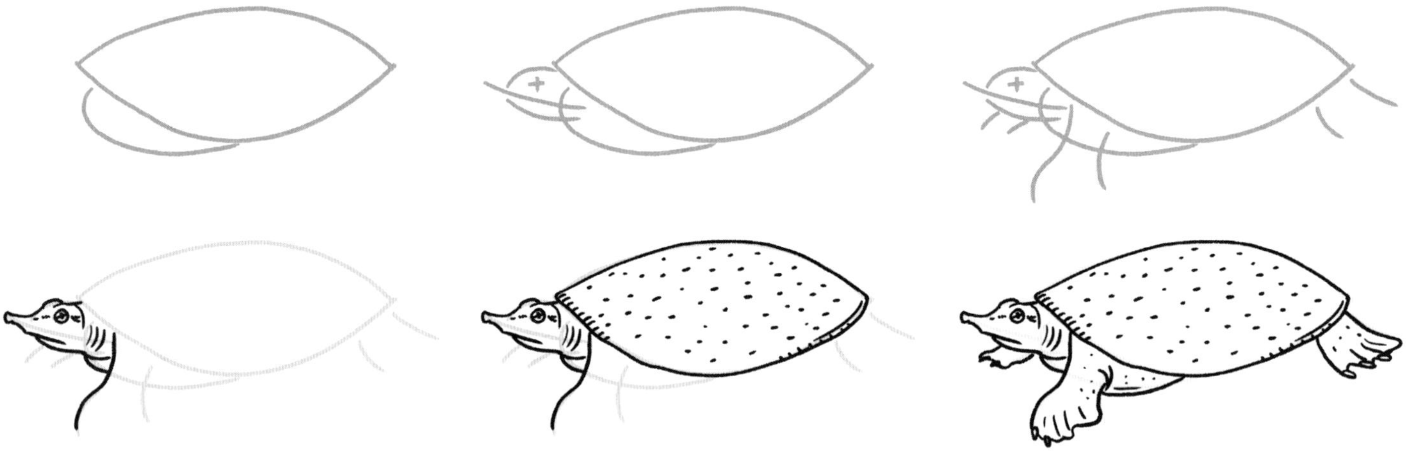

Lederschildkröte

Größte Schildkröte (bis 2,5 m lang), lebt in den Weltmeeren um den Äquator, gefährdete Art.

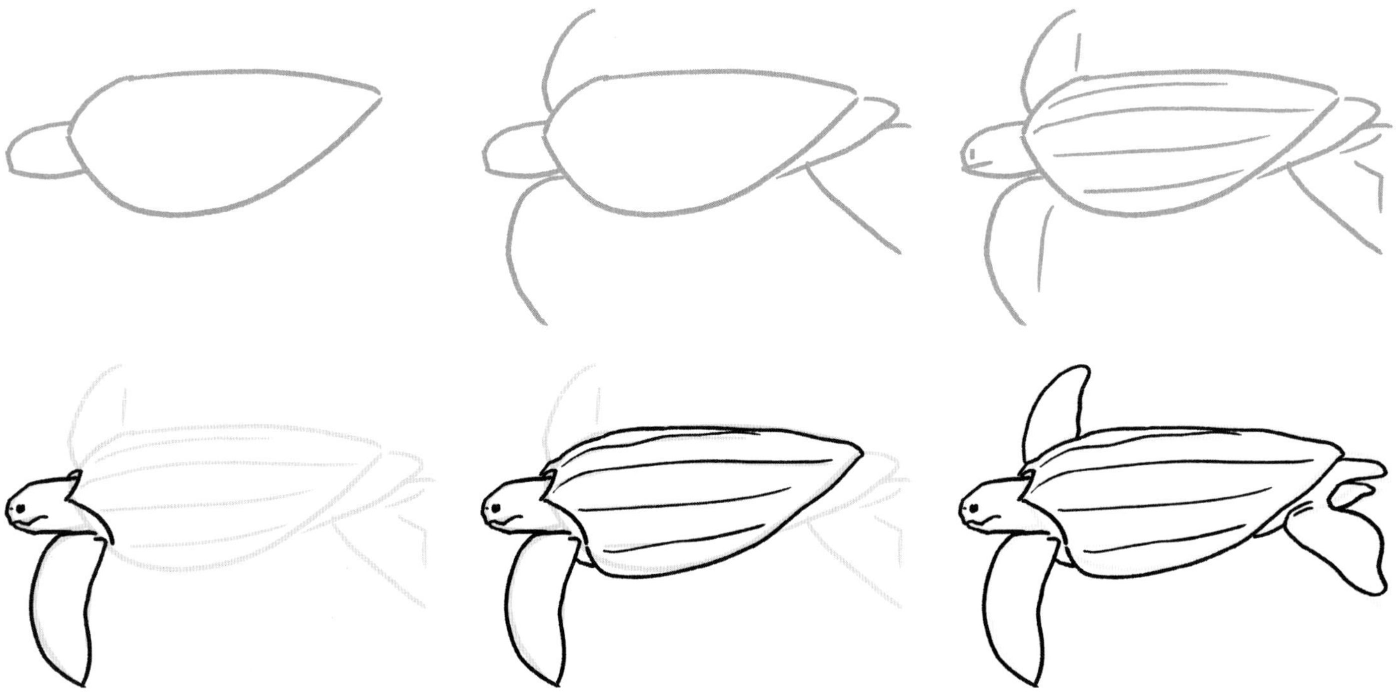

Grüne Meeresschildkröte

Wird bis zu 40 Jahre alt, lebt in den Weltmeeren um den Äquator, stark gefährdete Art.

Nilkrokodil

Frisst Fische, aber auch größere Säugetiere, lebt in Gewässern in ganz Afrika südlich der Sahara.

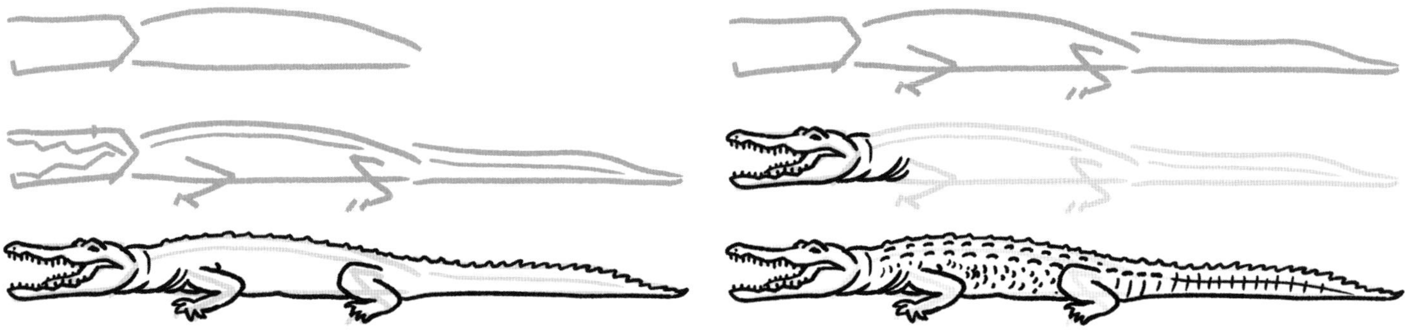

Gangesgavial

Krokodilart mit langer, schmaler Schnauze, lebt in Nepal und Nordindien, vom Aussterben bedrohte Art.

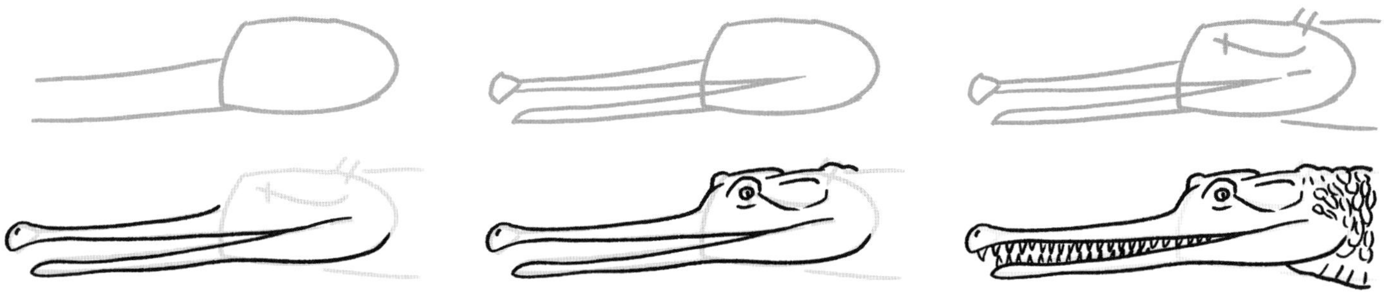

Brillenkaiman

Frisst Fische, kleine Tiere, auch Vögel, kann bis zu 100 Jahre alte werden, lebt in Gewässern in Südamerika.

Brückenechse

Auch Tuatara genannt, sogenanntes lebendes Fossil (150 Mio. Jahre alte Art), lebt in Neuseeland.

Meerechse

Schwarzer Leguan, einzige Echse, die im Meer weidet, lebt auf den Galapagos-Inseln, gefährdete Art.

Grüner Leguan

Pflanzenfressender Baumbewohner, aber auch guter Schwimmer, lebt in Wäldern in Mittel- und Südamerika.

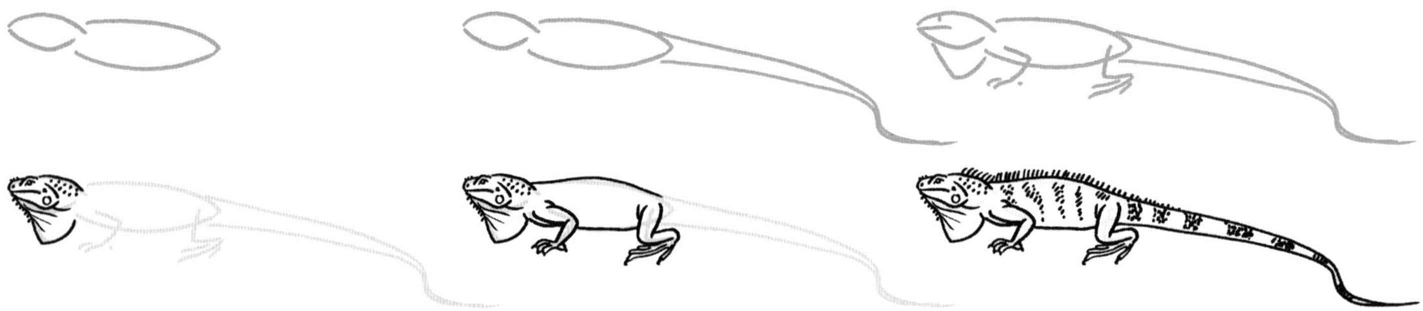

Nordafrikanische Dornschwanzagame

Pflanzenfresser, lebt in trockenen Gebieten Nordafrikas, potenziell gefährdet.

Helmbasilisk Frisst Insekten, Frösche, Fische und Pflanzen, lebt in Wäldern an Gewässern in Mittelamerika.

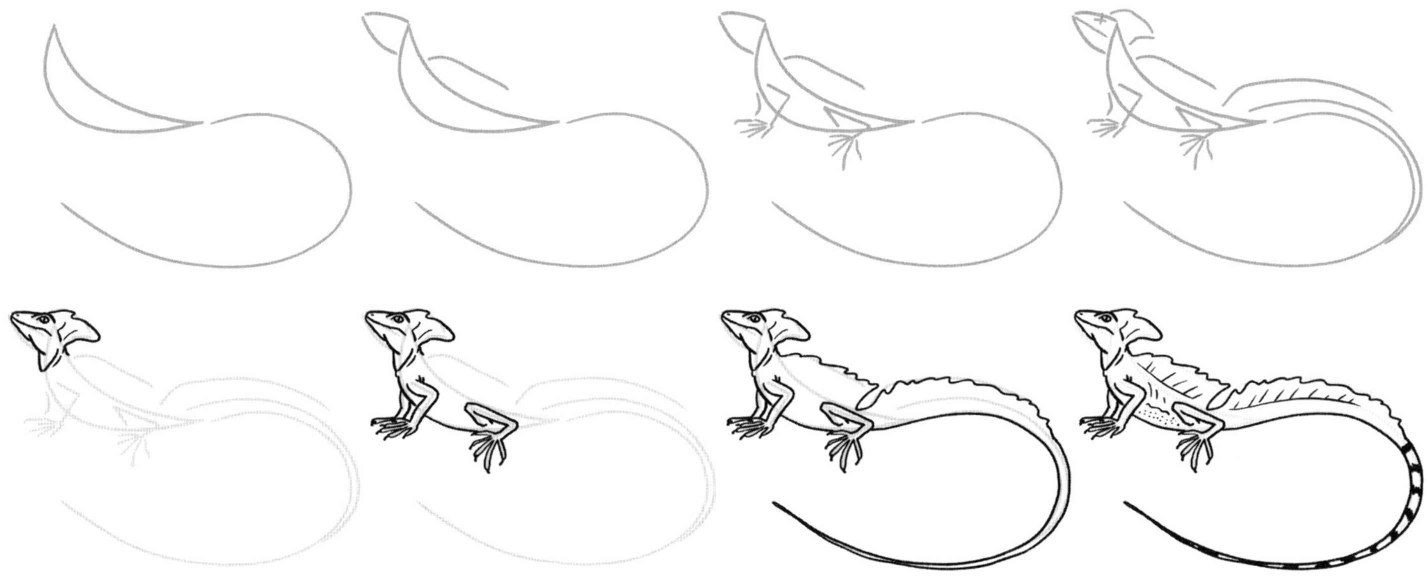

Kragenechse Jagt Spinnen und Insekten, stellt seine bunte Kragenhaut bei Bedrohung auf, lebt in Australien und Neuguinea.

Gemeiner Flugdrache Kann mit seinen Flughäuten mehrere Meter von Baum zu Baum gleiten, lebt in Wäldern Indonesiens.

Lappenchamäleon

Grüne bis braune Haut, bei Stress mit Punktzeichnung, lebt in Savannen in Afrika südlich der Sahara.

Dreihornchamäleon

Nur die Männchen haben drei Hörner, lebt in feuchten Wäldern im östlichen Zentralafrika.

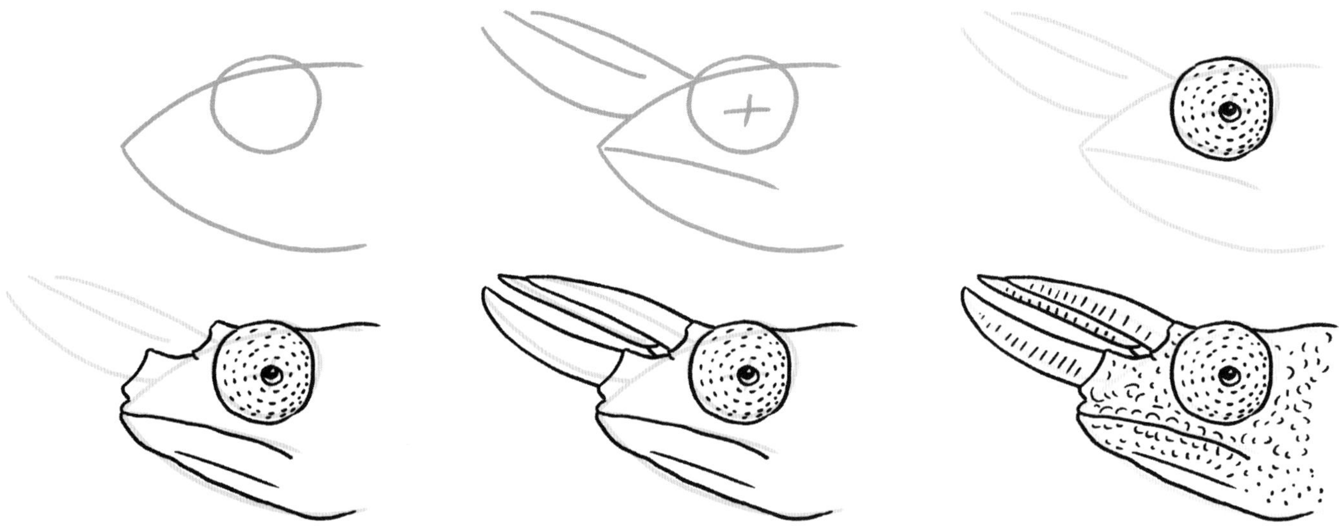

Europäischer Halbfinger

Auch Türkischer Halbfingergecko genannter Insektenfresser, lebt rund ums Mittelmeer.

Komodowaran

Gesamtlänge bis zu 2,5 m, jagt kleine und mittelgroße Wirbeltiere, lebt in Indonesien, gefährdete Art.

Mauereidechse

Insektenfresser, Gesamtlänge etwa 25 cm, lebt in Felsen- und Mauerspalten in Mittel- und Südeuropa.

Apothekerskink

Auch Sandfisch genannter Insektenfresser, „schwimmt“ im Wüstensand, lebt in Nordafrika und Arabien.

Blindschleiche

Beinlose Echse (keine Schlange), frisst Würmer und Insekten, überwintert in Kältestarre, lebt in Europa.

Dreiecksnatter

Auch Rote Königsnatter genannt, rot mit schwarz-weißen Bändern, ungiftig, lebt Nord- und Mittelamerika.

Brillenschlange

Auch Kobra genannt, mit Brillenzeichnung auf der Rückseite des Halsschildes, tödlich giftig, lebt in Südasien.

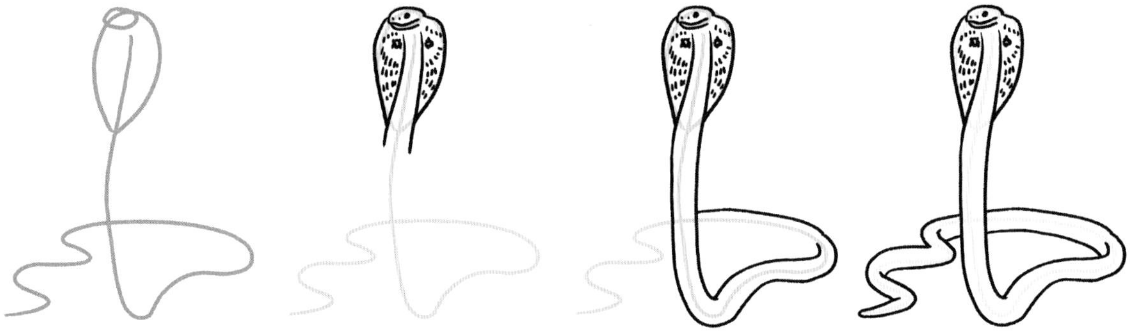

Grüner Baumpython

Lauert im Geäst auf Beute (kleine Säugetiere, Echsen, Vögel), lebt in Australien und Neuguinea.

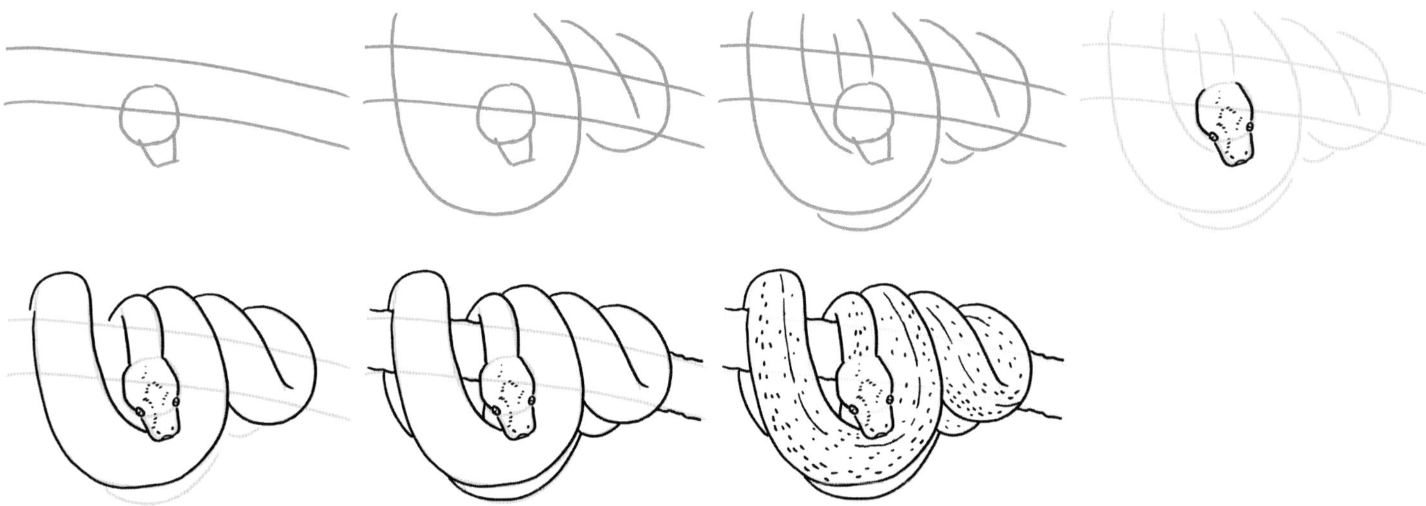

Abgottschlange

Auch Königsboa genannt, schlingt sich um Beutetiere und erstickt sie, lebt im nördlichen Südamerika.

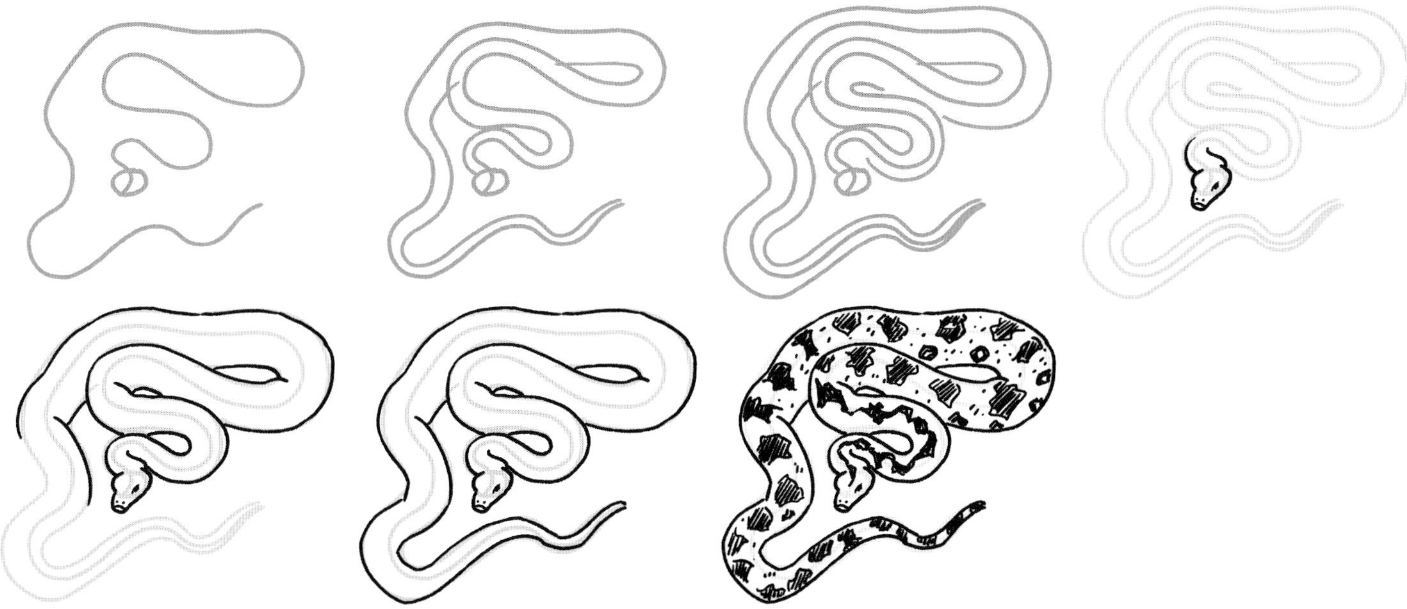

Wüsten-Hornviper

Nachtaktive, sandfarbene Giftschlange, lebt in den Sand- und Steinwüsten Nordafrikas und Arabiens.

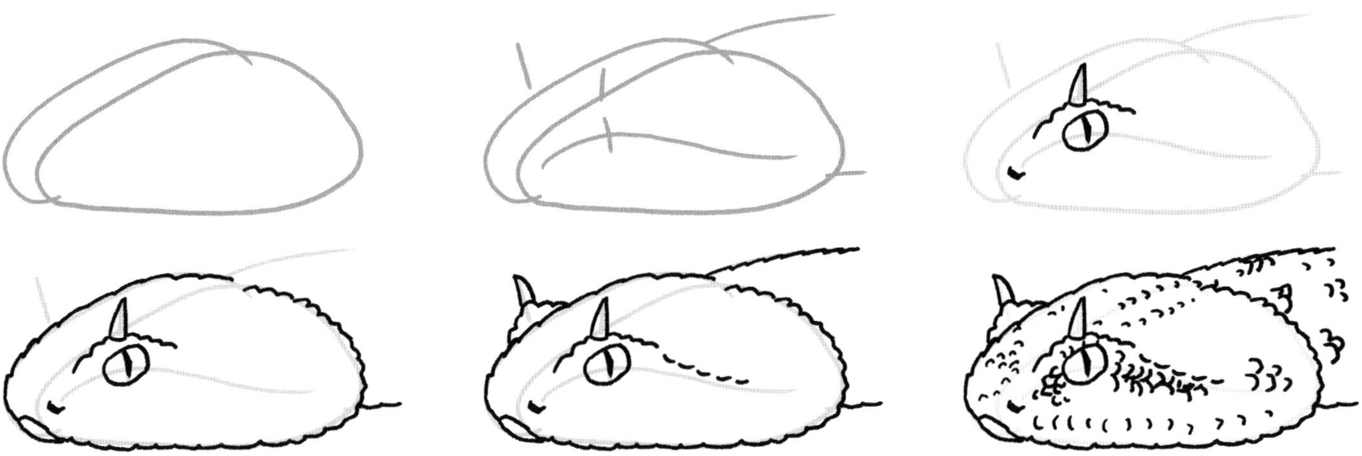

Rote Diamant-Klapperschlange

Giftig, lebt in Wüsten an der südlichen Westküste Nordamerikas.

Feuersalamander

Schwarz mit gelben Flecken und Streifen, giftiges Hautsekret, lebt in Wäldern an Bächen in Europa.

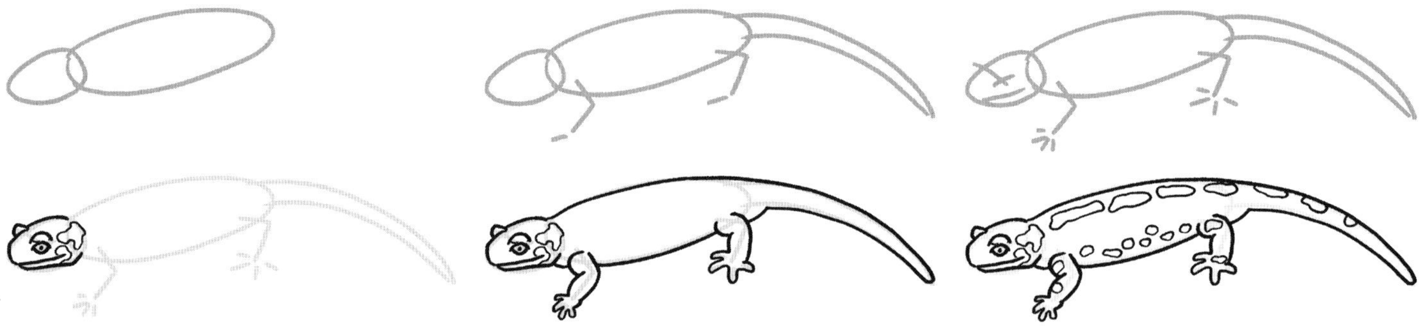

Japanischer Riesensalamander

Lauert am Grund von fließenden Gewässern auf Beute, lebt in Japan, gefährdete Art.

Axolotl

Schwanzlurch mit sechs Kiemenästen am Kopf, lebt nur in zwei Seen in Mexiko, vom Aussterben bedrohte Art.

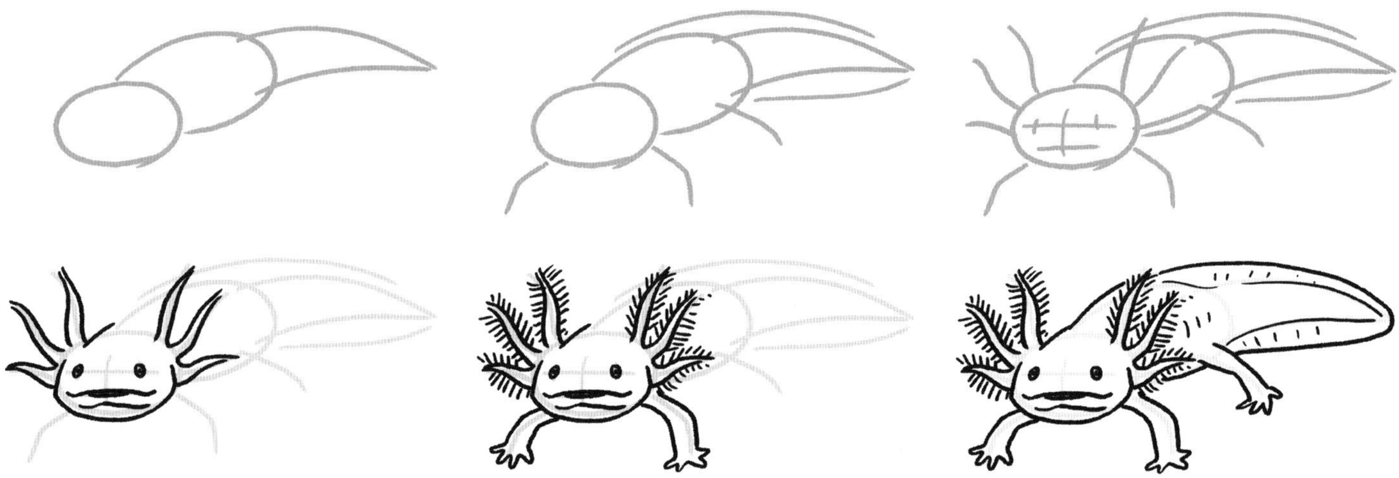

Grottenolm

In Höhlengewässern lebender, blinder Schwanzlurch, lebt in Südosteuropa (an der Adria), gefährdete Art.

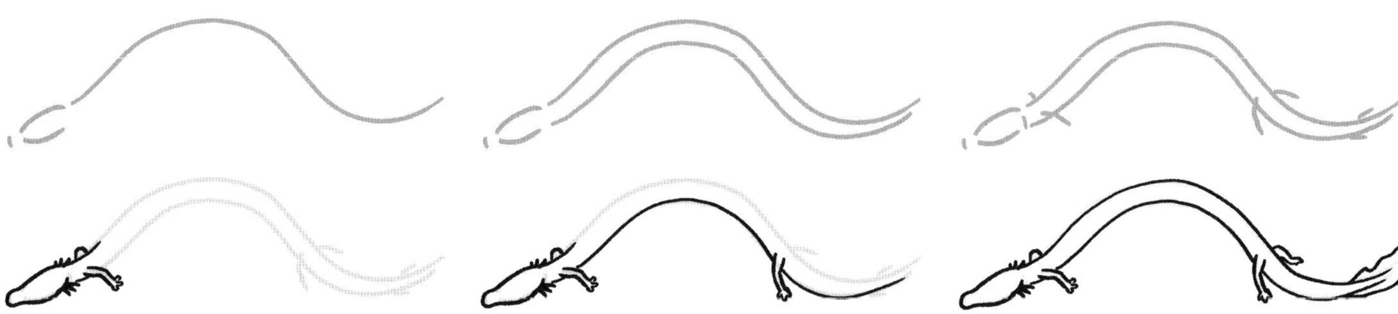

Alpen-Kammmolch

Frisst Würmer und Insekten, lebt in und an Gewässern südlich der Alpen (Italien), gefährdete Art.

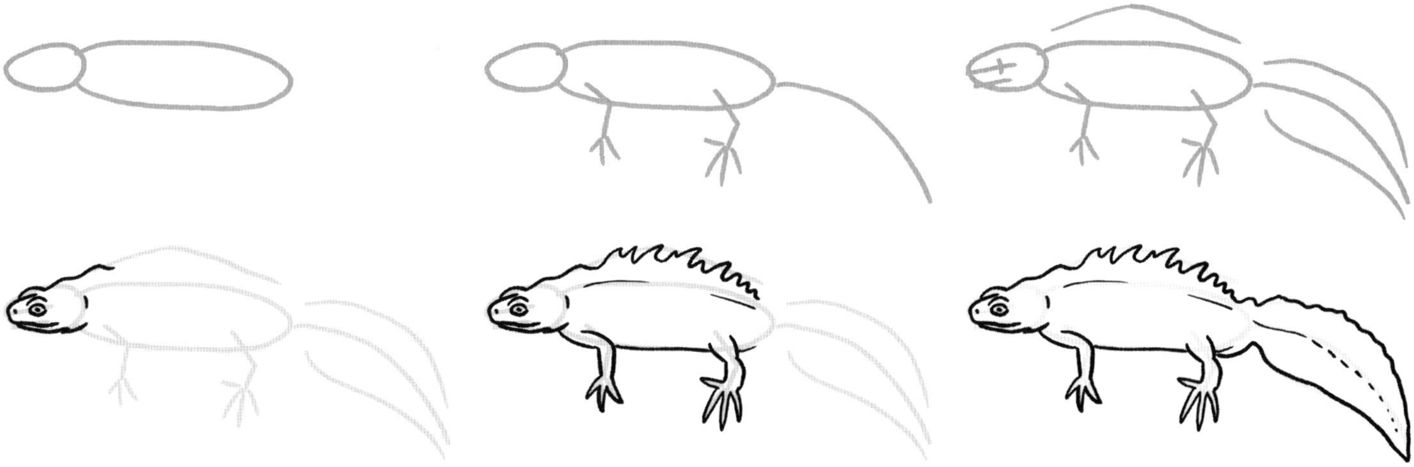

Rotbauchunke

Auch Feuerkröte genannt, etwa 4 cm groß, orangerote Flecken auf dem Bauch, lebt in Mittel- und Osteuropa.

Europäischer Laubfrosch

Leuchtend grüner Rücken, heller Bauch unter dunklem Streifen, lebt in West- und Mitteleuropa.

Afrikanischer Ochsenfrosch

Wird über 20 cm lang und 1 kg schwer, lebt in Savannen Ost- und Südafrikas.

Blauer Baumsteiger

Auch Blauer Pfeilgiftfrosch genannt, giftiges Hautsekret, lebt in Südamerika, gefährdet.

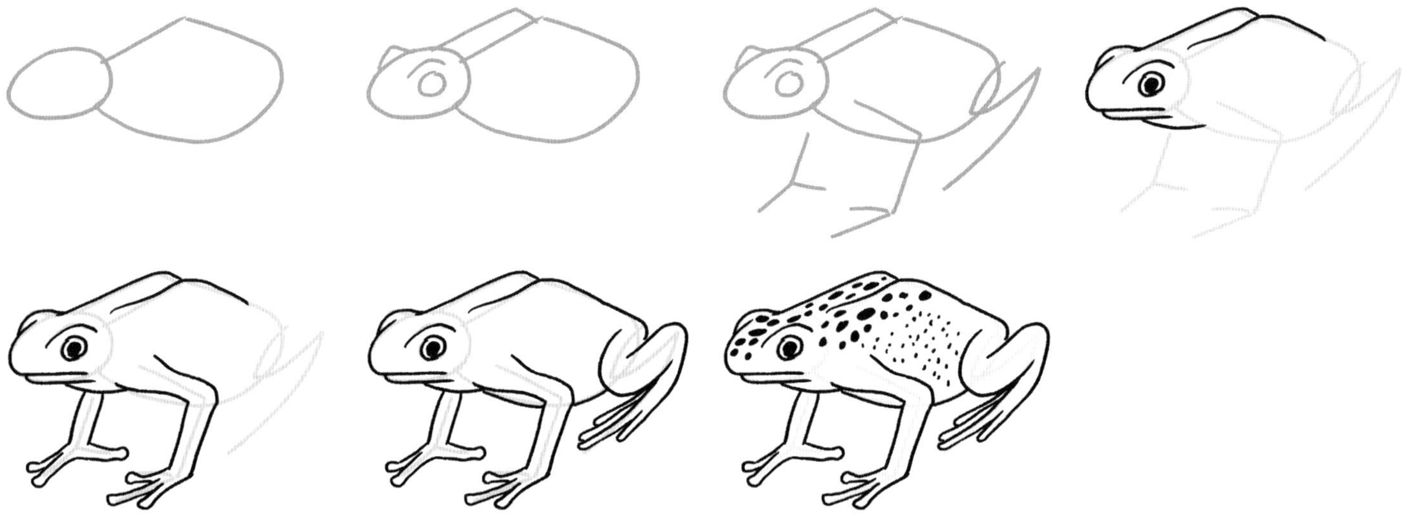

Wallace-Flugfrosch

Kann mit Flughäuten zwischen den Zehen weite Strecken segeln, lebt in Südostasien und Indonesien.

Gemalter Hornfrosch

Gräbt sich ein und lauert auf Beute (Insekten, Kleintiere, Jungvögel), lebt in Südamerika.

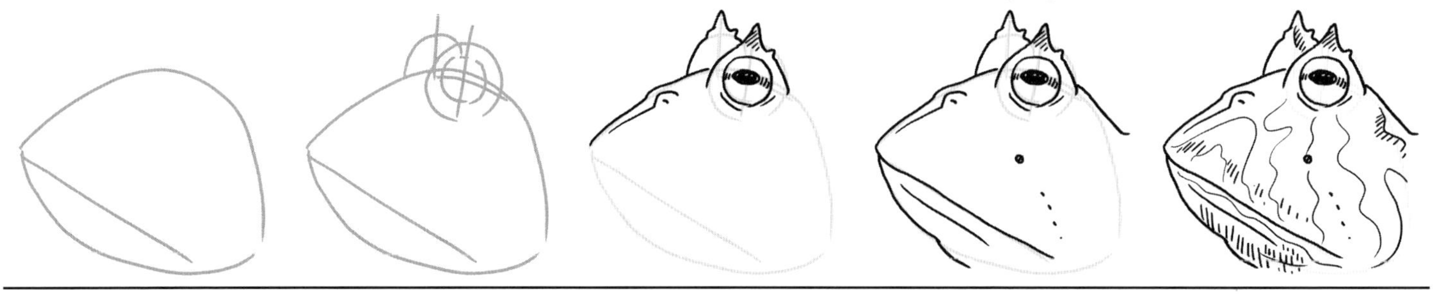

Meerneunauge

Wirbeltier (kein Fisch) mit Saugmund, lebt an den Küsten und in Flüssen Nordamerikas und Europas.

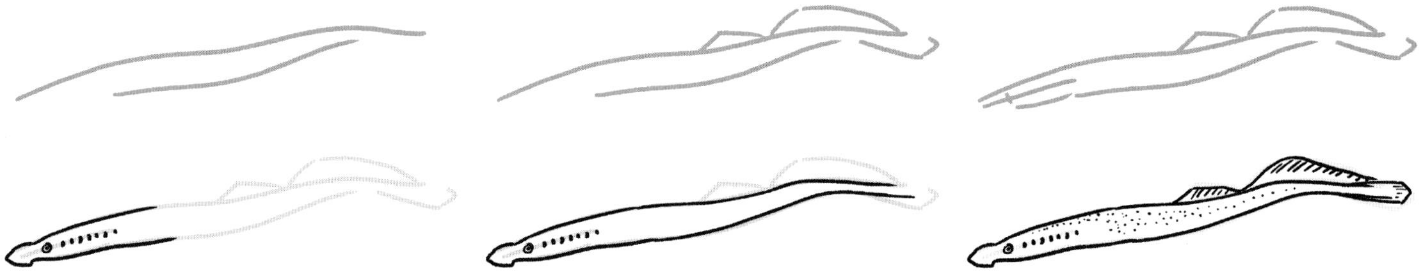

Walhai

Größter Fisch, filtriert Kleinlebewesen aus dem Wasser, lebt in den Meeren um den Äquator, gefährdete Art.

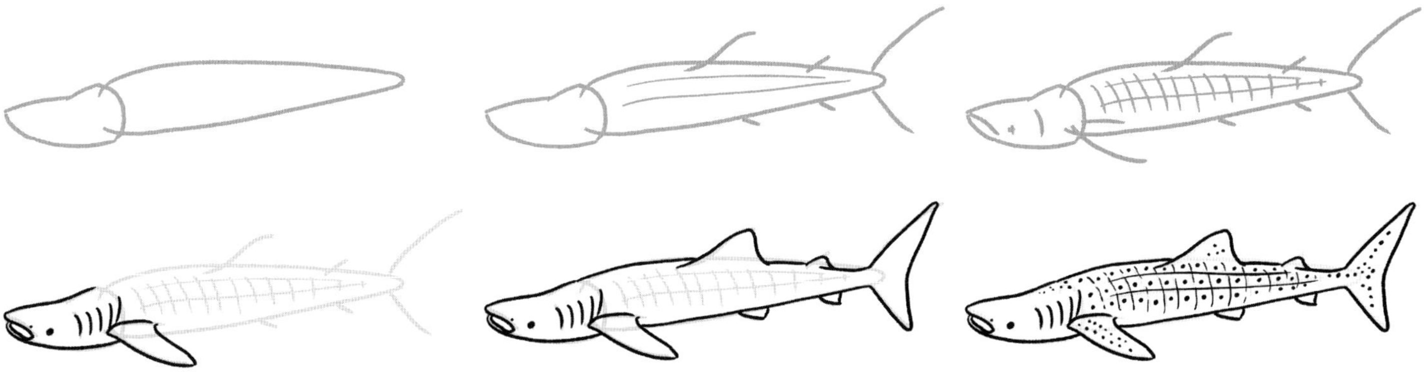

Großer Hammerhai

Einzelgänger, lebt in Küstennähe in den Meeren um den Äquator, vom Aussterben bedrohte Art.

Weißer Hai

Weißer Bauch, dunkler, braungrauer Rücken, nahezu weltweit verbreitet, potenziell gefährdete Art.

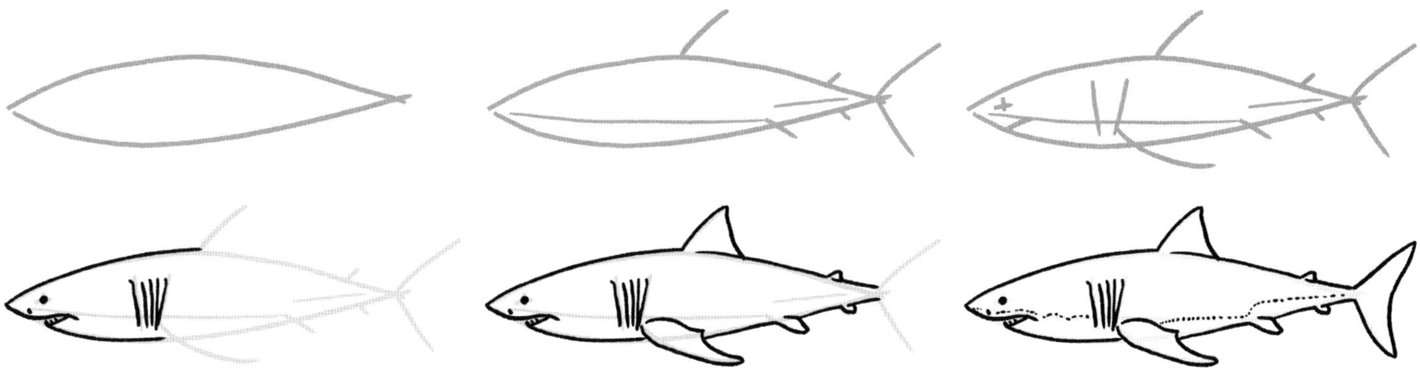

Blauhai Intensiv blauer Rücken, weißer Bauch, jagt Schwarmfische, nahezu weltweit verbreitet, potenziell gefährdete Art.

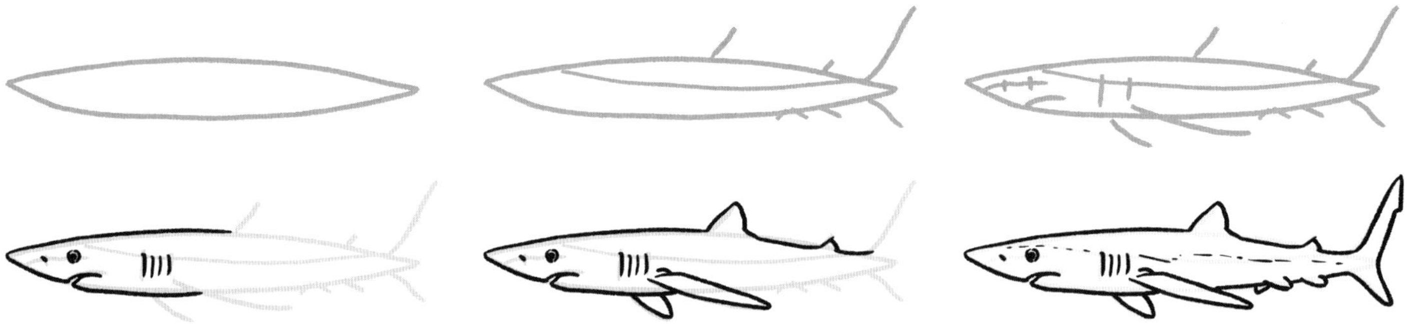

Kleingefleckter Katzenhai Kleiner Eier legender Hai, lebt im Mittelmeer, der Nordsee und vor der Westküste Afrikas.

Japanischer Sägehai Seitliche Zähne an der sägeartigen Nase, lebt am Meeresboden um Japan und vor Südchina.

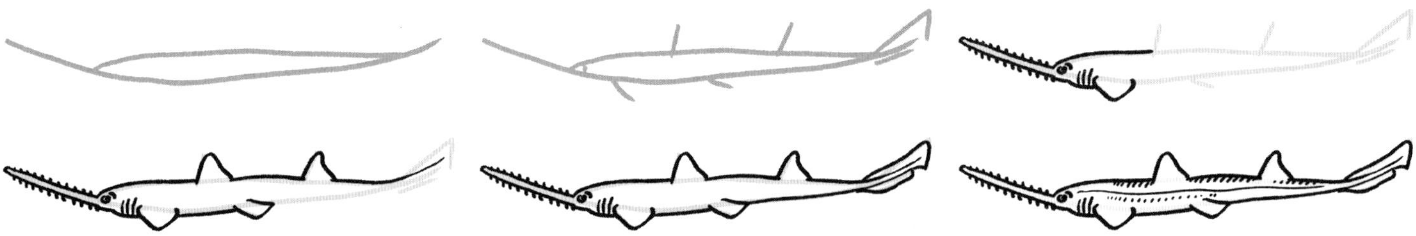

Gewöhnlicher Stechrochen Lebt am Meeresboden im nordöstlichen Atlantik und im Mittelmeer, potenziell gefährdet.

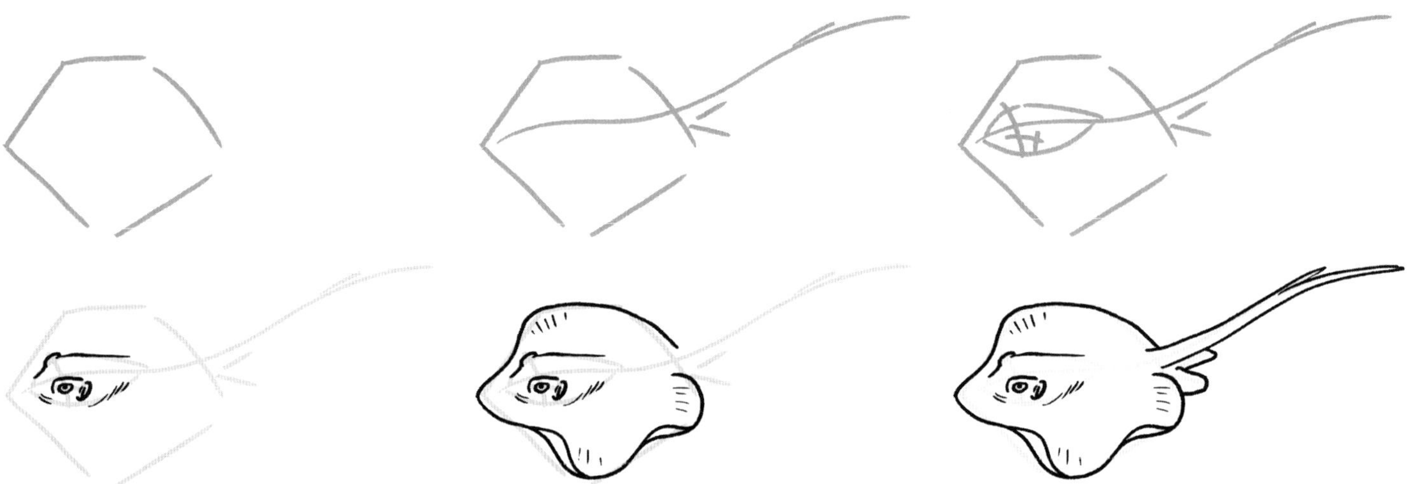

Riesenmanta

Wegen der Kopfflossen auch Teufelsrochen genannt, lebt in den Meeren um den Äquator, gefährdete Art.

Quastenflosser

„Lebendes Fossil“, mit den Vorfahren der ersten Landtiere verwandt, lebt vor Madagaskar und Indonesien.

Sibirischer Stör

Wird etwa 60 Jahre alt, lebt in Flüssen und Seen Nordostasiens, vom Aussterben bedrohte Art.

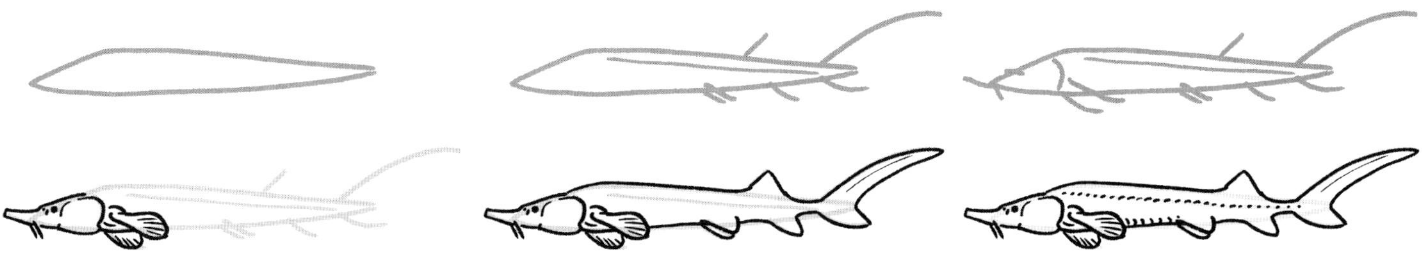

Arapaima

Kann über 2 m lang werden, frisst Fische, kleine Säugetiere und Vögel, lebt in Flüssen des nördlichen Südamerikas.

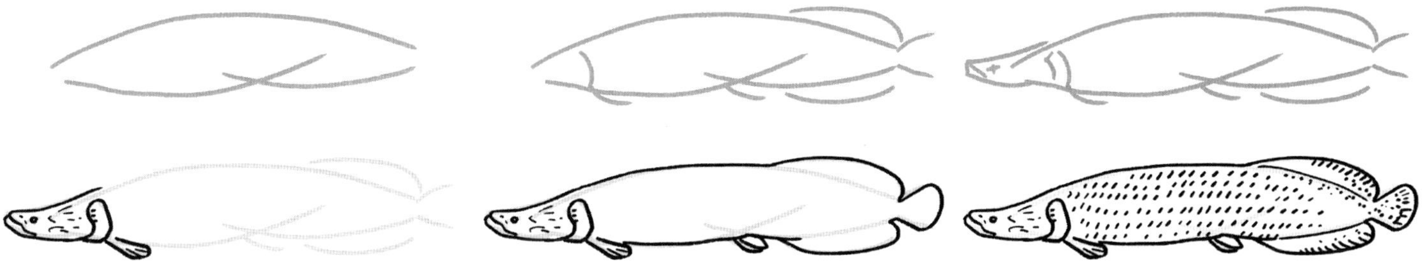

Atlantischer Tarpun

Wird bis 2,5 m groß, lebt vor den Atlantikküsten um den Äquator, potenziell gefährdete Art.

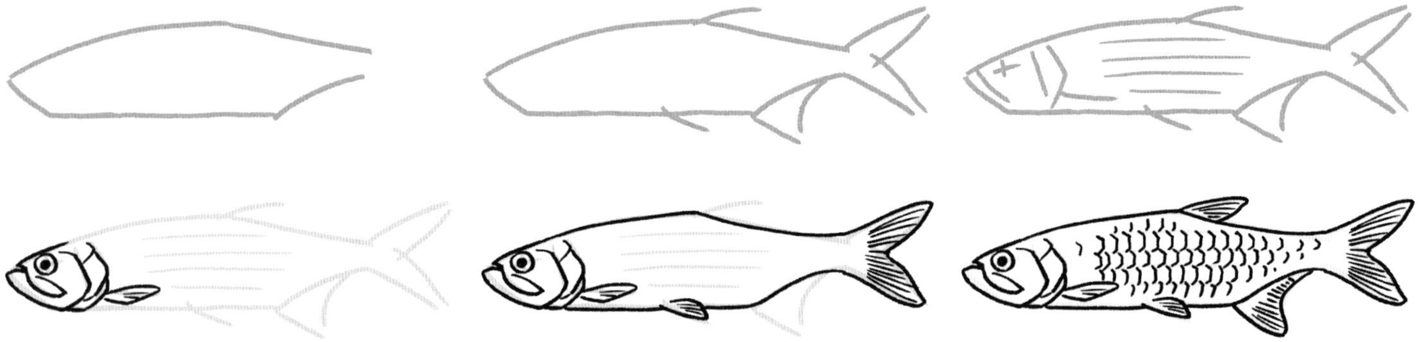

Atlantischer Hering

Bedeutender Speisefisch, der industriell gefangen wird, kommt im Nordatlantik bis zur Arktis vor.

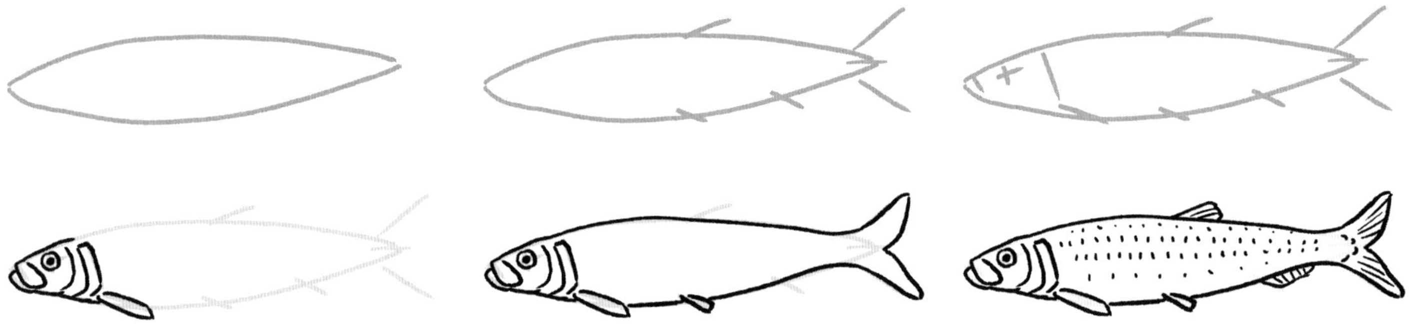

Europäischer Aal

Laicht in der Sargassosee (Karibik), lebt in Flüssen Europas und Nordafrikas, vom Aussterben bedroht.

Riesenmuräne

In den Höhlen eines Korallenriffs lauernder Räuber, lebt in Küstennähe in den Meeren um den Äquator.

Hecht

Aggressiver Räuber, frisst Fische und kleine Wasservögel, lebt in Gewässern Nordamerikas, -europas und -asiens.

Atlantischer Lachs

Lebt im Nordatlantik, laicht in den Flüssen Nordamerikas und -europas, potenziell gefährdet.

Roter Piranha

Lebt und jagt im Schwarm, erbeutet so auch größere Tiere, lebt in den Flüssen des nördlichen Südamerikas.

Spiegelkarpfen

Zuchtfisch (Speisefisch), bis auf wenige Schuppen weitgehend schuppenlos, weltweit verbreitet.

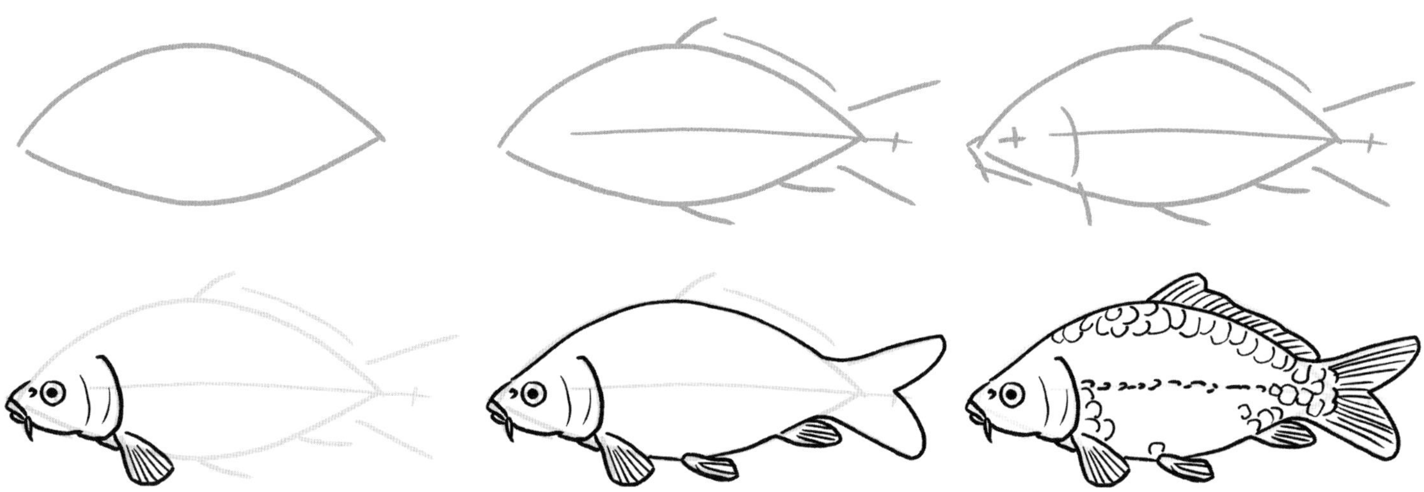

Graskarpfen

Wird bis 1,5 m lang, lebt in wärmeren Flüssen und Seen Europas und Asiens, stammt ursprünglich aus China.

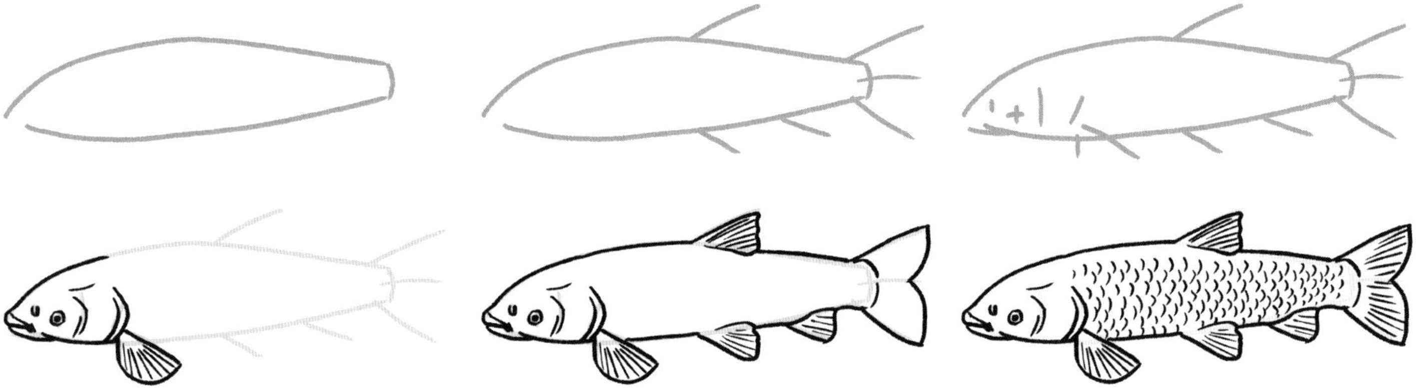

Schleierschwanz

Beliebte Zuchtform des Goldfisches, empfindlich gegenüber Kälte, wird weltweit in Aquarien gehalten.

Europäischer Wels

Auch Waller genannt, in stehenden Gewässern lebender Räuber, größter Süßwasserfisch Europas.

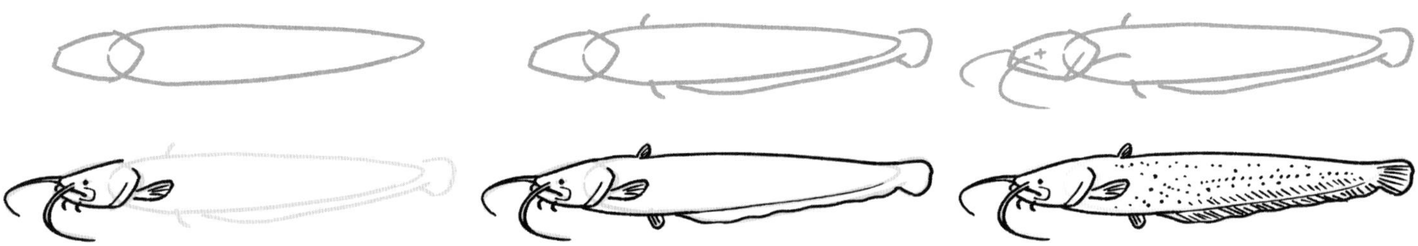

Katzenwels

Auch Zwergwels genannt, lebt in langsam fließenden oder stehenden Gewässern Nordamerikas.

Schwarzmund-Grundel

Brack- und Süßwasserfisch, lebt an den europäische Küsten, stammt aus dem Schwarzen Meer.

Atlantischer Kabeljau

Auch Dorsch genannt, lebt im Nordantlantik und in der Ostsee, potenziell gefährdete Art.

Köhler

Als Seelachs bekannte Kabeljauart, beliebter, mit Schleppnetzen gefangener Speisefisch, lebt im Nordatlantik.

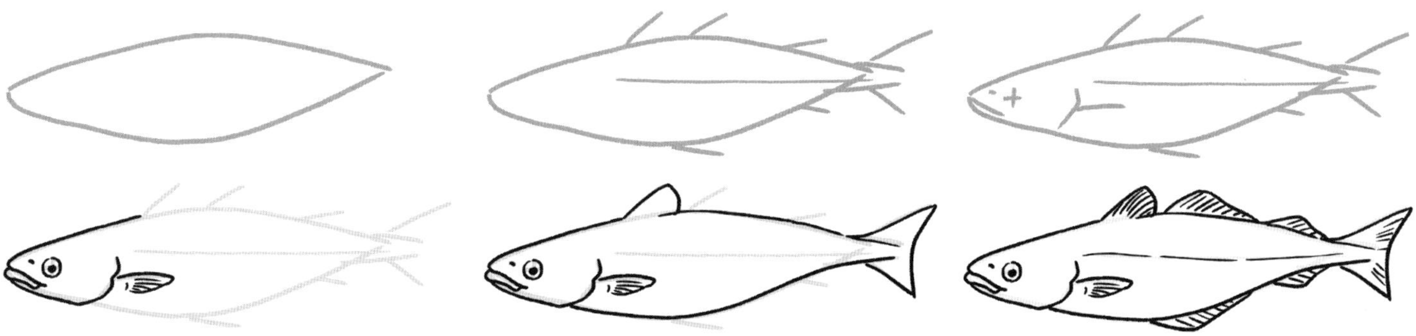

Atlantischer Seeteufel

Auf dem Meeresgrund (bis 1000 m) lebender Anglerfisch, kommt im Nordatlantik vor.

Buckliger Anglerfisch

Tiefseefisch, lockt Beute mit seiner leuchtenden „Angel“ an, lebt in den Meeren um den Äquator.

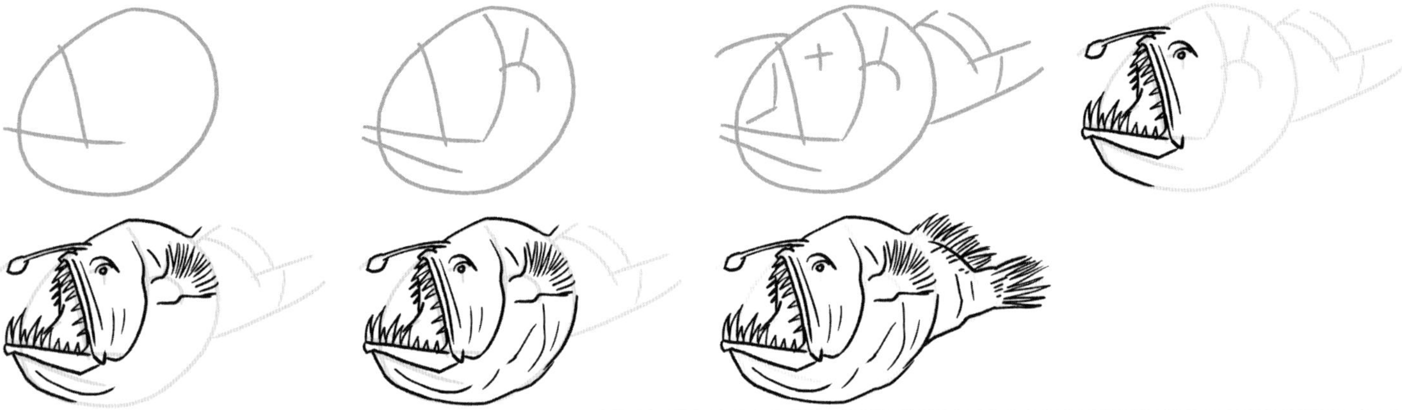

Sargassofisch

Angelrfisch, lebt in treibendem Tang, wo er gut getarnt ist, kommt in den Meeren um den Äquator vor.

Petersfisch

Auch Heringskönig genannt, lebt in Grundnähe nahe der Küsten im Ostatlantik, Indischen Ozean, Westpazifik.

Riemenfisch

Auch Bandfisch genannt, Körper gleicht einem flachen Band, wird bis 8 m lang, lebt in der Tiefsee (300–600 m).

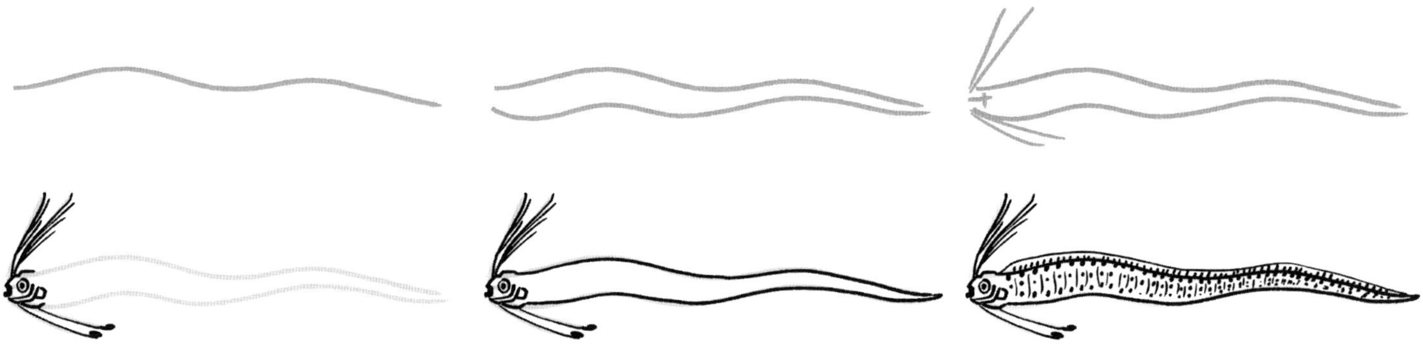

Fliegender Fisch

Mehrere Arten, springt aus dem Wasser und segelt durch die Luft, lebt in Meeren um den Äquator.

Seedrache

Auch Kleiner Fetzenfisch genannt, bunt gemusterte Seenadel, lebt in Seegraswiesen vor Südaustralien.

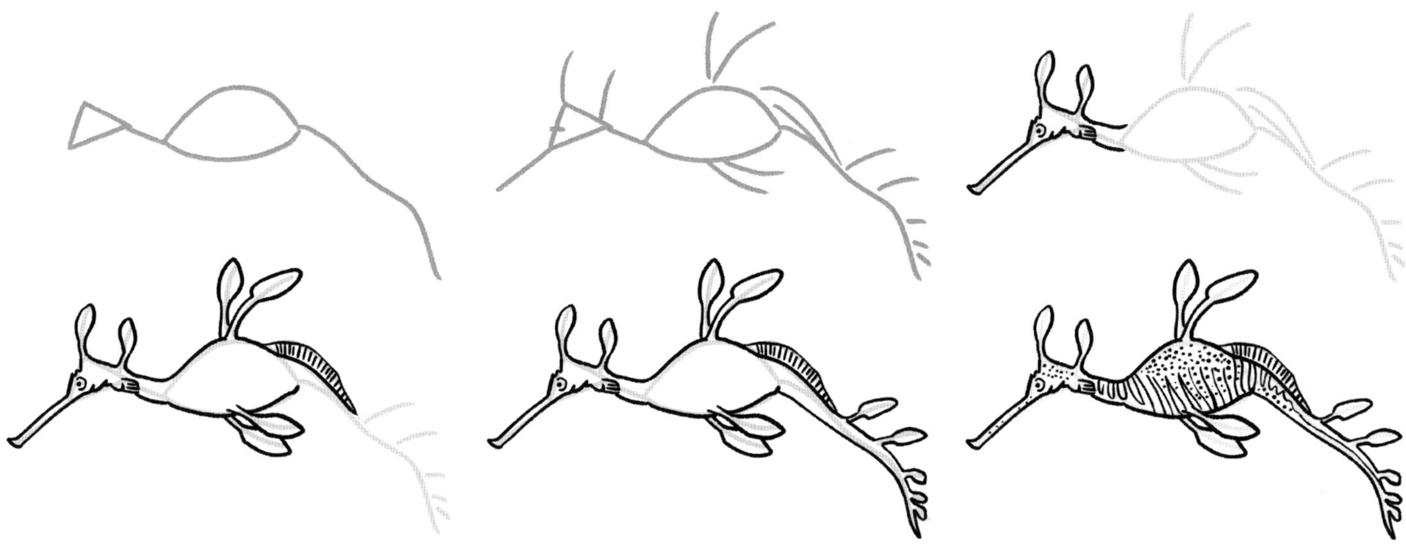

Großer Fetzenfisch

Durch blattähnliche Hautlappen gut getarnte Seenadel, lebt im Meer vor Südaustralien.

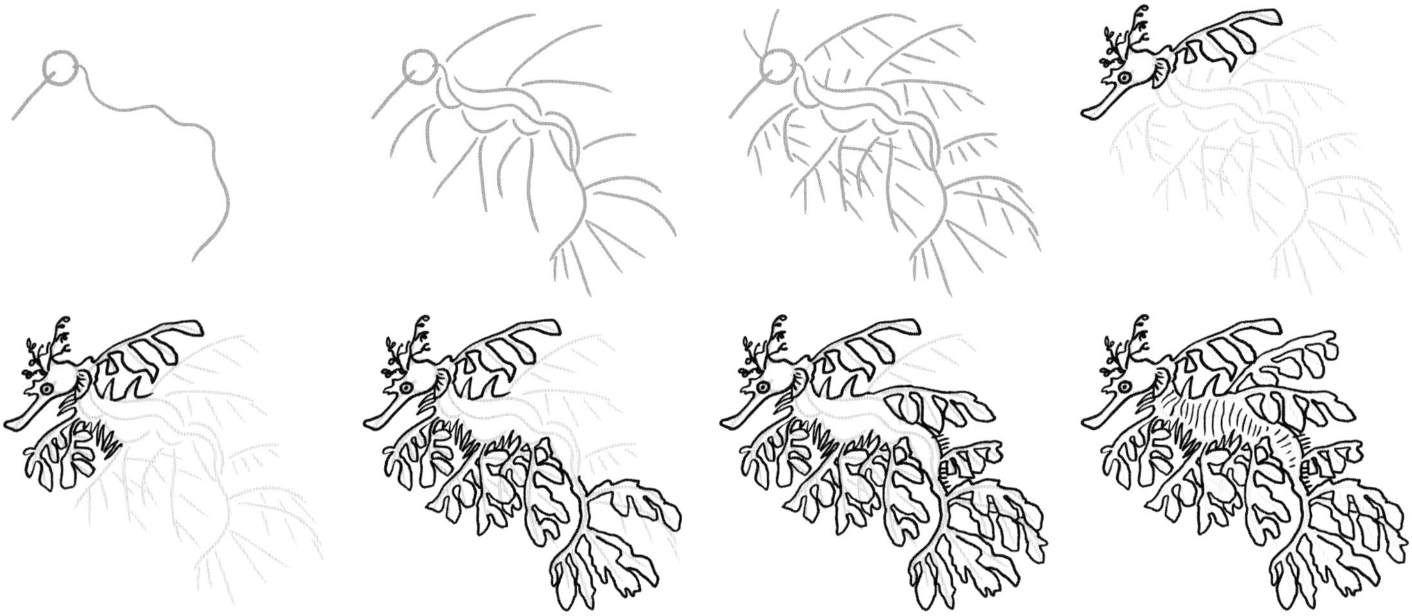

Dorniges Seepferdchen

Seepferdchen mit stachliger Haut, kommt von Madagaskar bis Polynesien vor, gefährdete Art.

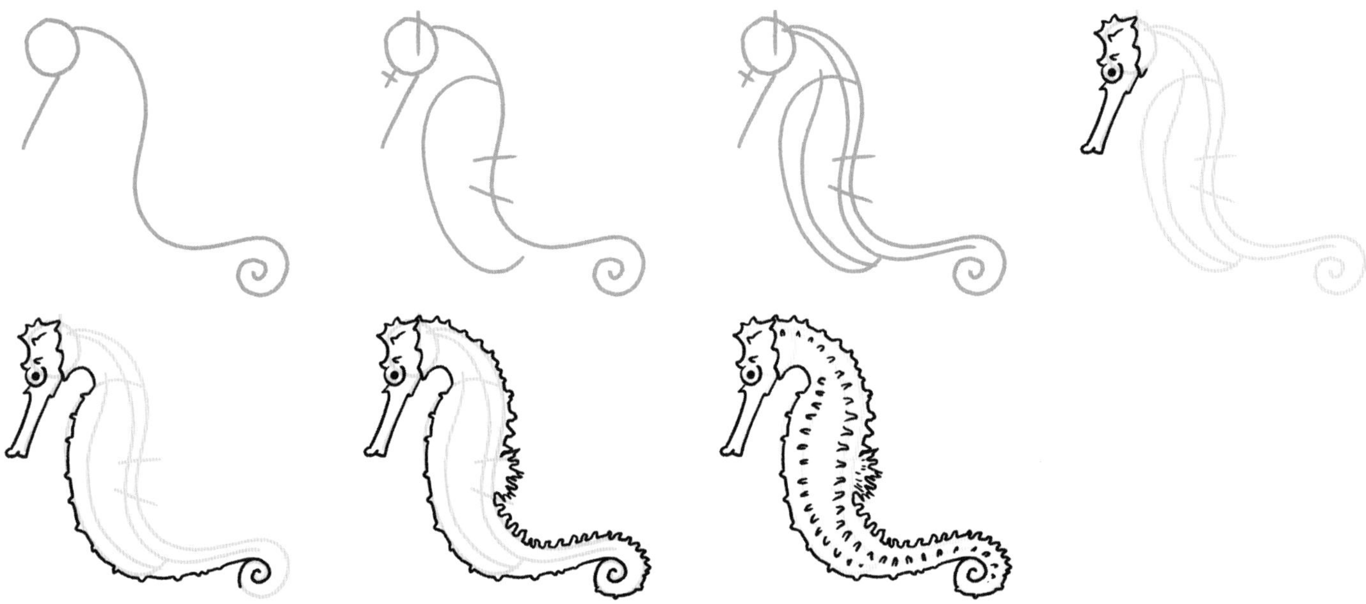

Roter Knurrhahn

Drei Strahlen der Brustflossen sind zu „Beinen“ umgebildet, lebt auf dem Meeresboden im Nordatlantik.

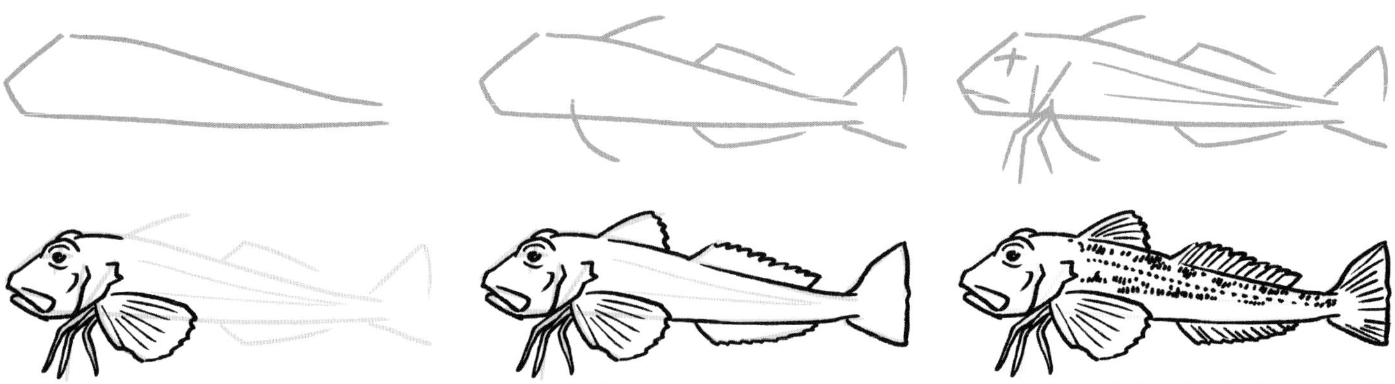

Antennen-Feuerfisch

Giftiger Rotfeuerfisch, lebt in Korallenriffen und Lagunen des Indischen Ozeans.

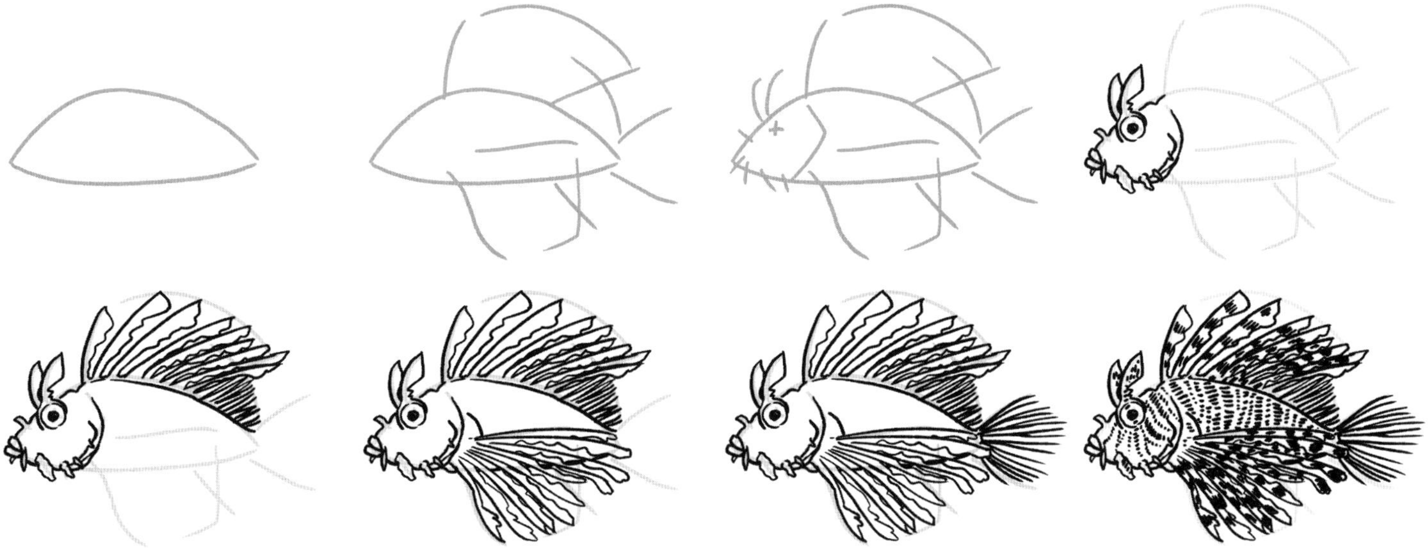

Riesenzackenbarsch

Großer Raubfisch (bis 3 m, etwa 300 kg), lebt vor den Küsten des Südatlantiks, gefährdete Art.

Große Bernsteinmakrele

Gelber Streifen über Auge und Rücken, in allen wärmeren Weltmeeren umherziehender Räuber.

Zander

Beliebter Speisefisch, lebt in Flüssen Europas und Westasiens sowie dem Brackwasser der Ostsee.

Goldbrasse

Auch Dorade genannt, beliebter Speisefisch mit goldenem Band zwischen den Augen, lebt im Mittelmeer.

Gebänderter Ritterfisch

Schwarz-weiß gestreift, sehr lange Rückenflosse, lebt in Korallenriffen des Westatlantiks.

Gelber Segelflossendoktor

Doktorfisch, lebt in Korallenriffen und Lagunen des Westpazifiks von Hawaii bis Australien.

Imperator-Kaiserfisch

Körper gelb-blau gestreift, kommt in Korallenriffen im Indischen Ozean und im Pazifik vor.

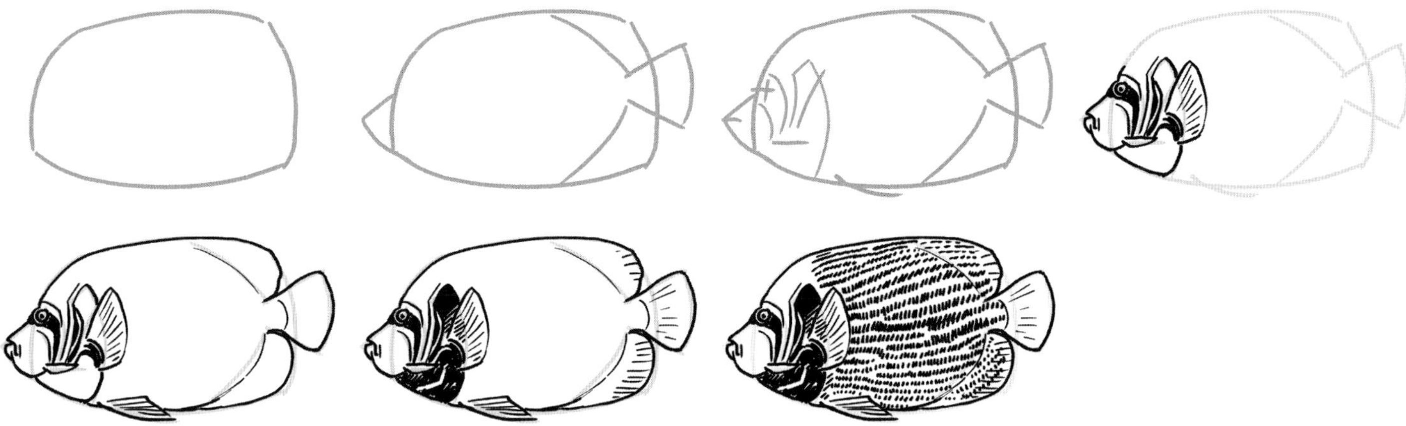

Kupferstreifen-Pinzettfisch

Weißlicher Falterfisch mit orangegelben Streifen, lebt in Riffen vor Ostasien und Australien.

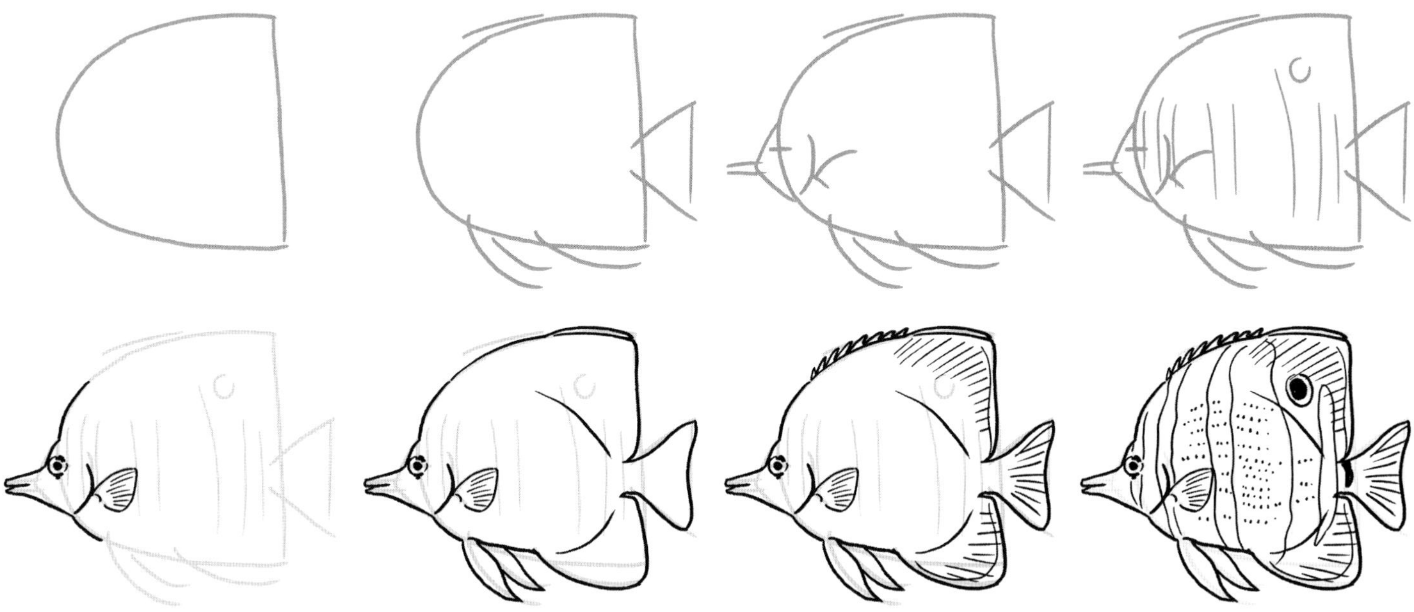

Echter Clownfisch

Orange-weißer Anemonenfisch, lebt in Korallenriffen vor Neuguinea, Australien und Melanesien.

Picasso-Drückerfisch

Auffällige schwarz-gelb-weiße Zeichnung, lebt in Lagunen des Indischen Ozeans und des Pazifiks.

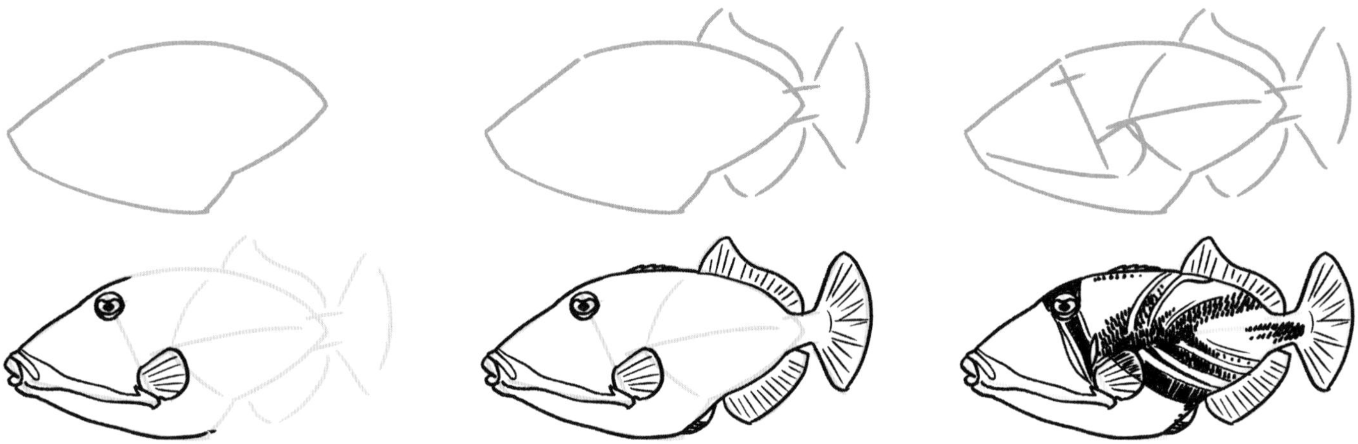

Skalar

Auch Segelflosser genannt, silbrig-weißer Buntbarsch mit dunklen Streifen, lebt in Flüssen des nördlichen Südamerikas.

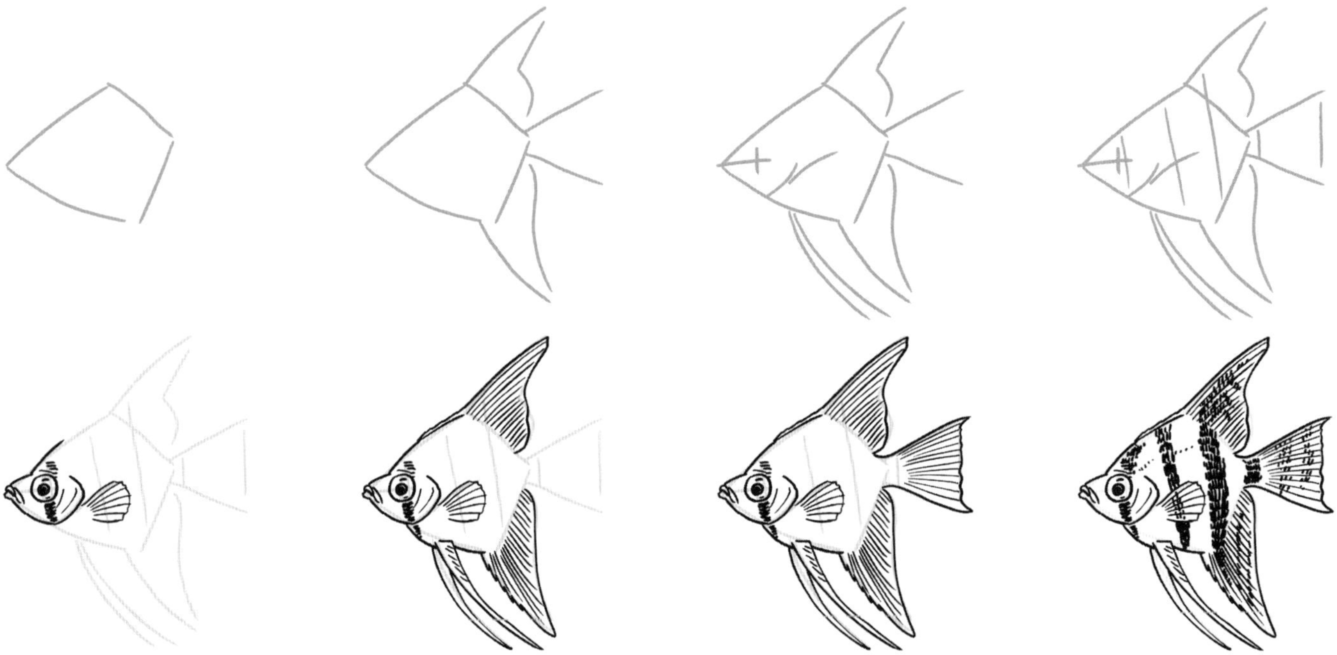

Langflossen-Fledermausfisch

Blaugrau mit dunklen Streifen und gelben Brustflossen, lebt in Lagunen des Indopazifiks.

Schützenfisch

Jagt aus dem Wasser heraus Insekten mit einem Wasserstrahl, lebt im Brackwasser des Indischen Ozeans.

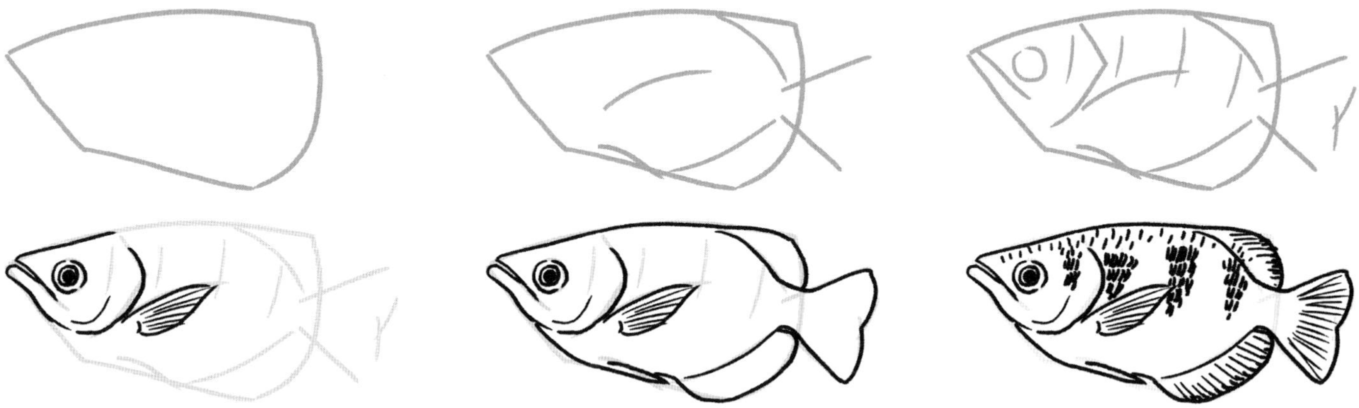

Großer Barrakuda

Etwa 1,5 m großer Lauerjäger, kommt nahezu in allen wärmeren Weltmeeren vor.

Fächerfisch

Auch Segelfisch genannt, großer Raubfisch, kommt in nahezu allen Ozeanen vor, gefährdete Art.

Schwertfisch Großer Raubfisch, lebt im offenen Ozean, kommt in allen wärmeren Weltmeeren vor, potenziell gefährdet.

Gelbflossenthun Bedeutender Speisefisch, wird über 2 m lang, kommt in allen wärmeren und gemäßigten Ozeanen vor.

Steinbutt Plattfisch, der „Bauch“ ist eigentlich die rechte Körperseite, lebt an den Küsten Europas (Atlantik, Mittelmeer).

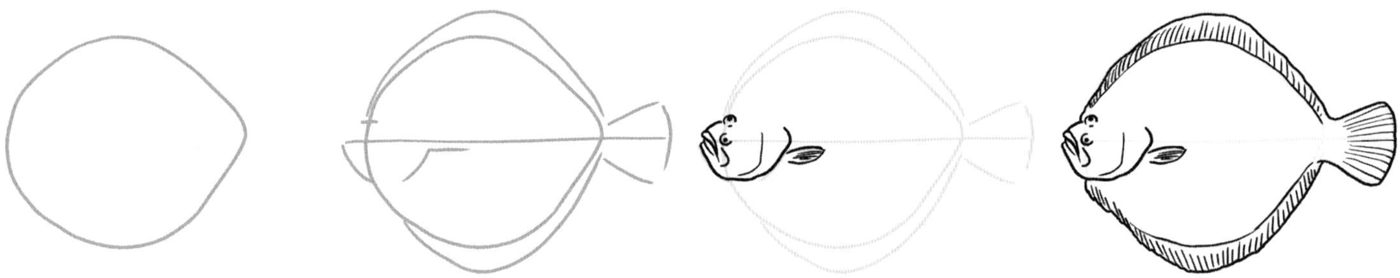

Perlhuhn-Kugelfisch Schwarz mit weißen Punkten, bläst sich bei Gefahr auf, lebt im Indischen Ozean und im Pazifik.

Kuhfisch

Gelbgrüner Kofferfisch mit weißen Punkten, gibt über die Haut Gift ab, lebt im Indischen Ozean und im Pazifik.

Mondfisch

Scheibenförmig, etwa 3 m lang und 2000 kg schwer, kommt in allen warmen Meeren vor, potenziell gefährdet.

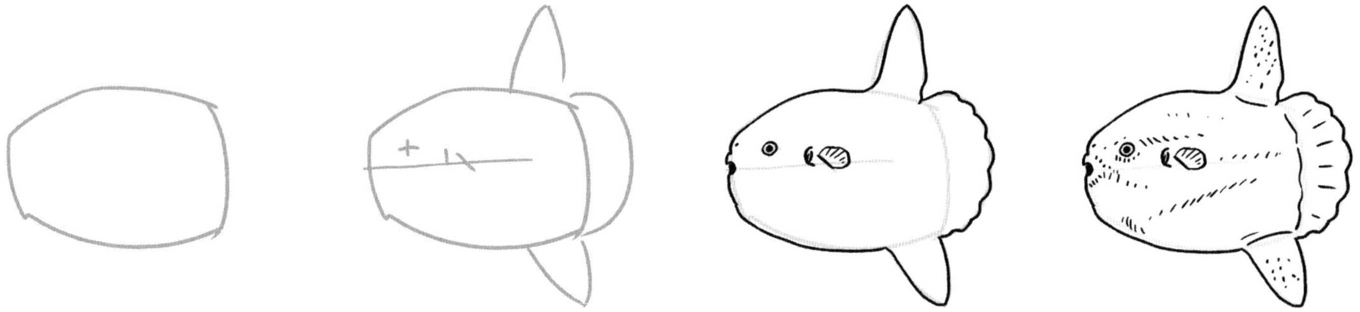

Gewöhnlicher Tintenfisch

Zehnarmige Sepia, lebt an den Küsten der Nordsee sowie vor Nordafrika und im Mittelmeer.

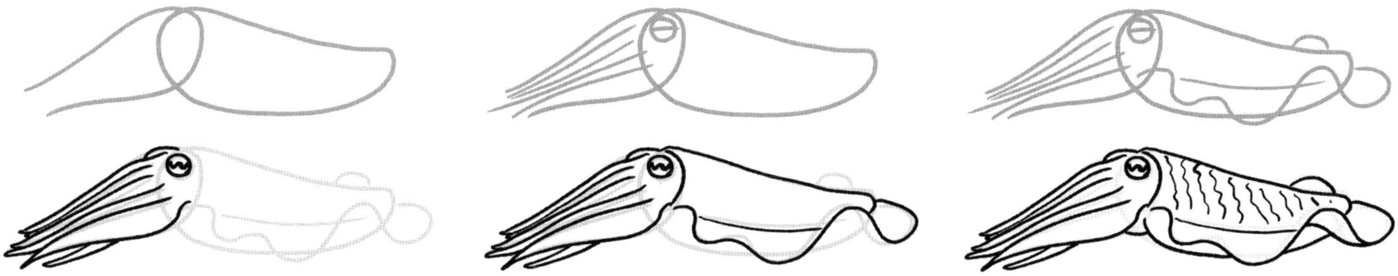

Gewöhnlicher Krake

Auch Oktopus genannt, intelligenter Kopffüßer, wird nur zwei Jahre alt, kommt nahezu weltweit vor.

Riesenkalmar

Kalmar mit zehn Armen, Kopf fast 1 m lang, wird selten gesichtet, lebt in der Tiefsee.

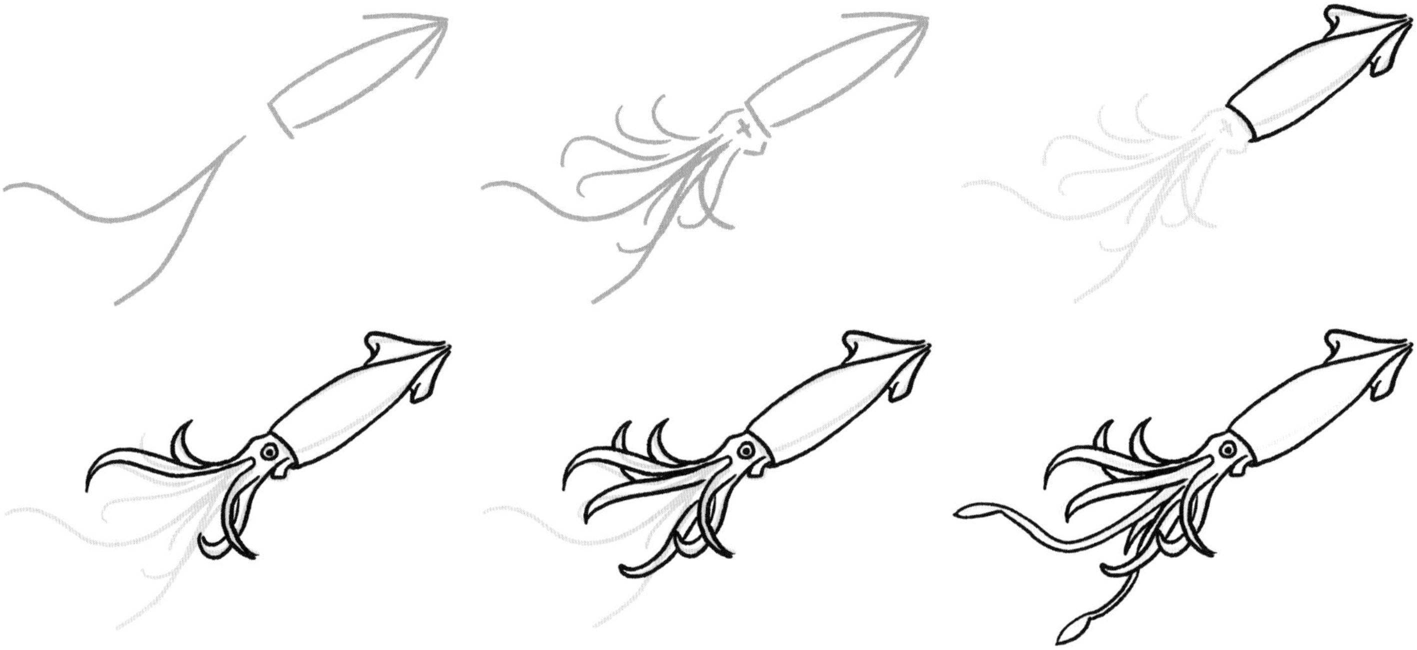

Gemeines Perlboot

Auch Nautilus genannt, frisst kleine Fische, lebt im Westpazifik und östlichen Indischen Ozean.

Veränderliche Kopfschildschnecke

Tiefschwarze Meeresschnecke mit blauen Linien, lebt im Indischen Ozean und Pazifik.

Rote Wegschnecke

Schwarzbraun bis orange gefärbte Nacktschnecke, lebt in Europa, in Bayern gefährdete Art.

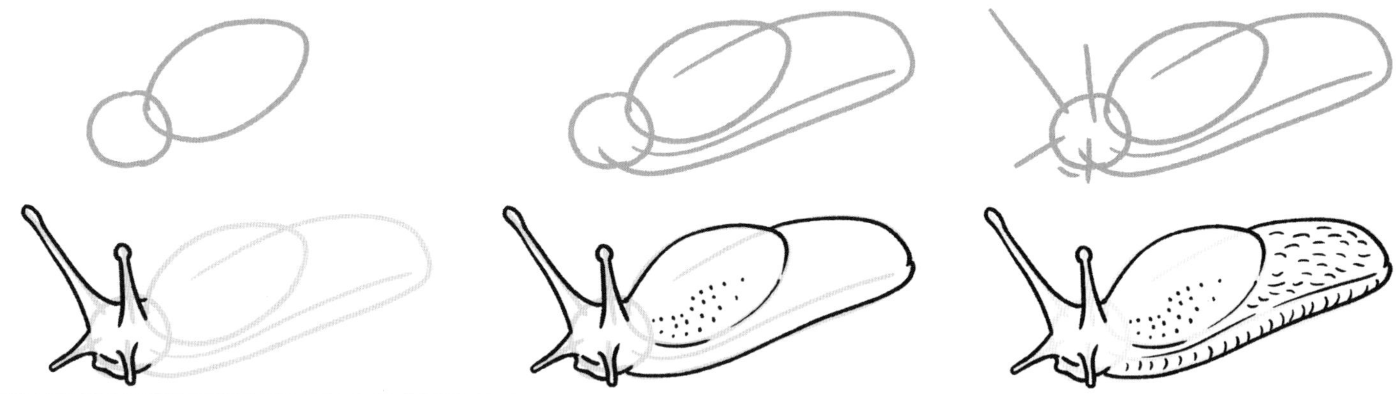

Weinbergschnecke

Landschnecke mit Gehäuse, Augen in den beiden großen Fühlern, lebt in Mitteleuropa.

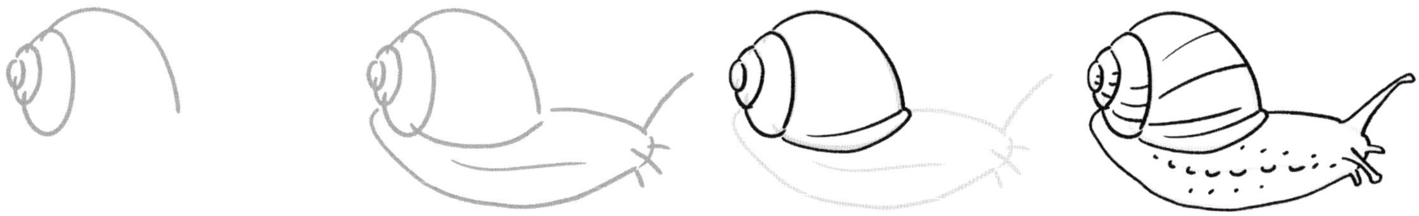

Tritonshorn

Große Meeresschnecke mit gewundenem Gehäuse, frisst Seeigel, lebt im Indischen Ozean und Pazifik.

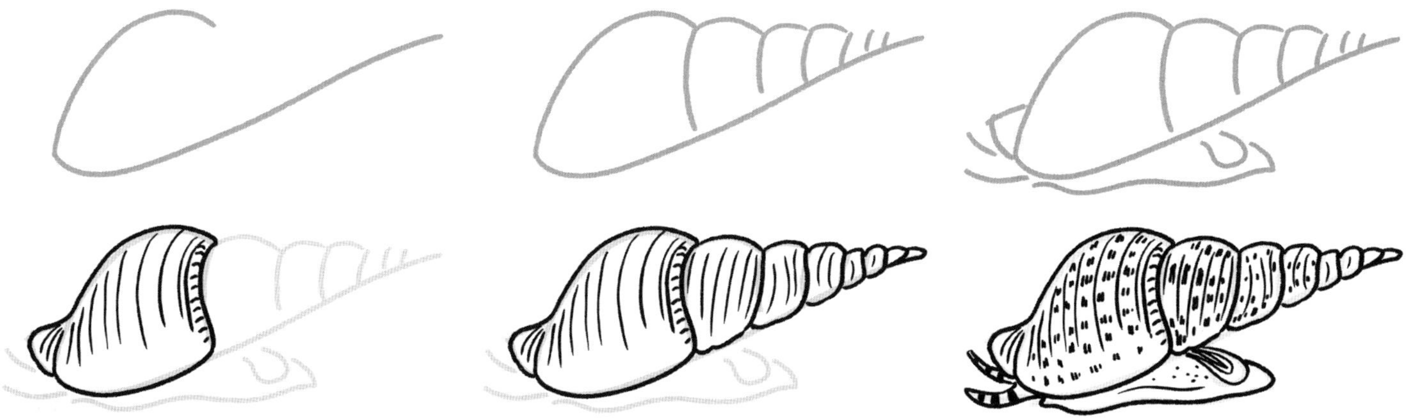

Große Riesenmuschel

Über 1 m groß, lebt an Korallenriffen im Indischen Ozean und Pazifik, gefährdete Art.

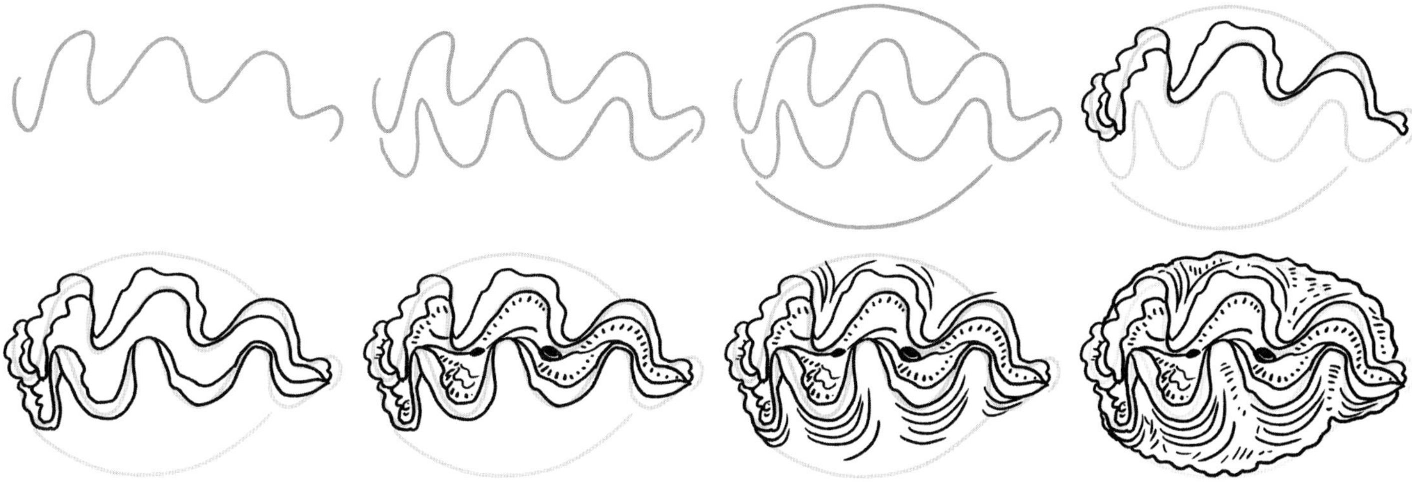

Große Pilgermuschel

Auch Jakobsmuschel genannt, hat 60 Augen am Rand, lebt an den europäischen Küsten im Atlantik.

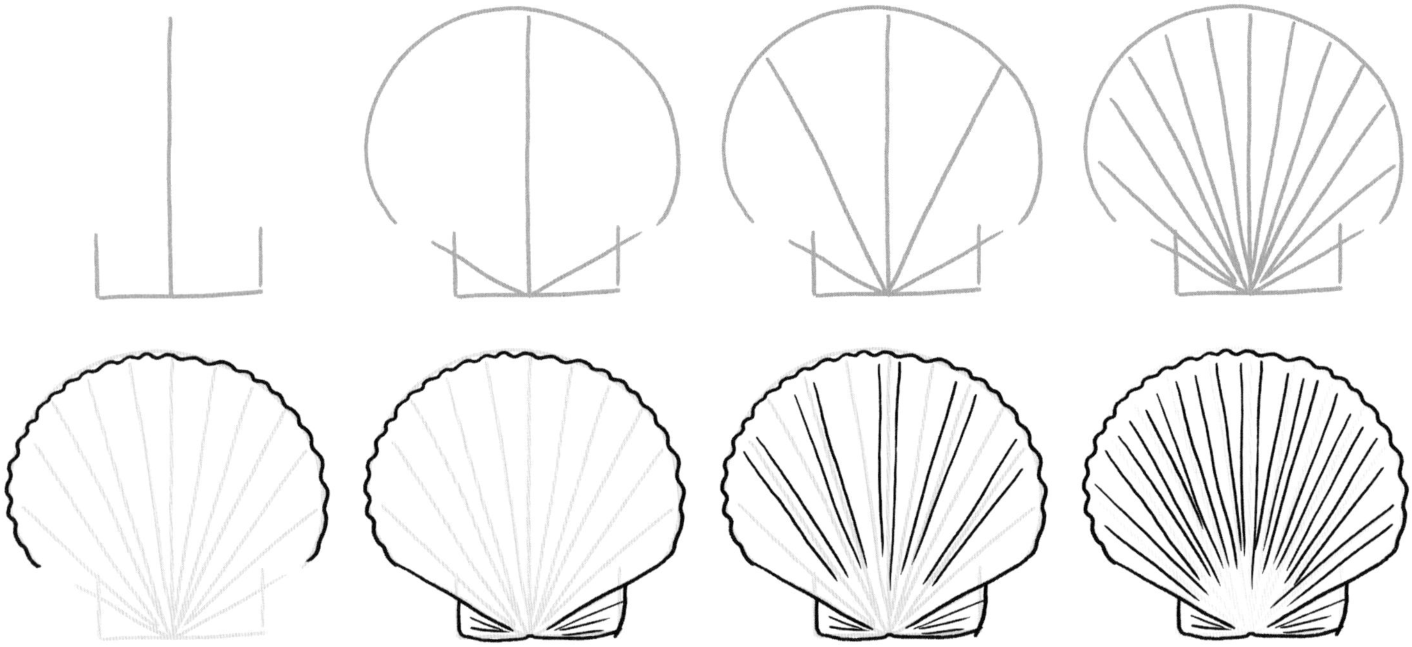

Gebänderte Venusmuschel

Gräbt sich in den Sandboden, kommt in den europäischen Küstengewässern im Atlantik vor.

Pazifische Auster

Dicke, unregelmäßig geformte Schale mit scharfem Rand, stammt ursprünglich aus dem Westpazifik.

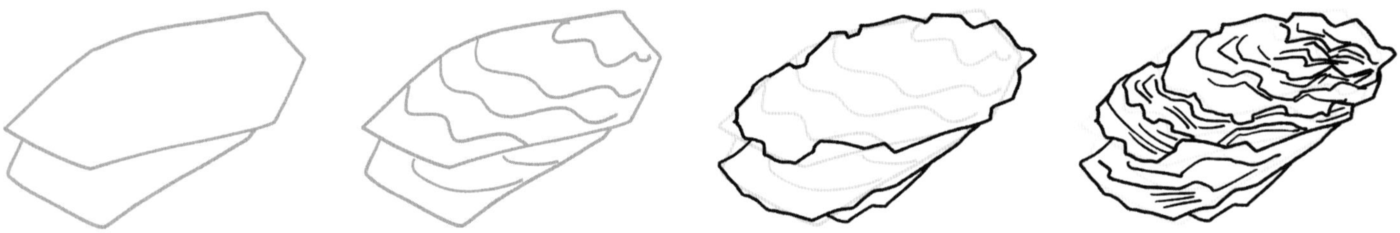

Gemeine Miesmuschel

Auch Pfahlmuschel genannt, wichtiges Beutetier, aber auch Nahrungsmittel, kommt weltweit vor.

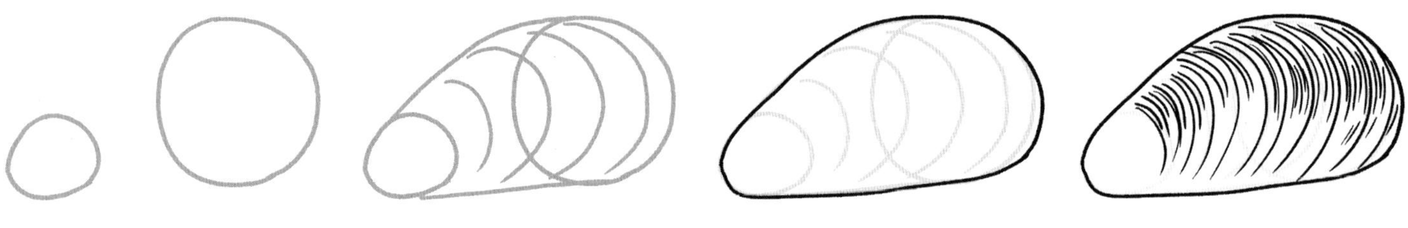

Gemeiner Seestern

Meist mit fünf, selten mit vier oder sechs Armen, frisst Muscheln, lebt in nordeuropäischen Meeren.

Kompostwurm

In Europa verbreiteter Regenwurm, frisst abgestorbene Pflanzen und Erde, sein Kot dient als Dünger.

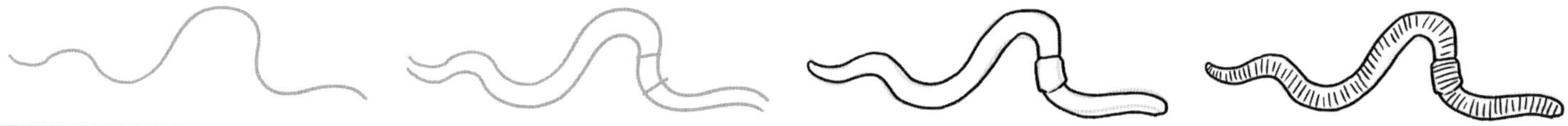

Ohrenqualle

Nahezu durchsichtige Qualle mit vier „Mundarmen“, weltweit verbreitet, lebt auch in Nord- und Ostsee.

Lungenqualle

Schirm etwa 60 cm groß, lebt an den europäischen Atlantikküsten, im Mittelmeer sowie im Schwarzen Meer.

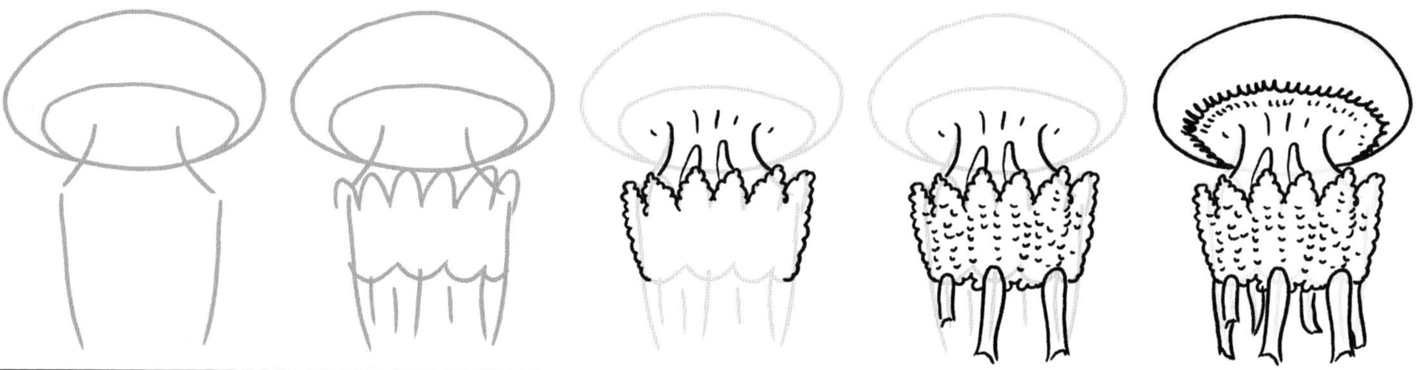

Portugiesische Galeere

Kein einzelnes Tier, sondern eine Kolonie verschiedener Nesseltiere, lebt vorwiegend im Pazifik.

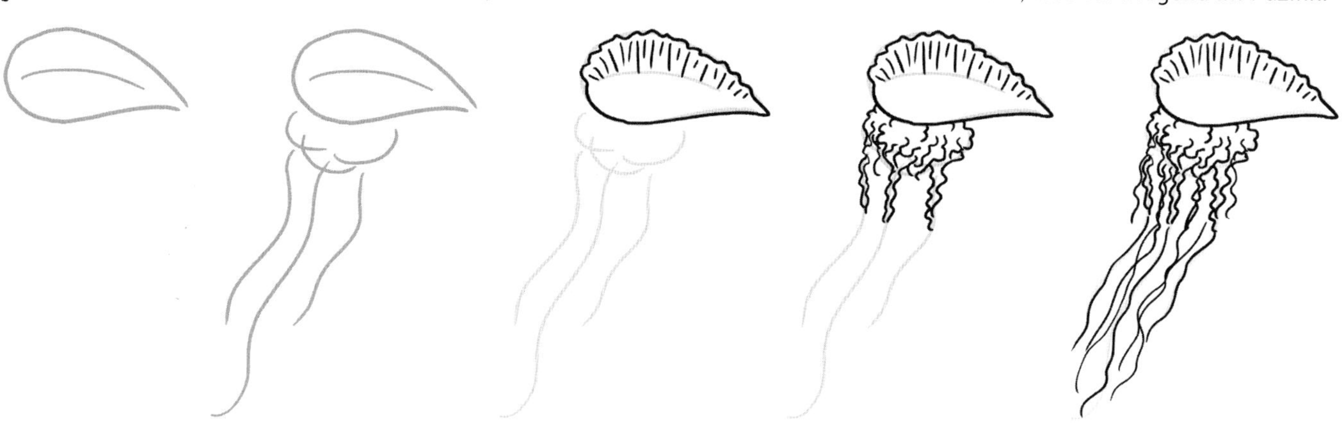

Amerikanischer Hummer

Auch Maine-Hummer genannt, lebt vor der nordamerikanischen Atlantikküste.

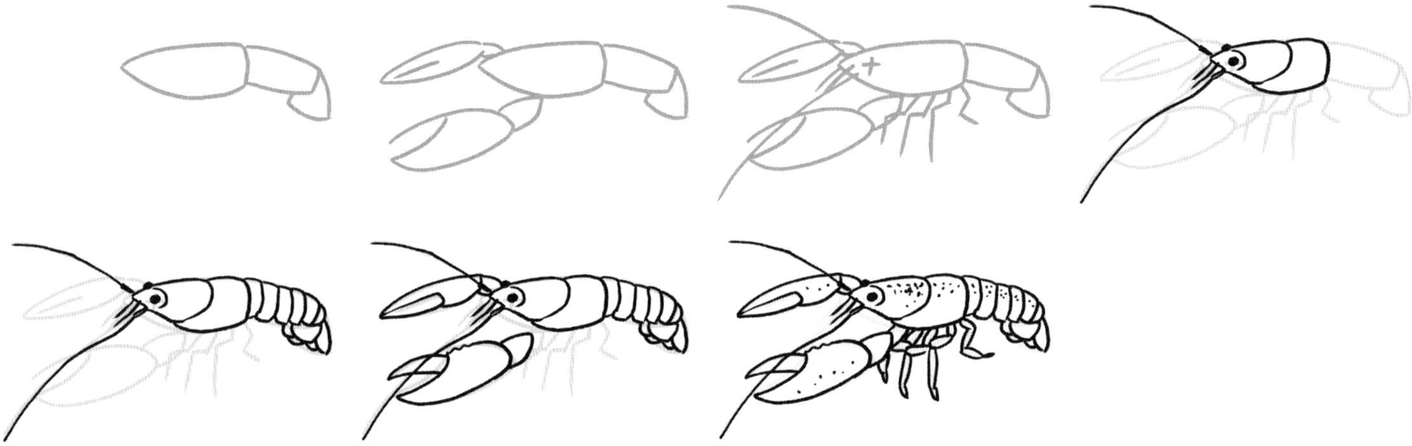

Gemeine Strandkrabbe

Häufige Krabbenart, lebt ursprünglich vor der östlichen Atlantikküste, weltweit verbreitet.

Winkerkrabbe

Nutzt die vergrößerte Schere zur Partnersuche, kommt nahezu weltweit an tropischen Meeresküsten vor.

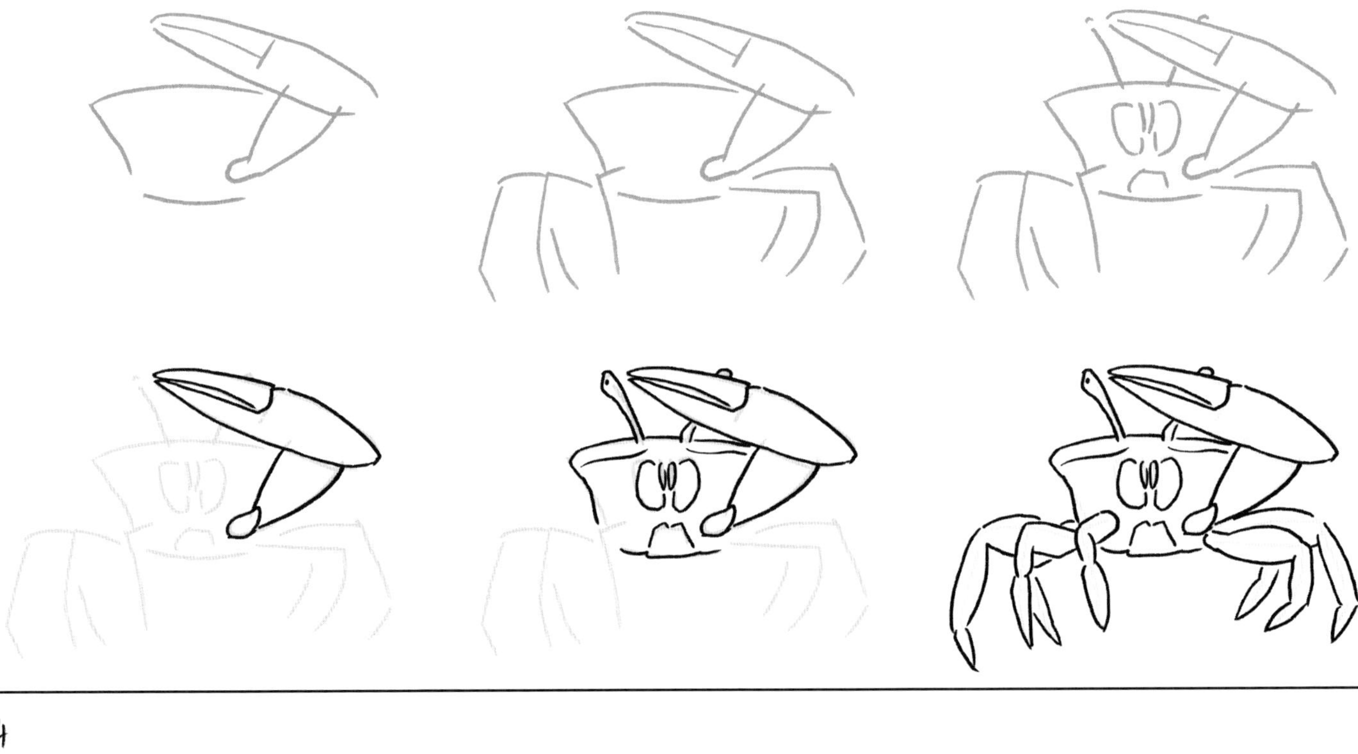

Gemeiner Einsiedlerkrebs

Hinterleib in einem fremden Schneckenhaus, lebt an der europäischen Atlantikküste.

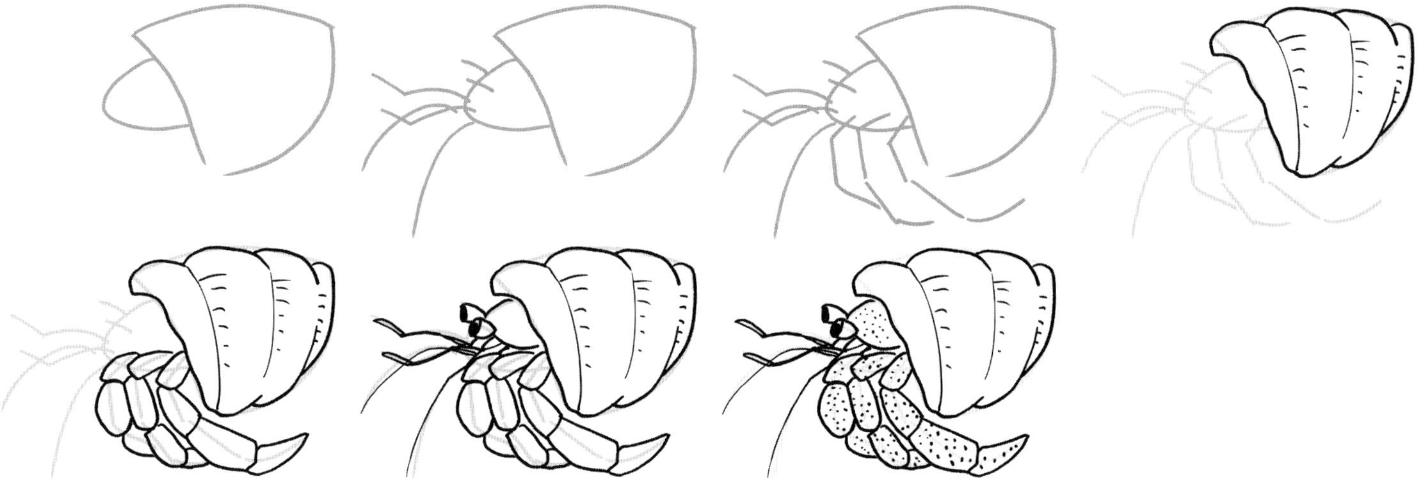

Pfeilschwanzkrebs

Auch Hufeisenkrebs genannt, lebt an flachen Küsten tropischer Meere, gefährdet.

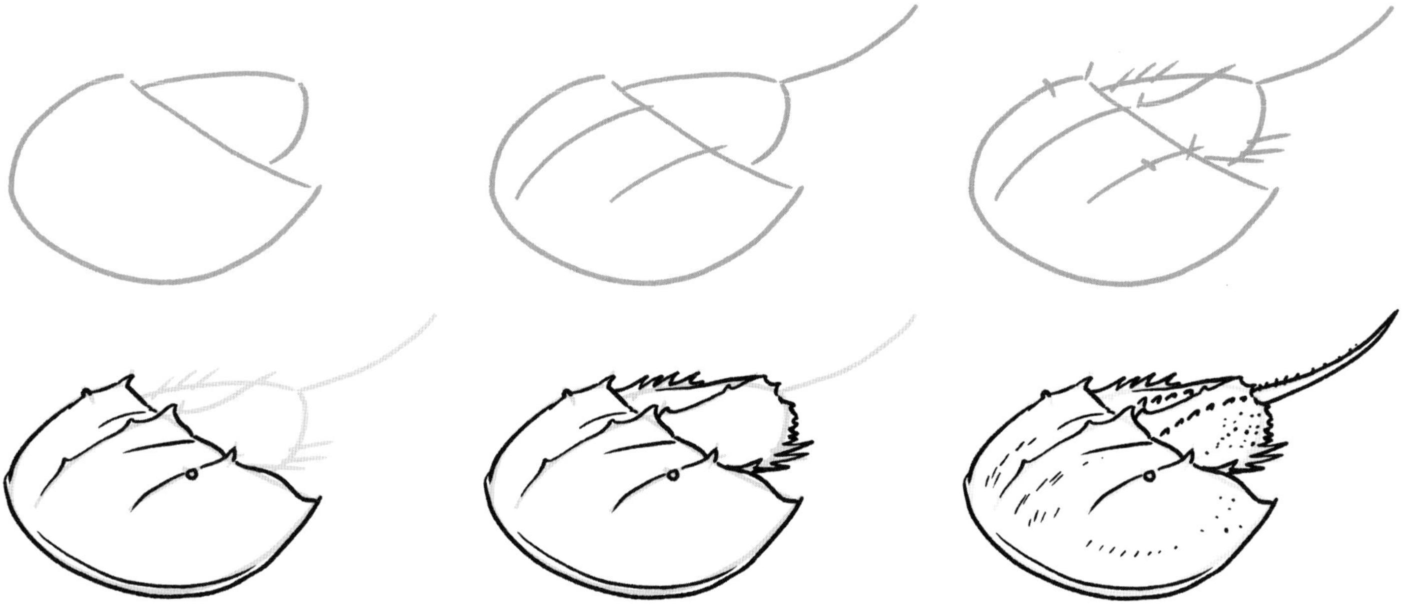

Eismeergarnele

Wird etwa 10 cm lang, wird in großem Maßstab gefischt, kommt im Nordatlantik vor.

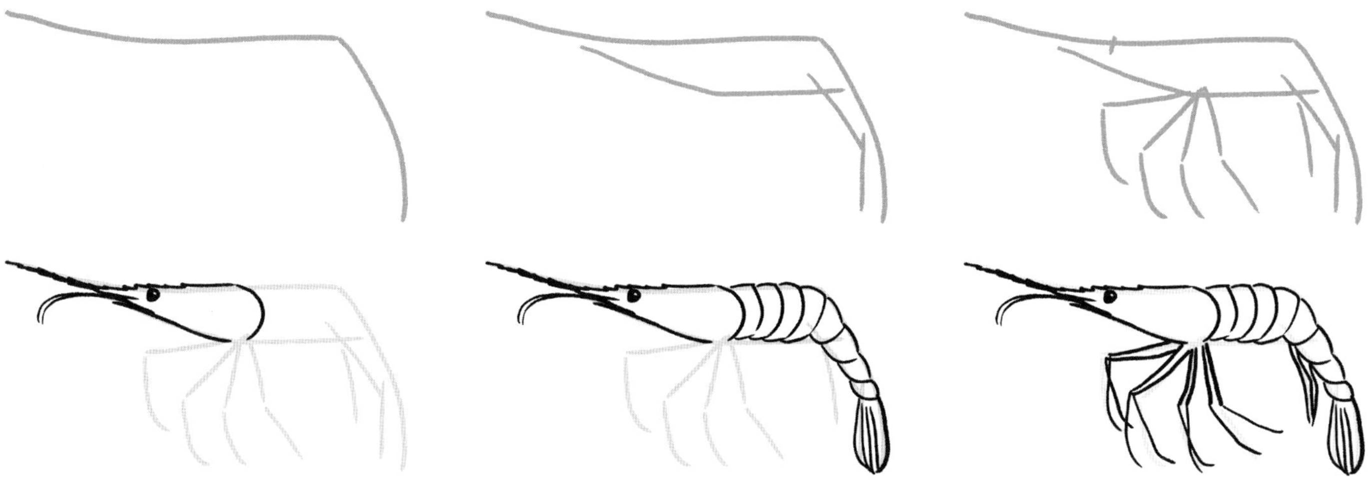

Weberknecht Auch Schuster genannt, frisst kleinste Insekten, lebt auf Böden in Mooren, Wäldern, Parks und auf Weiden.

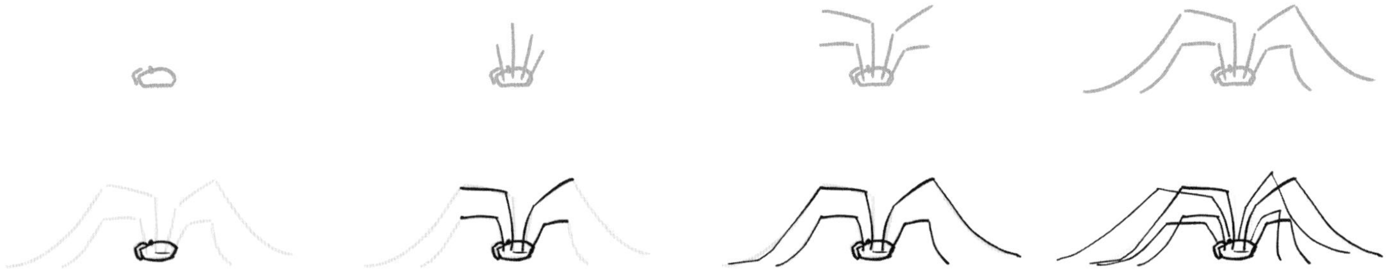

Rotknie-Vogelspinne Hat Brennhaare auf dem Hinterleib, die sie bei Gefahr abstreift, lebt in Mexiko (Mittelamerika).

Gartenkreuzspinne Fängt Insekten mit ihrem Netz, Flecken auf dem Rücken bilden ein Kreuz, lebt in ganz Mitteleuropa.

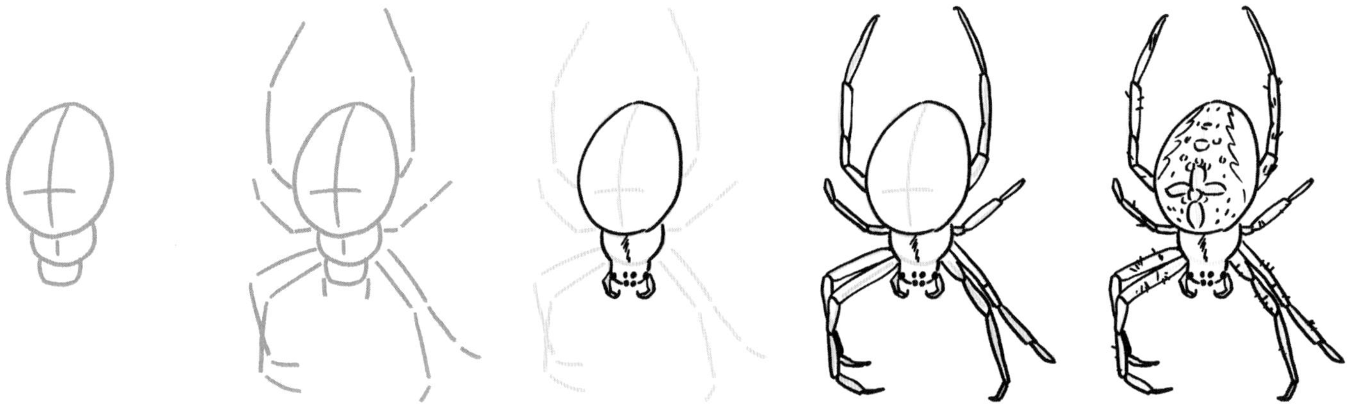

Gemeiner Feldschnurfüßer Pflanzenfressender Tausendfüßer, lebt in Europa, nach Nordamerika eingeschleppt.

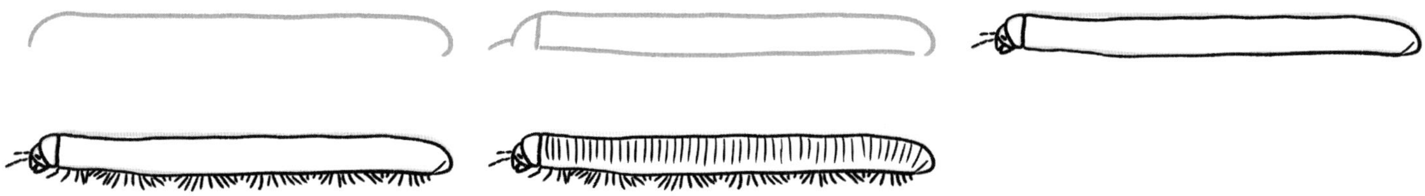

Feldskorpion

Auch Gelber Wüstenskorpion genannt, lähmendes Gift im Stachel, lebt in Südeuropa und Nordafrika.

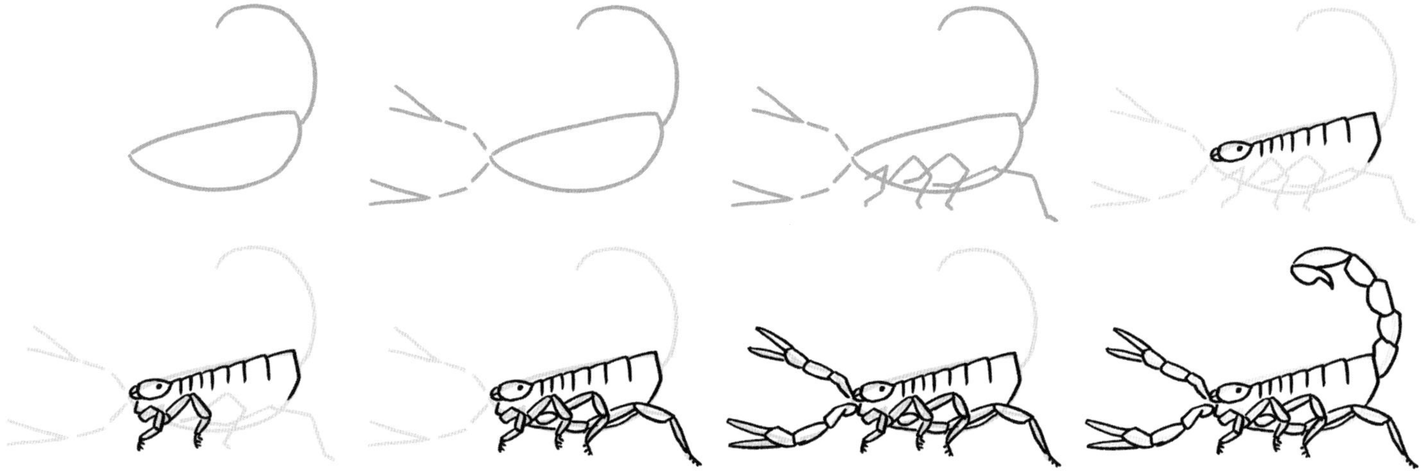

Gemeiner Ohrwurm

Auch Ohrenkneifer genannt, Allesfresser, ursprünglich aus Europa, mittlerweile weltweit verbreitet.

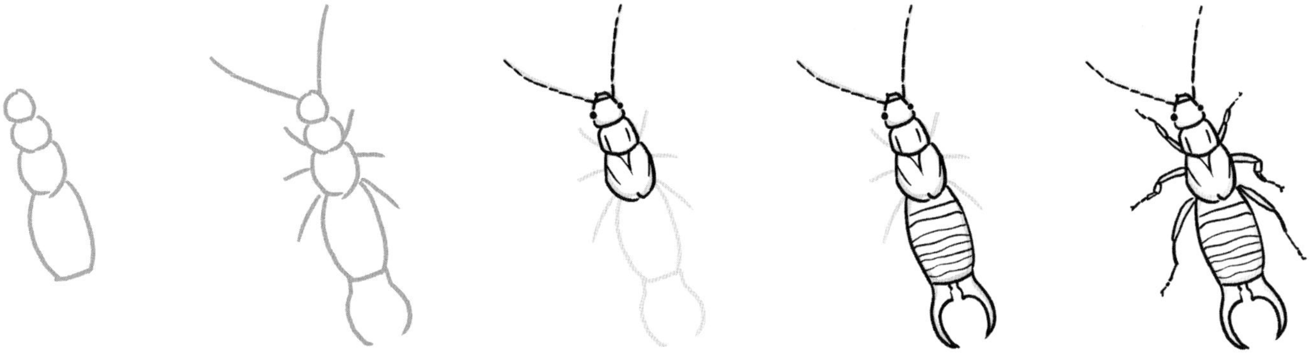

Gelbfüßige Bodentermite

Frisst Holz (Zellulose), lebt in unterirdischen Kolonien im Osten Nordamerikas.

Rote Waldameise

Lebt in großen Kolonien in bis zu 3 m hohen Nesthügeln (Ameisenhaufen), kommt in Europa und Asien vor.

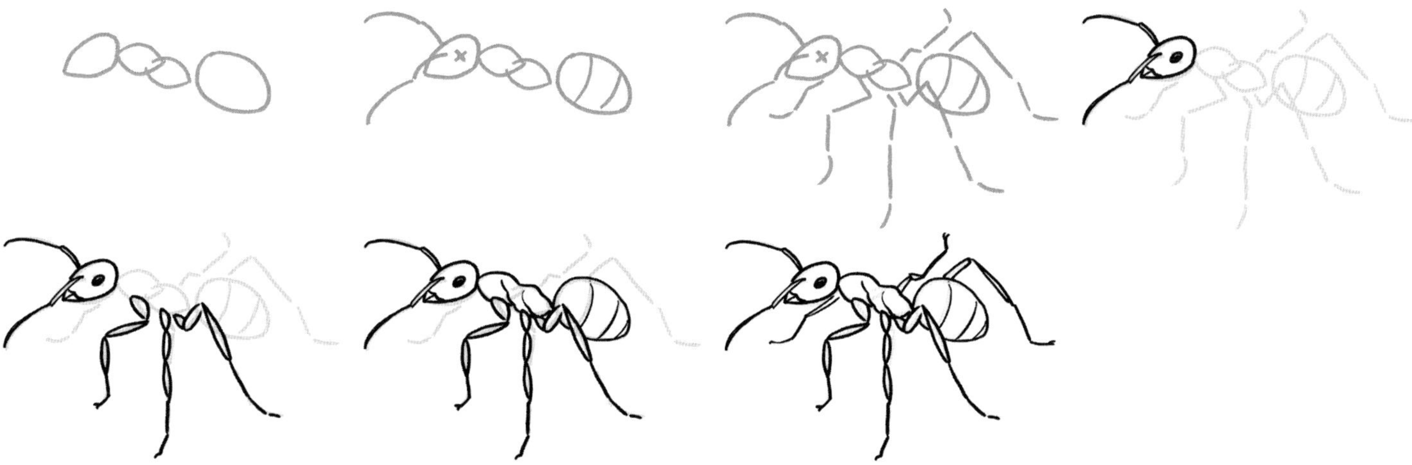

Deutsche Wespe Lebt im arbeitsteilig organisierten Staat im Nest, kommt von Westeuropa bis Ostasien vor.

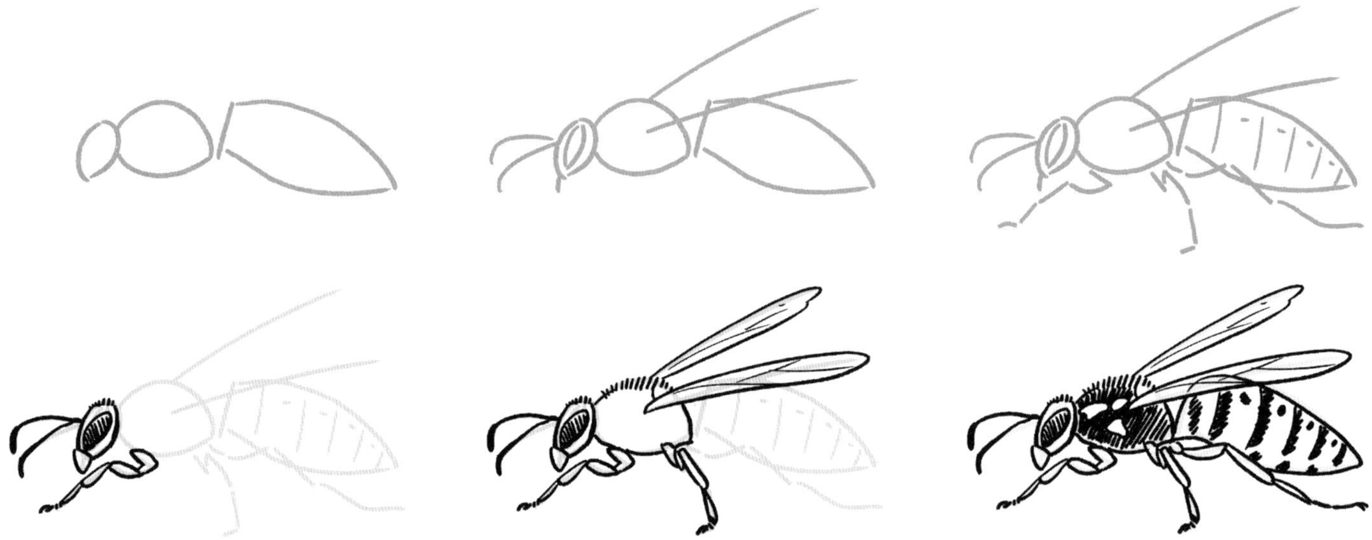

Dunkle Erdhummel Zwei gelbe Querstreifen, weiße Schwanzspitze, lebt in Europa, Nordafrika, Kleinasien.

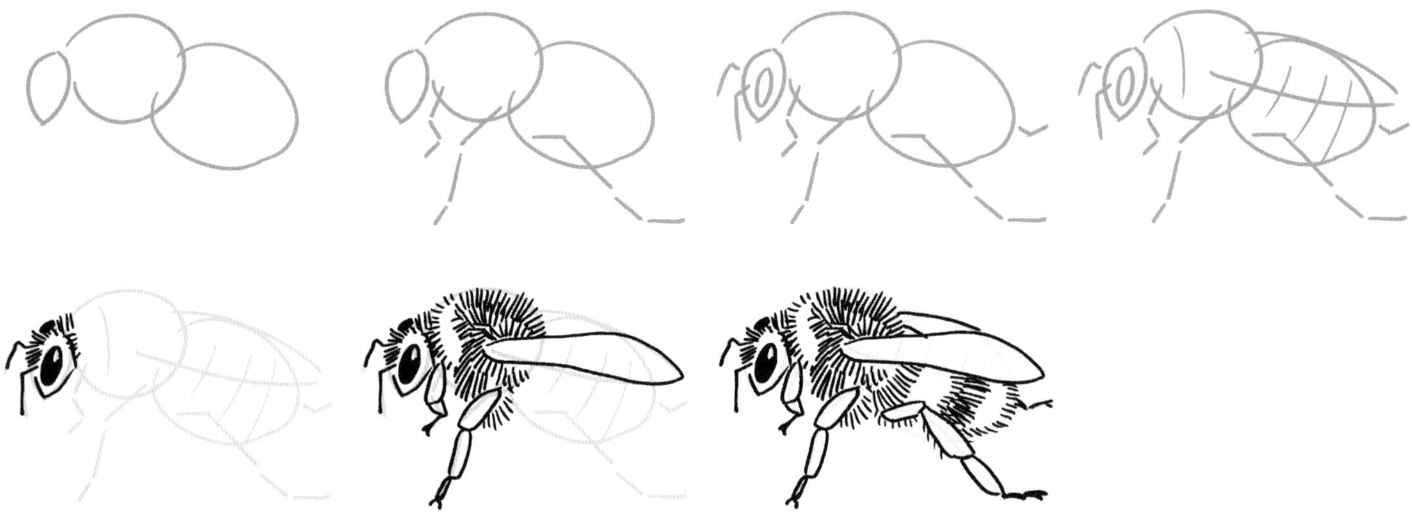

Westliche Honigbiene Bedeutendes Nutztier (Imkerei), stammt aus Europa, Afrika und Vorderasien, weltweit verbreitet.

Grüne Mosaikjungfer

Große Libelle, lebt an Gewässern im nördlichen Mitteleuropa, in Deutschland gefährdet.

Stubenfliege

Ernährt sich von Zucker, aber auch Kot, kann Krankheiten übertragen, lebt fast überall auf der Welt.

Gemeine Stechmücke

Weibchen saugt Blut, um Eier zu produzieren, in Europa häufige Art, weltweit verbreitet.

Wandelndes Blatt Tarnt sich durch ihren laubförmigen Körper, kommt vom Indischen Ozean bis Indonesien vor.

Grünes Heupferd Frisst Pflanzen und kleinere Insekten, Männchen zirpt, kommt von Europa bis Asien vor.

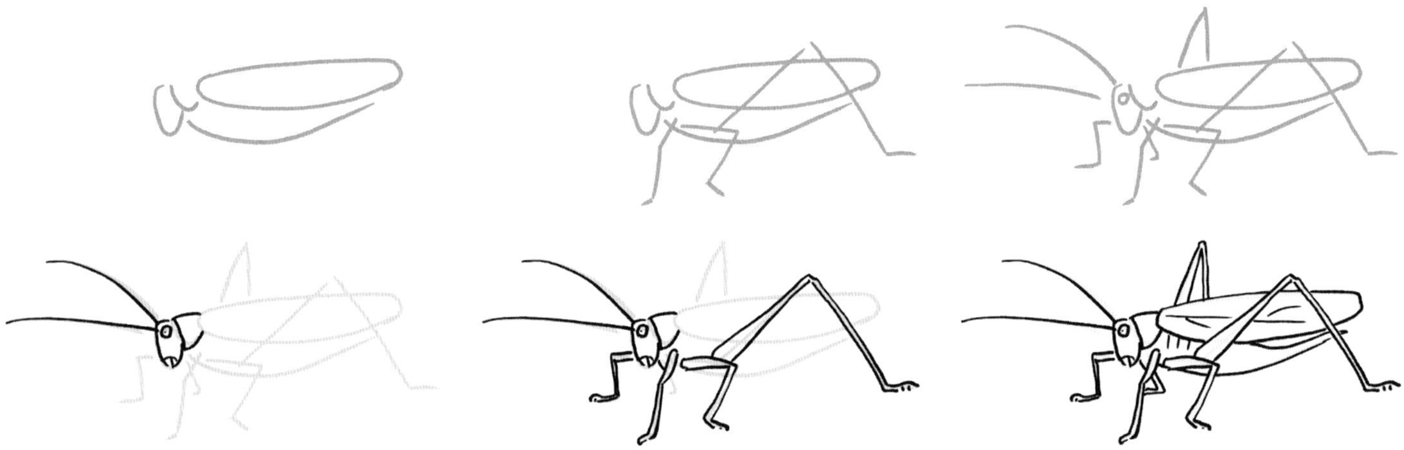

Europäische Gottesanbeterin Einzige europäische Fangschrecke, lauert auf Beute, die sie mit den Vorderbeinen fängt.

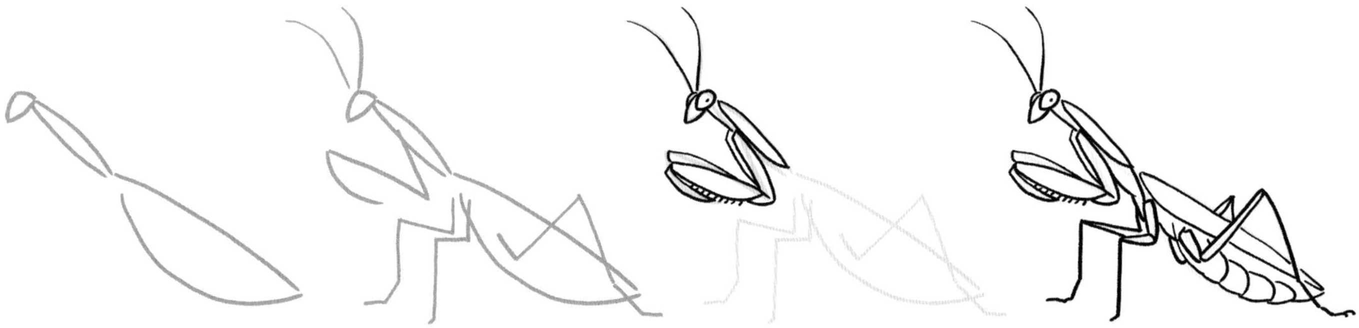

Gemeine Feuerwanze Auffallend rote Wanze mit schwarzer Zeichnung, kommt von Europa bis Asien vor.

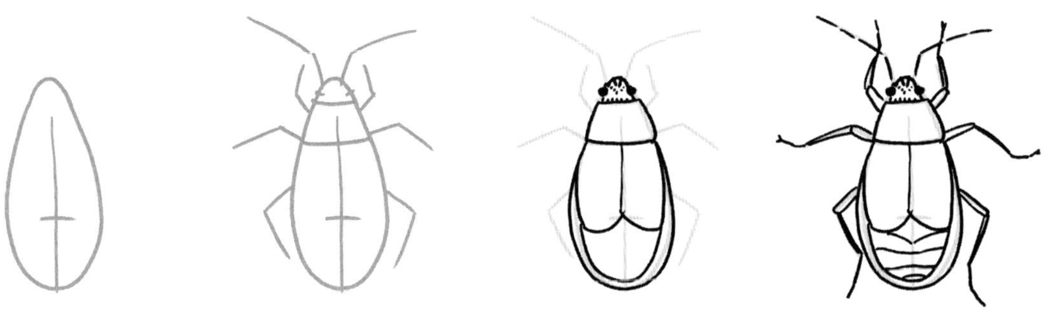

Siebenpunkt-Marienkäfer

Frisst Blattläuse, kommt von Europa bis Asien vor, auch in Nordamerika und Indien verbreitet.

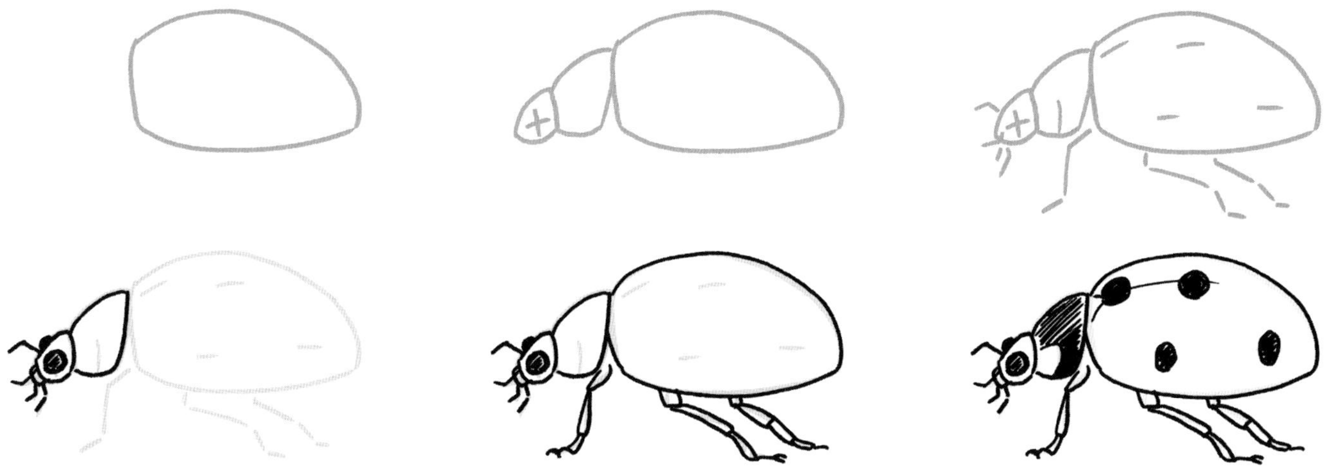

Feldmaikäfer

Legt Eier in den Boden, wo sich Larven (Engerlinge) entwickeln, lebt in Mitteleuropa.

Hirschkäfer

Nur Männchen haben zum „Geweih“ vergrößerte Oberkiefer, größter europäischer Käfer.

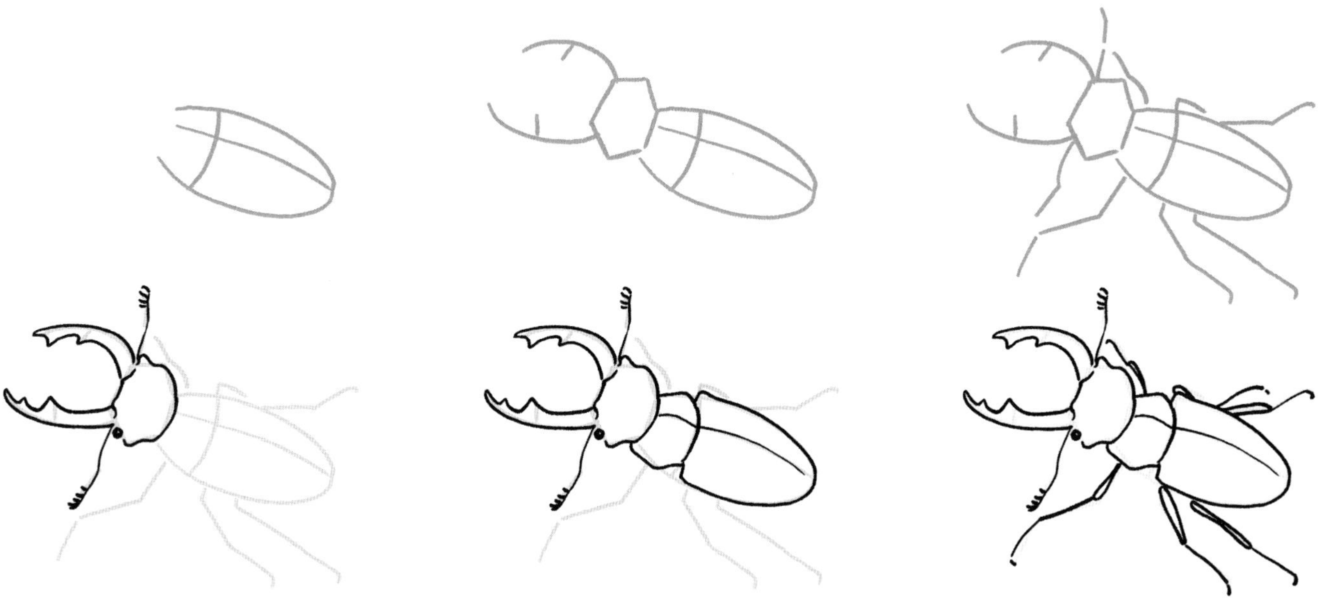

Einfarbiger Langhornbock Auch Schusterbock genannter Käfer, frisst Baumrinde, kommt von Europa bis Asien vor.

Großer Feuerfalter Orange gefärbter Bläuling, Weibchen eher braun mit mehr Flecken, potenziell gefährdete Art.

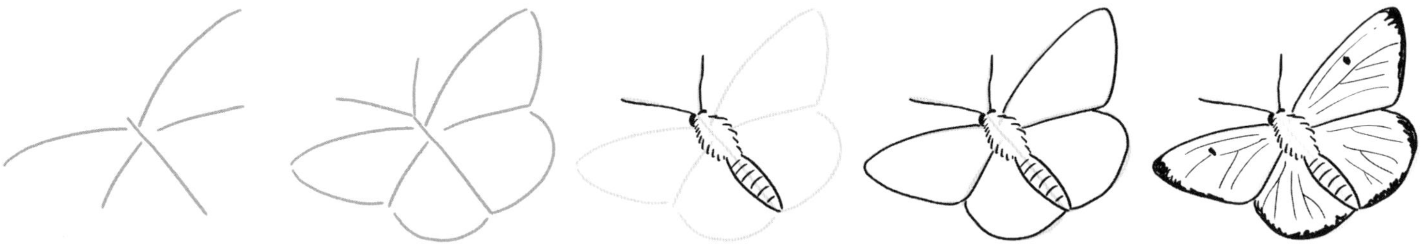

Monarchfalter Wandert im Winter in Schwärmen nach Süden, lebt in Nord-, Mittel- und im nördlichen Südamerika.

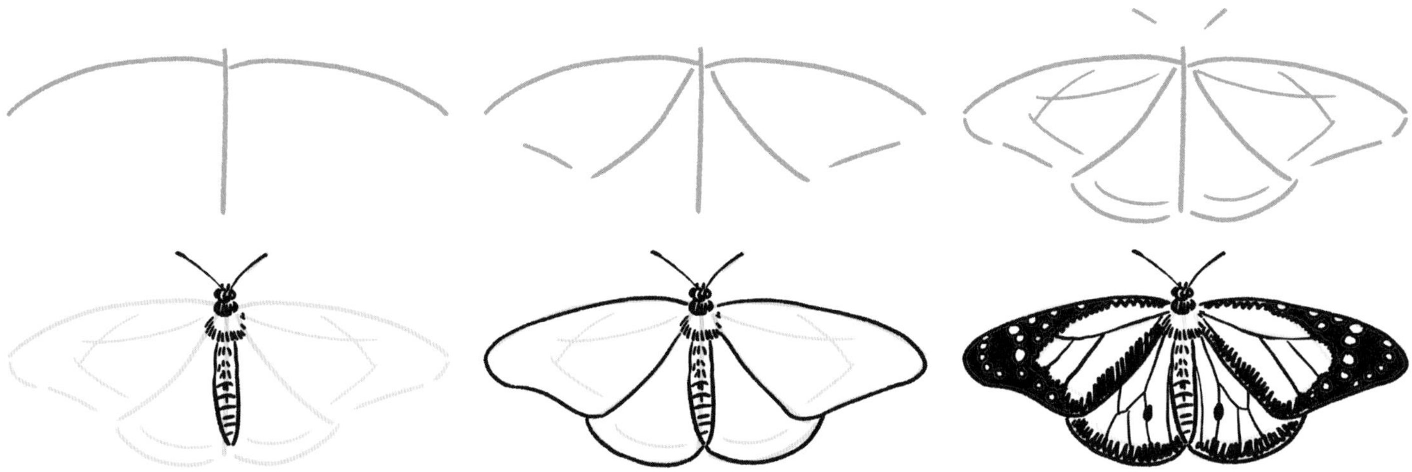

Monarchfalter (Raupe) Aus dem Ei schlüpft die Raupe (Larve), die sich dann zum Schmetterling verpuppt.

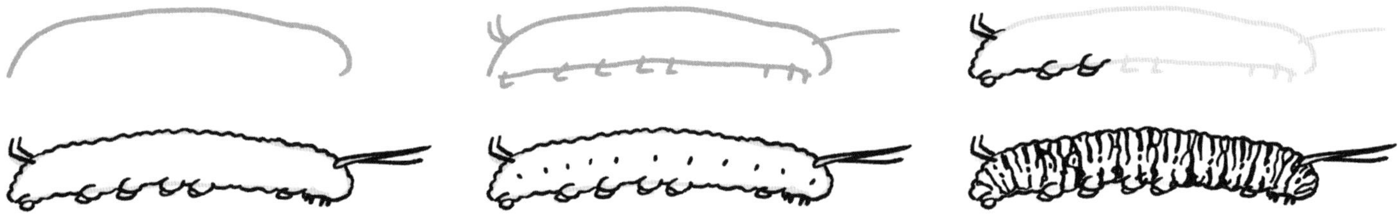

Tagpfauenauge Rostrote Flügel mit vier bunten Flecken, die an Pfauenfedern erinnern, lebt von Mitteleuropa bis Asien.

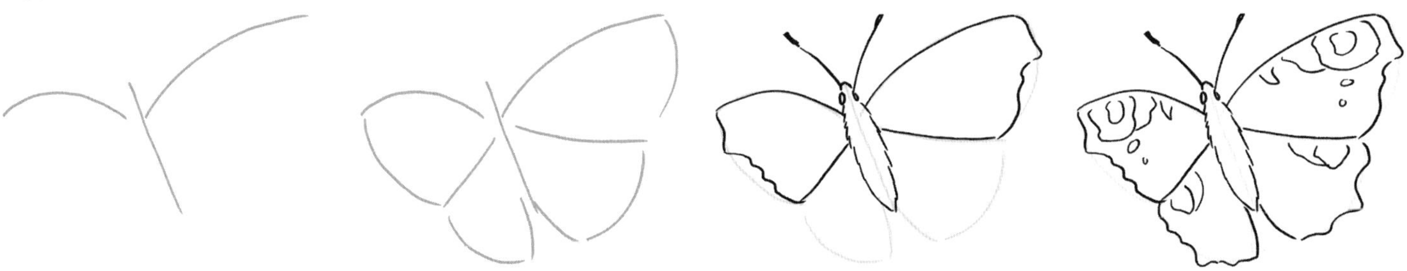

Schwalbenschwanz

Blassgelbe Flügel mit schwarzer und blauer Zeichnung mit roten Flecken, lebt in Europa.

Atlasspinner

Einer der größten Schmetterlinge der Welt (bis zu 30 cm), nur die Raupen fressen, kommt in Südostasien vor.

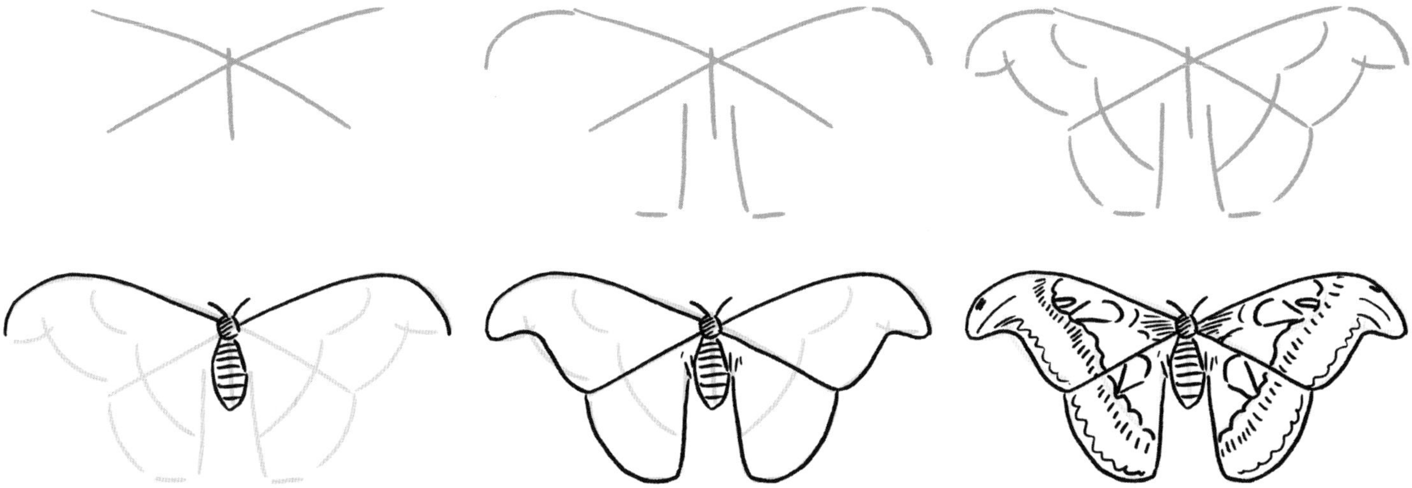

Totenkopfschwärmer

Nachtfalter mit Flügelspannweite von etwa 10 cm, kann „pfeifen“, lebt in Afrika.

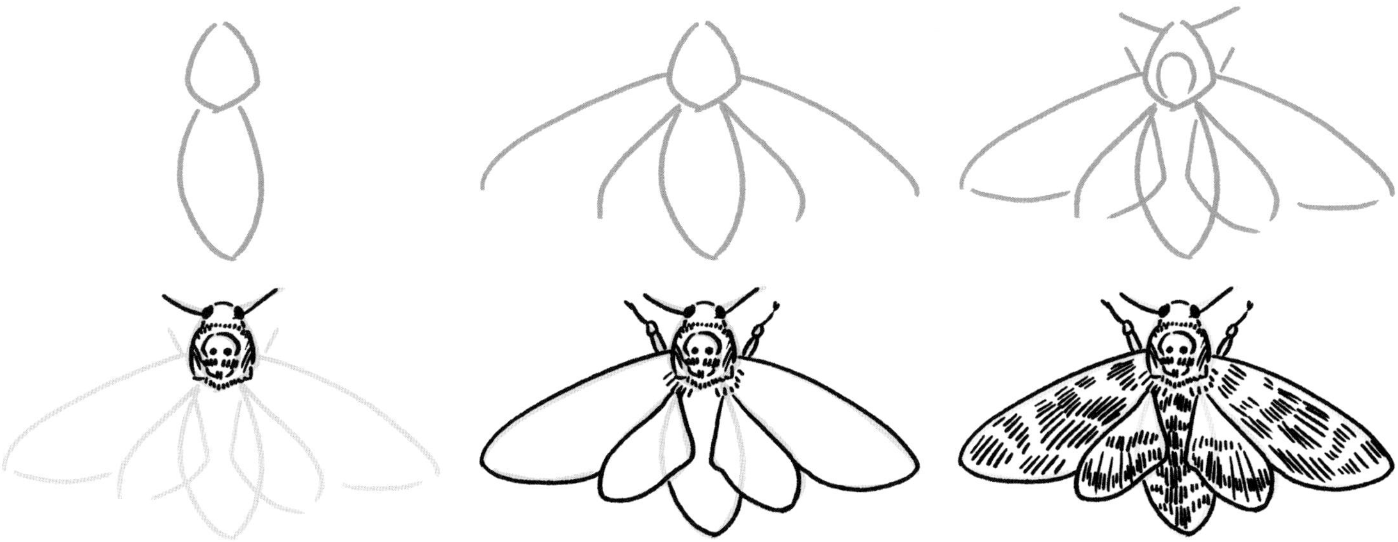

Register